U0815731

Top Book
一 个 人 ， 遇 见 一 本 书　　饕书客

特战
典争
018

宋毅
主编

欧洲宪兵的陨落

克里米亚战争

刘啸虎／著

陕西新华出版传媒集团
陕 西 人 民 出 版 社

图书在版编目（CIP）数据

欧洲宪兵的陨落：克里米亚战争 / 刘啸虎著.—西安：陕西人民出版社，2020.7

ISBN 978-7-224-13642-5

Ⅰ.①欧… Ⅱ.①刘… Ⅲ.①战争史－欧洲－近代 Ⅳ.①E509

中国版本图书馆CIP数据核字(2020)第098022号

出品人　宋亚萍
总策划　刘景巍
出版统筹　关　宁　韩　琳
策划编辑　晏　藜　王　凌
责任编辑　王　倩　张启阳
装帧设计　闫薇薇

鬐书客

微信扫一扫，关注鬐书客
新浪微博 @ 鬐书客topbook

欧洲宪兵的陨落：克里米亚战争

作　者 刘啸虎
出版发行 陕西新华出版传媒集团　陕西人民出版社
（西安北大街147号　邮编：710003）
印　刷 陕西金和印务有限公司
开　本 787mm×1092mm　16开
印　张 18.25
字　数 320千字
版　次 2020年7月第1版
印　次 2020年7月第1次印刷
书　号 ISBN 978-7-224-13642-5
定　价 69.80元

如有印刷质量问题，请与本社联系调换。电话：029-87205094

Catalogue

目录

克里米亚战争

欧洲宪兵的陨落

Preface

前言

克里米亚战争（又译克里木战争）是19世纪中期一场遥远而几乎被人遗忘的战争，更是一场颇有些奇特以至于直到今天人们仍难以完全理解的战争。这是一场规模宏大而目标有限的大国战争，战场包括多瑙河、黑海、波罗的海、克里米亚半岛和高加索地区，甚至白海、东太平洋都有涉及。东西方各国对这场战争有“东方战争”“俄国战争”“第九次俄土战争”等众多称谓，最后却只有“克里米亚战争”真正被后人记住，尽管这场战争的范围远未局限于克里米亚。它是“荒谬的冲突”，又是“欧洲历史的一个意义重大的转折点”，同时却被许多人视为“没有必要的和无用的”和“难以理解的”。

英国是克里米亚战争的胜利者之一，却始终在自我反思：“我们不是那种将克里米亚远征视为错误的人，但是，事实就是这样，我们必须承认，它不幸地变成了错误……我们损失了两万人，却没有得到足够的土地来为他们建造两万座坟墓。”“回顾克里米亚战争，或许学到的最基本的教训就是，国家往往容易很盲目地投入毫无目的且不可能胜利的战争。”俄国是克里米亚战争的失败者，但俄国人眼中这场战争始终带有神圣而辉煌的光环，英勇的塞瓦斯托波尔保卫战更是光荣与力量的象征。换言之，他们似乎并不将自己视为失败者。

正如2014年乌克兰政局动荡，俄罗斯总统普京强力介入克里米亚。他在签署有关克里米亚共和国与塞瓦斯托波尔市加入俄罗斯联邦条约的前一刻，于克里姆林宫向俄罗斯议会上下两院发表的电视演讲中，特意说：“回顾一下克里米亚的历史，要知道从过去到现在，克里米亚对俄罗斯意味着什么，俄罗斯对克里米亚又意味着什么。克里米亚渗透着我们共同的历史与骄傲。”

克里米亚战争还是一场外交控制下的战争，有人干脆称其为“经常被战斗打断的一系列谈判”。这场战争又是1815年拿破仑战争结束之后，到1914年第一次世界大战爆发之前，近百年间英国唯一直接参与的欧洲大战，是近百年间唯一一场几乎所有欧洲大国都有所参与的大战，也是英国和俄国历史上第一次在正面战场上大规模的交锋。这场战争还是一场不同寻常的“圣战”，两个基督教国家为保护一个伊斯兰国家而对抗另一个基督教国家，代价则是“神圣同盟”烟消云散。这场战争更是一场开启了人类历史革命性变革的战争，不单是蒸汽动力军舰、铁路和电报等新技术被用于战场，更让现代意义上的医疗护理、战地记者连同战地摄影等等一齐出现，影响深远。而且，克里米亚战争中的许多瞬间给予了文学巨大灵感，其给文学带来的价值甚至超过了这场战争的意义。

当然，克里米亚战争最重要的意义仍是与当下世界格局的变化有关。如同俄罗斯总统普京在那次演讲中所说：“这里有塞瓦斯托波尔，传说之城、伟大的命运之城、堡垒之城，是俄罗斯黑海舰队的故乡。在克里米亚有巴拉克拉瓦和刻赤，马拉霍夫古墓和萨布恩山。这里的每一个地方对我们来说都是神圣的，是俄罗斯军队荣耀与勇气的象征。”

这些即是本书要讲述的故事。

第一章

君主的游戏

Chapter I

第一章 君主的游戏

19世纪初的拿破仑战争，几乎让欧洲大陆一切旧有秩序和价值体系崩溃殆尽。经历过这场残酷的大国之战，欧洲大陆千疮百孔。一代枭雄拿破仑饮恨滑铁卢，1814年维也纳和会就欧洲大陆的善后展开了讨论。摆在欧洲列强谈判桌上的中心议题，即如何建立一个崭新而稳定的欧洲体系，并使之有效运转。各国政治家的核心考虑非常明确，防止法国东山再起。不过，欧洲大陆的均势思想深入人心，过分削弱法国的想法自然被抛弃。新的体系需要法国，也必须使法国安分守己。要做到这一点，让法国波旁王朝复辟是前提。欧洲列强的政治家们相信，以欧洲君主同盟“兄弟关系”的力量，可以使法国不再以革命的口号重燃战火。

沙皇俄国是击败拿破仑的主要力量之一，必然要求在欧洲战后新秩序中居于显要位置。英国作为大陆均势的平衡者，自然也考虑到俄国在战后的力量膨胀。近代英国奉行均势政策，即防止欧洲大陆出现一个独占的霸主，英国自己则要保持海上的绝对霸主优势，决不允许其他国家挑战自己的海上霸权。时任英国外交大臣的帕麦斯顿1841年曾有言，19世纪英国的外交基础是“保持英国作为欧洲仲裁者的地位，而后是全世界的仲裁者，这一切取决于英国的经济和军事实力”。英国人清楚，俄罗斯帝国沙皇亚历山大一世，这个拥有“男子汉的勇气和女人的虚荣心”的君主，已经处处标榜自己是欧洲的解放者。“不能让拿破仑垮台后在大陆上出现一个新的霸权国家”，而普鲁士和奥地利的力量加起来似乎也不是俄国的对手。所以，法国的战后地位不仅必要，而且必须加以肯定。

依英国首相小威廉·皮特的设计，由英国外交大臣卡斯尔雷勋爵一手推动实践的“欧洲大国协调体系”，也就是著名“维也纳体系”诞生了。这个体系以均势思想为中心，“均势原则”明确写入《维也纳议定书》。均势五强英、俄、普、奥、法在重要问题上必须取得一致意见，欧洲大国的相互协调保证着维也纳体系的运作。到1818年亚琛会议，法国正式加入“五大国俱乐部”，恢复了拿破仑战争前的地位。人们清楚，事实上“欧洲协调”是大国之间的游戏，只是通过大国之间的协调行动来处理国际事务，制定规则维护均势与和平。其余国家比18世纪的国际协作中享有的权利更小，二等三等国家甚至不被这个体系视为平等伙伴。

“维也纳体系”由两个条约加以辅助。第一个是《四国同盟条约》，旨在防止法国东山再起，特别是拿破仑家族重新掌权。英、俄、奥、普承诺，各出兵8万人，以至动用全部武装力量，对此加以保证。第二个是《神圣同盟条约》。维也纳和会上，背叛了拿破仑的、狡猾如狐狸的法国政治家塔列朗为了报效新主人路易十八，极力以所谓“正统原则”来维护新的欧洲秩序，维护君主制法国的地位。欧洲君主制国家联合行动，既可以对外，也可以对内。欧洲著名外交家、奥地利帝国首相梅特涅明白，奥地利对外武功虚弱，对内又有镇压革命、防止分裂的需要，遂极力附和塔列朗。梅特涅还有另外两个打算：第一，奥地利皇室哈布斯堡家族在德意志诸侯中地位最高，坚持“正统”，意味着普鲁士必须本分，不要对奥地利和德意志有非分之想；第二，俄国沙皇的野心，特别是在波兰方向上的扩张野心，应该得到遏止。俄国沙皇亚历山大一世的想法多变，有原则加以约束，看起来再好不过。

梅特涅清楚，要亚历山大一世接受这个自缚手脚的正统原则，唯有让沙皇的虚荣心得到极大满足，即由沙皇本人来倡导建立“神圣同盟”。果然，亚历山大一世当仁不让。由亚历山大二世发起，由东方三君主制国家即俄罗斯帝国、普鲁士王国、奥地利帝国参加的“神圣同盟”宣告建立。“神圣同盟”标榜以基督教教义处理国家间关系，特别是维护“君权神授”的合法性。沙皇的想法不难理解——俄罗斯帝国的君主制如此牢固，看起来无革命之虞；而其他国家看起来都

亚历山大一世

有革命的危险，必有求于俄国。如此，俄国可以借镇压革命之机扩大势力。欧洲大多数君主制国家出于对俄国沙皇的畏惧和对自身政权的考虑，先后加入了“神圣同盟”。只有一个国家除外——实行君主立宪制度的英国。

英国有足够的理由对沙皇借“神圣同盟”谋求霸权保持戒心。按照英国的传统，不应以行为者的动机来判断行为者，而是要根据行为者的实力来判断。也就是说，即便亚历山大一世是个彻底的君子，也不能保证俄国会恪守条约。因为俄国拥有庞大的陆军，这支军队无论如何使用，都足以挑动英国人的神经。特别是沙皇可以借“神圣同盟”干涉别国革命，这更让英国无法接受。英国担心，最终所有大陆国家会听命于俄国沙皇，英国将孤悬海外。在“神圣同盟”早期对西班牙和意大利诸邦国革命的干涉中，英国一直持反对态度。1812年至1822年担任英国外交大臣的卡斯尔雷勋爵，被认为是20世纪70年代的爱德华·希思之前最关注欧洲大陆事务的英国外交大臣。卡斯尔雷主导英国积极参加了1818年解决法国赔款及各国撤军问题的亚琛会议和1820年主要为解决北意大利问题而召开的特洛波会议。1822年卡斯尔雷卸任，坎宁出任外交大臣，放弃了英国与欧洲大陆国家合作的热情。维罗纳会议上，英国反对武力镇压西班牙革命，尤其担心法国对西班牙的影响，更担心古老盟国葡萄牙的安全。在英国的反对下，维罗纳会议仍授权法国干涉。结果1823年法国武力镇压西班牙革命，标志着法国恢复了大国地位。1825年，英国与“神圣同盟”的关系破裂。英国不只拒绝参加类似的欧洲峰会，还分化准备参会的其他国家。

英国更加远离欧洲，寻求向海外扩张。卡斯尔雷终其一生推动的事业，全力坚持的欧洲大国协调政策，完全被英国抛弃。这位英国历史上最著名的外相之一，英国在欧洲舞台上的代表，拿破仑战争中反法联盟的推动者，陷于深深的绝望乃至精神疾病之中，伦敦甚至流传起有关卡斯尔雷的同性恋传闻。1822年10月，卡斯尔雷勋爵竟然以开信刀割喉自杀身亡，终年53岁，自杀原因至今成谜。卡斯尔雷勋爵的死表明英国回归置身欧洲事务之外的传统。无论维也纳体系还是“神圣同盟”，重要一环脱落，欧洲的和平框架已经动摇。

在此有必要对英国的角色和实力进行一番描述。当年一场滑铁卢战役，标志着法国世界超强地位的结束。法国是18世纪西方世界中人口最稠密的国家，它支配着国际文化，它输出的民主与革命思想在美国确实生了根。法语曾经是国际外交语言。随着拿破仑被打败，法国渐渐衰落，并被另一个擅长创新的国家——英国所替代，英语也开始成为国际的主流。滑铁卢战役也是英法之间历史上最后一次公开交战。在后来的大规模战争中，英国和法国始终是盟友。拿破仑战争之后，英国经济飞速发展。1846年，英国《谷物法》废除；三年后的1849年，有将近200年历史的《航海条例》绝大多数条款也一并被废止。英国的贸易保护主义最终为适应时代的经济自由主义所取代。

19世纪30年代至50年代，是见证英国社会从传统的农业社会向工业社会转变的最后阶段。中产阶级逐渐取代贵族成为英国的中坚力量，英国的黄金时代正在来临。一般认为，从1850年起英国开始步入真正的鼎盛期。随着工业革命的完成，到1850年英国已经拥有比以往更多的工厂，煤、铁和棉花的消耗量空前，英国工厂的雇佣人数比欧洲其他国家的雇佣人数总和还要多。从每10年一次的人口统计数据来看，英国人口由1811年的1200万增加到1850年的2100万。随着工商业的发展，城市化进程加快，1851年英国的城市人口超过农村人口。1825年铁路出现在英国，1843年英国铁路的通车里程已达3200公里，1851年超过1万公里。相比之下，法国的铁路长度只有英国的三分之一；而俄国仅有两条共计600多公里的铁路，其中还只有圣彼得堡到莫斯科的铁路有实际价值。蒸汽轮船在英国的出现提升了水运的速度和效率，也使铁甲舰成为可能。1844年英国建造了第一艘螺旋桨军舰，蒸汽动力军舰开始逐渐增多。19世纪40年代有线电报在英国投入应用，发展速度迅猛。1850年，英国成功举办了万国工业博览会，即第一届世界博览会。1万多件琳琅满目的工业制品，包括蒸汽机、织布机、农业机械等呈现于世人眼前，以钢铁和玻璃为主体结构的展厅“水晶宫”本身就是一件辉煌的展品。盛会充分展示了英国工业革命取得的丰硕成果，彰显了英国作为“世界工厂”与其他国家之间的差距。维多利亚女王自豪地宣布，“它是一个和平的盛会”，希望“今年夏天这个博览会的成功能鼓励国家之间的和平竞争”。然而，这场盛会结束后不过三年，克里米亚战争就在欧洲大国之间爆发了。

最后一个出场的本书主角，是奥斯曼土耳其帝国。奥斯曼帝国14世纪崛起于小亚细亚，征服史辉煌荣耀。1453年奥斯曼帝国灭亡拜占庭，迁都君士坦丁堡，并将其改名为伊斯坦布尔。西方国家继续按照习惯，称那里为君士坦丁堡。奥斯曼帝国是15世纪至19世纪的数百年间，唯一能够冲击挑战欧洲国家的伊斯兰势力，庞大的帝国在极盛时期占有中东、北非、南欧及巴尔干大部分地区。同历史上的其他帝国一样，奥斯曼帝国兼并了不同民族、不同宗教和不同政治结构的领地，这为日后的纷争埋下了隐患。而且，奥斯曼帝国缺乏技术、经济及法律、制度方面的同化力，很多领地只是军事上的占领，无法将众多不同民族和信仰不同宗教的族群融合成一个政治实体，庞大的帝国很大程度上是碎片化的。18世纪之前，奥斯曼帝国在欧洲的主要敌人是哈布斯堡家族统治下的奥地利，主要盟友则是法国。奥斯曼帝国的顶峰是1683年，50万土耳其大军围攻奥地利首都维也纳。奥斯曼军队最终被德意志诸侯和波兰国王的联军击败，残军仓皇逃往巴尔干半岛的贝尔格莱德。1699年，奥斯曼帝国控制下的欧洲领地匈牙利被迫割让给奥地利。奥斯曼帝国从此永远失去匈牙利，国势一蹶不振。

随着沙皇俄国的扩张，奥斯曼帝国的最大敌人逐渐变成了俄罗斯。18世纪，奥斯曼苏丹已经很难控制名义上归帝国统治的埃及、阿尔及利亚等地。到18世纪后期，奥斯曼帝国中央政府的控制力进一步下降。帝国对内缺乏足够力量维持有效统治，对外无力抵御外敌保护庞大的领地。奥斯曼帝国漫长的瓦解过程如同扩张的过程一样，持续对欧洲各国产生重大影响。

进入18世纪，扩张中的俄国在黑海方向上多次与奥斯曼帝国交战，夺取了原属奥斯曼帝国的黑海沿岸大片土地。到19世纪20年代后期，俄土战争已经打了整整八次。俄国的长期目标是占领全部黑海沿岸地区，特别是君士坦丁堡、达达尼尔海峡和博斯普鲁斯海峡，将黑海变为内湖，并向地中海发展。君士坦丁堡和上述两海峡是沟通黑海与地中海的咽喉要道，拿破仑曾说“那是主宰世界的所在”，俄国沙皇亚历山大一世则称之为“我们房屋的钥匙”。拿破仑战争中，奥斯曼帝国是个旁观者，所以战后的维也纳和会根本没有考虑奥斯曼问题。对于巴尔干格局，更没有任何政治安排。当然，如果列强不去干涉奥斯曼帝国内部事务，这本身也不是问题。不过，这无疑是日后诸多冲突和战争，包括克里米亚战争的致命诱因。所谓“东方问题”即肇因于始。

1830年，对欧洲来说是转折性的一年。这一年开启了与从前截然不同的欧洲新时代。这一年，法国爆发七月革命，波旁王朝被推翻。路易·菲利普称帝，尽管沙皇尼古拉一世讥笑他是“街垒皇帝”，但这并不妨碍英国率先承认革命后的路易·菲利普政权。七月革命让法国成为君主立宪制国家，制度上的近似让英法关系大为改善。其他欧洲君主国家无奈也先后予以承认。眼见普鲁士和奥地利都认同了七月王朝，沙皇尼古拉一世也无法再固执己见，最后一个承认了法国七月王朝的合法性。“正统原则”看来不是铁律，“神圣同盟”受到沉重打击。

拿破仑三世

同年8月，比利时要求从荷兰独立出来。比利时与荷兰的合并恰恰是维也纳和会做出的安排，比利时此举无疑是对“维也纳体系”的巨大冲击。法国对比利时独立表示欢迎，英国则处于两难。比利时对英国的安全有重要意义，比利时独立意味着对法国防御屏障的削弱。不过，英国不便直接插手此事。这年11月，俄国统治下的波兰爆发革命，沙皇尼古拉一世被迫出兵镇压，无法出兵威胁比利时。德意志和意大利的一些地区随后也爆发起义，让普鲁士和奥地利一时也无法顾及比利时问题。一系列的革命让俄、普、奥重新联合起来，“神圣同盟”一度复苏，“维也纳体系”却摇摇欲坠。1831年，英、法、俄、普、奥五大国在伦敦的大使会议上就比利时独立问题达成一致，随后确立了比利时永久中立国的地位。接下来，1834年西班牙与葡萄牙两国危机不断，英法在处理半岛危机中保持合作，关系进一步加深。

1848年对欧洲大陆来说是革命之年，带有自由主义、社会主义、民族主义色彩的各式革命几乎横扫整个欧洲大陆。革命不仅仅改变了欧洲的政治格局，也使未来欧洲各国间的关系变得微妙。英国的经济发展程度较高，国内的改革一定程度上减轻了社会矛盾，轰轰烈烈持续十几年的“宪章运动”在这一年进入尾声，所以1848年革命，英国受影响不大。欧洲大国中另一个未被革命波及的，只有极度专制的俄罗斯。因此两国对于当时和未来的欧洲政局起着关键性的作用。

这年初，意大利率先发生革命。紧接着，法国爆发二月革命，七月王朝被推翻。法国的拉马丁临时政府对内声称1815年的协定无效，对外却保证承认1815年的协定，各国这才对法国稍稍放心。随后革命的烈火烧到了普鲁士、奥地利等国。普鲁士国王被迫对柏林的起义者脱帽致敬，做出巨大让步。奥地利受革命影响最深，维也纳的梅特涅政府倒台，奥地利的声望随之垮掉。梅特涅外逃荷兰，从此奥地利失去了外交大方向，实力地位也非1815年时可比。奥地利统治下的伦巴第和威尼斯起义，让奥地利焦头烂额。当1849年匈牙利又爆发反对奥地利统治的革命时，奥地利被迫向俄国求援。俄国担心奥地利帝国崩溃，更担心革命扩大到波兰。沙皇尼古拉一世明白，必须保持奥地利的大国地位，恢复德意志的内部平衡，才不会让局势的发展威胁俄国的利益。于是，俄国派军队镇压了匈牙利起义。

很多人没有想到，拿破仑的侄子路易·波拿巴竟然成功投机席卷欧洲的1848年革命，推翻了路易·菲利普王朝，伺机取得政权。只限于男性公民的法兰西普选之中，这位野心勃勃、经历传奇、多次阴谋政变和入狱坐牢的路易·波拿巴高调参选，赢得了1000万选民中700多万人的支持，成功当选法国总统。1852年，他主动称帝，号为拿破仑三世。在是否支持路易·波拿巴称帝的全民公决当中，783.9万票对他表示支持，25.3万票表示反对，真真正正让他成为法兰西的“民选皇帝”。法国国内的波拿巴主义者声称要改变1815年协定重绘的欧洲版图，这引起全欧洲的警惕。如果说1830年革命其他列强还可以接受的话，那么路易·波拿巴的掌权几乎挑战了“维也纳体系”每个原则。拿破仑家族东山再起足以启动《四国同盟条约》，而1848年革命“神圣同盟”也拥有干涉的借口。不过，一切只是虚惊一场，什么也没发生。英国率先承认了路易·波拿巴政权，奥地利唯恐落于人后，也迅速承认了法国新政权。正如一位资深奥地利外交官所言：“如今讲原则之时代已经过去。”

拿破仑三世一方面以法国人民的皇帝自居，主张民族自决和支持革命；另一方面内心又渴望得到传统君主国家的正名。他希望欧洲其他王室能以相互之间传统的“我的兄弟”称谓来称呼自己。然而，他仅得到“我的朋友”这样的礼貌称呼。尤其是俄国沙皇尼古拉一世，一直以“皇帝路易·波拿巴”的称呼代替“拿破仑三世”，以此蔑视这个来自平民的非正统皇帝。这一切自然令拿破仑三世极其不满。站在国家的高度，他认识到自拿破仑战争以来法国一直孤立，更由于自己的血统，欧洲国家围堵法国之势仍然存在。拿破仑三世在等待机会，打破孤立。时人说，拿破仑三世在阴谋中取得政权，对于阴谋手段十分在行，其要领是没有人知道他想什么，会做什么。他被认为是欧洲少有的权术家之一，马基雅维利实用主义的正统传人。他的政治手腕高超，不断地向旧的政敌妥协，把他们拉到自己的一边。直到拿破仑三世的帝国覆灭，他也没输过一次全民选举和全民公决。结果，拿破仑三世是法国自从路易十六以来统治时间最长的统治者，担任了4年总统和18年皇帝，甚至比路易十六本人（14年）、伯父拿破仑（从1799年雾月政变到滑铁卢战役总计16年）和20世纪的政治强人戴高乐总统（12年）都要长。拿破仑三世统治时期是法国对外战争最为频繁的时期。同一时期却又是法国经济发展最为迅速，工业化方兴未艾的时期。工业总产值从 1850年的60亿法郎增加到1870年的120 亿法郎，工业生产水平仅次于英国，占世界第二位。时人称拿破仑三世为“杜依勒里宫之谜”，以形容他心机之深沉，行事之诡异。

1848年革命的重要影响还在于，俄国在表面上成为欧洲大陆的霸主。因为俄国是欧陆大国中唯一未受革命影响的国家，“欧洲宪兵”的身份更加深了俄国在欧洲大陆“称霸”的错觉。奥地利和普鲁士在1848年革命中受到俄国“恩惠”的同时，也对俄国保持畏惧，加强提防。1849年俄国出兵帮助奥地利镇压了匈牙利革命，又在1850年普奥争端中支持奥地利压制普鲁士。结果普鲁士怀恨在心，东方三君主国出现裂缝。对于奥地利，俄国沙皇尼古拉一世想要控制；对于普鲁士，他想要尽量友好。而对于这两个国家之间的关系，尼古拉一世则想当仲裁者。他对这两个相互为敌的国家说：“我要把俄罗斯的舰队派到你们中间去，以防止战争和流血冲突。”他曾建议普鲁士和奥地利采取联合行动，防止革命的扩散，遭普鲁士拒绝。

至于奥地利，一直对巴尔干半岛深感兴趣，尽管它没有健壮的牙齿来满足胃口。从地缘角度看，如果俄国吞并巴尔干，就会形成三面包围奥地利的态势。俄国控制下的波兰从北方威胁奥属加里西亚和波希米亚，乌克兰从东方威胁匈牙利，而巴尔干将从南方直接威胁维也纳。更让奥地利担心的是，多瑙河河口如果落入俄国之手，奥地利落后的经济将更加受制于俄国。俄罗斯帝国还没有意识到，沙皇尼古拉一世的外交政策已经渐渐将奥地利树立为自己的敌人。

另外值得一提的是，英国成为革命流亡者的乐园。1848年革命对英国最大的影响大概是来自欧洲各国的流亡者。比如来自匈牙利的科苏特，来自匈牙利的马志尼，连马克思也于1849年开始流亡英国。这些流亡者，尤其是来自波兰、匈牙利的流亡革命者，给英国带来的不只是欧洲革命的消息，同时带来的还有对俄罗斯帝国保守专制皇权的痛恨。在开始崇尚经济自由主义的伦敦，这些革命流亡者对镇压欧洲革命的“反动堡垒”沙皇俄国口诛笔伐，加之英国新闻媒体的推波助澜，无疑大大加深了俄国在英国民众心中的负面形象。

拿破仑战争时期曾经叱咤风云的那些欧洲政治人物，比如梅特涅纷纷退出历史舞台，他们年轻的继承人对于保持欧洲现存国际秩序和体制并不那么在意。各大国之间的关系日趋复杂，分歧也越来越多，合作更加艰难。欧洲协调在1848年革命之后基本到了崩溃的边缘，而“东方问题”成为欧洲协调最大的破坏者。当各大国无法在“东方问题”上达成一致时，战争就成为解决问题的最后手段。“维也纳体系”的欧洲协调之下，各大国之间业已维系近40年的和平最终将被克里米亚战争所打破。

所谓“东方问题”，“东方”一词是西欧国家意义上的东方，包括近东和中东部分地区，在19世纪即专指当时的奥斯曼帝国及其属地。“东方问题”最早于维罗纳会议上开始使用，此后成为欧洲外交上一个专有名词。按照《大英百科全书》上的解释，“被用来概括在土耳其帝国的衰落和它被假定即将瓦解中所造成的各种国际问题”。一言以蔽之，即是如何瓜分奥斯曼帝国的问题。马克思形容“东方问题”是19世纪西方各国在革命和表面安定之后总会出现的“无法解决的问题”“无尽的困难之源”，并把“东方问题”形象归结为“对土耳其怎么办”。一般认为“东方问题”的开端要从1774年《库楚克-凯纳吉条约》开始算起，或者是奥斯曼帝国统治下的希腊要求独立时，这一问题才演变为国际问题。“东方问题”的解决，则一般认为是第一次世界大战结束后1923年协约国与土耳其签署《洛桑条约》。整个19世纪，“东方问题”像幽灵一样盘旋在欧洲上空，时不时就浮出水面，“再无其他问题在19世纪国际关系中占据如此长时间并无法解决”。人们说，克里米亚战争就是19世纪中期“东方问题”的直接产物，也是“东方问题”的高潮。

与历史上其他庞大帝国如罗马帝国的衰落不同，奥斯曼帝国不仅要面对地缘上的近邻俄罗斯和奥地利的挑战，还要应对来自遥远强国如英国、法国的海上威胁。“东方问题”表面上是由奥斯曼帝国的衰落和俄罗斯帝国的持续扩张引起的，实际上是欧洲列强对奥斯曼帝国各存觊觎之心，各国担心利益分配不平衡所引起。奥斯曼帝国毕竟不是能被轻易瓜分的波兰，领土面积之庞大、人口之众多、民族和宗教之复杂都前所未有。英、法、俄、奥等国即使就瓜分奥斯曼帝国达成协定，日后谁也无法保证不会因分赃不均的冲突而再起战争。

具体就俄国而言，君士坦丁堡不仅对俄国具有重要的战略意义，还具有特殊的宗教意义。历史上的俄罗斯正是从拜占庭帝国得到了东正教信仰。1453年拜占庭帝国亡于奥斯曼土耳其之手，俄国以继承拜占庭的衣钵自居，称莫斯科为“第三罗马”，俄罗斯从此成为东正教的中心。随着俄国的扩张向南推进，1676年以后几乎每20年俄罗斯与土耳其之间就要爆发一次战争。如前揭文，到19世纪20年代后期已经打了整整八次。早在彼得大帝时期，沙皇就已经开始盘算“在土耳其的废墟上放上自己的宝座”。女沙皇叶卡捷琳娜二世在位时期，于1768—1774年、1787—1791年发动两次俄土战争，影响深远。通过这两场最重要的俄土战争，俄国占据了土耳其在黑海北岸的全部领地，包括克里米亚半岛。至此，俄国夺取了彼得大帝梦寐以求的南方出海口，实现了“温水海洋的梦想”。1774年，俄国与土耳其签订了《库楚克-凯纳吉条约》，这是欧洲外交史上最著名和最重要的条约之一。它标志着俄国成为一个黑海强国，并为俄国要求干涉土耳其事务的特殊权益奠定了基础。奥斯曼帝国被迫放弃以穆斯林居民为人口主体的克里米亚汗国，允许克里米亚汗国独立。仅仅几年之后，1783年，克里米亚即被俄国正式吞并。本书的主战场，至此终于登上了舞台。

土耳其受到的最大伤害还并非失去克里米亚。黑海曾经是奥斯曼帝国的内海，从16世纪末开始禁止非土耳其船只进入。而《库楚克-凯纳吉条约》规定“土耳其政府应允许俄国船舶和商船在他们从黑海到白海以及从白海到黑海从事商业时，在土耳其的港口和一切地方自由通行”。俄国商船从此可以在黑海上自由航行，通过博斯普鲁斯海峡和达达尼尔海峡直达地中海；同时俄国享有英国、法国在奥斯曼帝国商业上所享有的一切利益和特权。条约还规定了俄国在土耳其的一些宗教权力，如俄国可以在君士坦丁堡设立东正教教堂。这些规定为俄国保护土耳其境内的东正教教徒和干涉土耳其境内的东正教相关事务提供了模棱两可的依据。

俄国的不断扩张令英国有所担忧。拿破仑战争期间，为对抗法国在近东的扩张，英国与奥斯曼帝国签订了《达达尼尔条约》，承认了奥斯曼帝国的古代惯例，即和平时期禁止一切军舰进入君士坦丁堡水域，也就是达达尼尔海峡和黑海。英国做出承诺遵守该惯例，希望用条约来约束其他国家在该地区的行为，该条约也成为1841年《伦敦海峡公约》的重要基础。当然，1806—1812年俄土战争再度爆发，奥斯曼帝国又一次大败。1812年5月俄土签订《布加勒斯特和约》，俄国从土耳其手中得到了罗马尼亚的比萨拉比亚和西格鲁吉亚，把边界推进到普鲁特河。

俄国自“神圣同盟”成立以后，不得不抑制自己在东欧的扩张。向奥斯曼帝国方向扩张，成为俄罗斯的扩张重点——更何况这种扩张战争成本低廉，而收益极大。1825年，俄国沙皇亚历山大一世暴卒，其弟尼古拉一世继位。新沙皇毫不掩饰自己对于奥斯曼的野心，他多次表示：“奥斯曼应该死去，而且一定会死去。”在尼古拉一世看来，剩下就是如何协调各方立场共同瓜分奥斯曼帝国遗产的问题。尼古拉一世一度与英国接近，英国却认为俄国贪得无厌，企图独占奥斯曼帝国的庞大领土，一直小心应对。

1821年，奥斯曼帝国统治下的希腊爆发革命，希腊要求脱离土耳其实现独立。作为西方文明的发源地，异教专制帝国统治下的欧洲弱小基督教国家，希腊获得了欧洲各国民众的同情。奥斯曼帝国对希腊革命的残酷镇压，更引起欧洲的普遍不满。1827年，英国、法国和俄国在伦敦达成协议，敦促土耳其在保留宗主权的情况下允许希腊自治，遭到土耳其的拒绝。紧接着，英法俄三国联合舰队出兵希腊水域，希望促成停战。三国联合舰队摧毁了土耳其舰队，结果招致土耳其更加强硬的措施——土耳其对俄国宣战。第八次俄土战争爆发。这回又是土耳其惨败，俄军一度打到离君士坦丁堡只有几十公里的地方。战争再度以土耳其向俄国割地赔款而告终，双方签订了《亚德里亚堡条约》。该条约承认多瑙河河口和黑海东岸地区归属俄国；塞尔维亚、瓦拉几亚（今罗马尼亚）和摩尔达维亚这三个多瑙河公国获得自治，并由俄国保护。条约第七条特别强调，俄国在黑海享有通商自由，俄国商船享有在黑海内外航行的充分自由，土耳其政府不得以任何借口予以丝毫阻挠。就这样，俄国通过支援希腊革命的1828—1829年俄土战争获得了在黑海的一切权益，希腊人民在付出极大牺牲后也最终在1830年摆脱奥斯曼帝国统治，成为独立国家。俄罗斯沙皇亚历山大二世并不满足，他的进一步野心是吞并瓦拉几亚和摩尔达维亚这两个多瑙河公国。果然，日后克里米亚战争的第一枪正是在多瑙河两公国打响。

对于土耳其而言，希腊独立革命引起的另一个严重后果是两次土埃战争。在希腊战争中，为了得到帝国藩属埃及的支持，奥斯曼帝国苏丹一度向埃及总督承诺拿领土作为报酬。希腊独立，战争结束，苏丹却未能兑现报酬。1831年，埃及起兵对抗自己的宗主国土耳其，土埃战争由此爆发。在法国的支持下，埃及总督穆罕默德·阿里大败土耳其军队。奥斯曼帝国万般无奈，被迫使出饮鸩止渴的下策，向英国和俄国求援。彼时英国因比利时问题和葡萄牙问题自顾不暇，拒绝在军事上援助土耳其。土耳其遂只得向宿敌俄国寻求帮助。土耳其苏丹的外交大臣评价道："一个溺水的人抓住条毒蛇当稻草。"俄国认为，一个弱小的土耳其对俄国是有利的，奥斯曼帝国的崩溃将使大国之间爆发战争。于是，俄国伸出了援手。沙皇尼古拉一世未出一兵一卒，未放一枪一弹，只提供道义和外交上的支持，开出的价码是：一旦俄国提出要求，土耳其要随时对除俄国军舰之外的外国军舰封锁博斯普鲁斯海峡和达达尼尔海峡。在这种情况下，土耳其实现了与埃及的媾和。俄国获得来自土耳其苏丹的丰厚报偿，《安吉阿尔-伊斯克利西条约》的秘密附约中规定：奥斯曼帝国有义务在战时关闭达达尼尔海峡，并对俄国军舰开放博斯普鲁斯海峡。俄国沙皇成为奥斯曼帝国的保护者。

条约内容很快泄露出来，英法大为震惊和不满。英国外交大臣帕麦斯顿声称此条约必须被废止，决不能让俄国在海峡取得优势。直到若干年之后，帕麦斯顿还在后悔当初没有干预，以至于让俄国人在土耳其独占优势，攫取大量特权，认为这是自己担任英国外交大臣时所犯的最大错误。不过，帕麦斯顿的机会很快到来。1839年，土耳其苏丹主动对埃及开战，第二次土埃战争爆发。这一回奥斯曼帝国再度战败求和，而英国吸取了几年前的教训，不给俄国单独干涉的机会。欧洲各国联合援助土耳其，英国更是直接出兵埃及。于是，英国这次巧妙地取得了战后议和的主导权。1841年，英国、法国、俄国、普鲁士、奥地利、土耳其六国共同签署《伦敦海峡公约》。公约规定：奥斯曼帝国禁止一切外国军舰在平时通

帕麦斯顿勋爵

过海峡，只有为公使馆服务的轻型军舰可以在奥斯曼苏丹颁发的命令下通行。俄国和奥斯曼帝国的《安吉阿尔-伊斯克利西条约》归于无效，俄国在黑海的优势化为乌有。

俄国的野心得到遏制，但沙皇是不会善罢甘休的。尼古拉一世每逢谈起土耳其，最常用的一个词便是“病人”。对待奥斯曼帝国这个“病人”，欧洲列强的看法不一致，态度各有不同。沙皇尼古拉一世急于结束这个“病人”的生命；奥地利不愿看到俄国在近东进一步扩充势力；英国则试图维持现状。随着民族主义的兴起，奥斯曼帝国境内一些被征服民族的离心力不断增强。马克思将英国试图维持奥斯曼帝国现状的政策描述为：“这就像要把一匹死马的尸体的腐烂过程停在一定的阶段防止它完全腐烂一样，土耳其正在烂下去，而且，只要现行的‘均势’和‘维持’的体系继续下去，还会越来越烂。”

1843年，英国维多利亚女王出访法国，这是自16世纪上半叶亨利八世的时代之后英法两国君主首度相会，1844年，法国国王回访英国，这都是英法关系不断亲密的迹象。俄国不甘受冷落，沙皇尼古拉一世于1844年也访问了英国。在英国期间，英俄两国君主就“东方问题”达成了一些共识，英国外交大臣阿伯丁参与其事，但双方没有形成官方文件。沙皇尼古拉一世对英国女王维多利亚的丈夫阿尔伯特亲王断言：他自己（指尼古拉一世）不会要土耳其一寸领土。帕麦斯顿则认为：“这是弥天大谎……谁要是相信俄国不打算向南扩张，那就是拒绝吸取历史教训。”南下征服土耳其是俄国最传统的外交政策。俄国如果控制了土耳其，力量几乎会增加一倍，“它就会比其他欧洲国家加在一起还要强大”。

1848年革命后，大批匈牙利和波兰革命者逃入奥斯曼帝国境内避难，如著名的波兰爱国将领约瑟夫·贝姆、匈牙利独立运动领袖拉约什·科苏特等等都在其中。俄国和奥地利要求土耳其遣返这些人，遭土耳其拒绝。英法两国立即在避难者问题上联合支持土耳其，派遣舰队前往东地中海，这成为英法在近东联合对抗俄国的先兆。有人后来评价道：“克里米亚战争中的英法联盟在1849年10月诞生了。”在此期间，英国舰队曾以天气恶劣为由开进达达尼尔海峡，这事实上违背了《伦敦海峡公约》。俄国提出强烈抗议，帕麦斯顿随即道歉，以免俄国舰队援引此例进入博斯普鲁斯海峡。俄国很快撤回了对土耳其的要求，危机结束。不过，几个月后“圣地问题”让欧洲列强之间再起波澜，这使得俄土战争又一次爆发。

第二章

圣地的归属

Chapter 2

第二章 圣地的归属

基督教圣地争端问题有着极度复杂的历史背景。耶稣的坟墓所在地耶路撒冷，还有耶稣出生地伯利恒的教堂，自十字军时代以来一直拥有豁免权和特权。众所周知，自拜占庭时代起，基督教分裂为罗马天主教和东正教。这种分裂实质是拉丁文明和希腊文明的分裂。拜占庭帝国传承希腊文明，信仰东正教。拜占庭帝国时代，康斯坦丁大帝在耶路撒冷和伯利恒为耶稣建立了雄伟的教堂。拜占庭帝国于11世纪衰落后，圣地被阿拉伯人控制。教皇乌尔班二世发动十字军东征，夺回了圣地。十字军建立了几个基督徒的东方王国，国王都是法国贵族。因此，法国在传统上居于圣地保护人的地位，负责保护从欧洲前往叙利亚和巴勒斯坦的朝圣者。

16世纪之后，法国成为土耳其最重要的欧洲盟友。1535年，法国国王法兰西斯一世破天荒与奥斯曼帝国苏莱曼大帝结为同盟，共同反对神圣罗马帝国。作为馈赠，法国对圣地教堂的保护权得到确认。1673年，号称“太阳王”的法国国王路易十四与奥斯曼苏丹再次重申了圣地保护权，这次同样是为对付神圣罗马帝国。彼时的法国如日中天，奥斯曼苏丹则处于实力的下风。如前文，1774年俄土签订了《库楚克-凯纳吉条约》，赋予了俄国在土耳其宗教事务上的一系列特权。条约的第七条规定，“土耳其政府允诺永久保护基督教和基督教的教堂”；第八条规定，俄国人（包括教会的与世俗的）可以自由去朝拜耶路撒冷圣地等，只要在奥斯曼帝国境内就需要对他们“进行最广泛的和有效的保护”。由于去圣地朝圣的基督徒以东正教徒为主，18世纪末东正教开始掌握圣地管辖权，包括修缮教堂、建立学校等等。俄国朝圣者日益增多，东正教教会占有了圣地收入，俄国在圣地的影响也越来越大。

法国由于国内政局动荡，一直无暇顾及此事，至19世纪40年代才开始提出异议。路易·菲利普时代法国曾试图解决这个问题，但第二次土埃战争使得努力不了了之。毫无疑问，圣地教堂当年由东正教的皇帝建立，而且教堂位于东方大主教区内。关于主教区的划分，经过无数次争吵，罗马教皇和东正教主教已有协议加以肯定。不过，争夺从未停止。谁来掌管伯利恒教堂的钥匙，谁来负责修缮圣墓教堂的圆顶等等，一系列被称为“上帝陵墓的钥匙权”（即圣地管辖权）问题由来已久。天主教徒和东正教徒的对立姿态相当紧张，耶路撒冷的奥斯曼总督只得派兵到基督徒的圣地教堂内外维持秩序，就这样仍未能避免冲突。1847年圣诞节，伯利恒的圣诞教堂里，天主教和东正教的教士们甚至以烛台和十字架做武器相互斗殴。

1848年12月，路易·波拿巴当选为法国总统。为了获得法国国内天主教教会的进一步支持，他开始在圣地问题上做文章，准备为天主教教会夺回圣地的控制权。1850年5月，法国驻土耳其大使雅克·欧比克正式向土耳其外交大臣提出，要求归还圣地管辖权，包括由天主教而不是东正教掌管的伯利恒教堂的钥匙，负责修缮圣墓教堂的圆顶，以及决定在圣墓上竖立什么样的伯利恒星。沙皇尼古拉二世原本就对1848年革命后出现的法兰西第二共和国怀有深深敌意，绝不希望圣地问题由法国的干涉而出现任何改变。1850年整个事件都在争论之中，虽然一直未能平息，倒也没有真正形成重大危机。

1851年，拉瓦莱特接替雅克·欧比克出任法国驻土耳其大使，要求土耳其宫廷明确承认法国对大部分圣地教堂拥有保护权。精明的，拉瓦莱特去君士坦丁堡赴任途中经过罗马，面见了教皇。教皇虽已无世俗大权，仍然拥有一定的道德和宗教号召力。无论拉瓦莱特在罗马活动效果如何，法国的行动看起来得到了罗马教廷的支持。

正如一位奥斯曼帝国高级官员所言，他本人就信仰基督教，“要揭开土耳其复杂的外交政策，你必须注意一点——无论是处理与欧洲列强的关系，还是土耳其内部的改革，土耳其宫廷一条不变的原则就是和欧洲站在一起，而没有其他原则。这取决于欧洲对土耳其的保护。土耳其自己将尽一切可能乃至牺牲，来维护自身对欧洲的信誉。对土耳其来说，这些近乎无限的努力会为土耳其在欧洲赢得好的声望”。

问题在于，土耳其的政策远没有以上申明来得灵活。要在欧洲列强中做到八面玲珑是不可能的，奥斯曼帝国的外交政策经常前后矛盾。土耳其宫廷内部派系林立，从没有统一意见。在圣地问题上，奥斯曼帝国犹豫不决，与法国的谈判缓慢进行。土耳其向法国提出了圣地由天主教会和东正教会共同管理的建议，法国大使拉瓦莱特表示同意，俄国沙皇却表示拒绝。俄国驻土耳其大使提多夫向土耳其转达了沙皇尼古拉一世的意见：在圣地所属权问题上不允许有任何改变。11月底，法国在圣地问题上的主张开始出现强硬迹象，纠纷有升级的危险。

1851年12月，路易·波拿巴发动政变，解散议会，驱逐政敌，向称帝迈出重要一步。圣地问题上，法国的态度也比以往更加强硬。危机升级是在1852年2月，拉瓦莱特向土耳其重申法国几百年来获得的特权，并以武力相威胁。年轻的奥斯曼帝国苏丹阿卜杜勒·迈吉德一世妥协了，做出了有利于天主教的敕令草案。拉法莱特满意地返回法国述职。5月再度出使土耳其时，为炫耀法国的武力，他坚持乘坐装备90门火炮的法国海军“查理曼”号军舰通过达达尼尔海峡。此事虽经阿卜杜勒·迈吉德一世的批准，却违背了《1841年伦敦海峡公约》，引起英、俄、奥等国抗议。法国军舰之后以其他理由相继出现在的黎波里附近，实际上是向土耳其展示法国海军的实力。土耳其更加左右为难，无奈之下进一步向法国倾斜。阿卜杜勒·迈吉德一世于1852年12月正式发布敕令，将圣地保护权交还法国，将伯利恒教堂内外大门钥匙交给天主教徒。

有人认为，土耳其选择的是一种试图两面讨好的欺骗性做法，既承认天主教徒的权利，又不否认东正教徒的权利。这间接导致了法俄在圣地问题上矛盾的激化。对于阿卜杜勒·迈吉德一世，这实属无奈之举。阿卜杜勒·迈吉德一世苏丹彼时年仅30岁，正继承其父马哈茂德二世的遗志，全力推行“坦志麦特”改革（即“仁政改革”），努力实现古老奥斯曼帝国的近代化。第八次俄土战争的失败和两次土埃战争的失败，让土耳其深知改革和近代化的必要性。第二次土埃战争中老苏丹暴卒，阿卜杜勒·迈吉德一世在危机中即位，稳定局势后全力实践老苏丹留下的改革计划。这位新苏丹自幼接受欧式教育，能讲流利法语，对文学及古典音乐尤感兴趣。他发行奥斯曼帝国钞票，重组军队，确定奥斯曼帝国国歌及国旗，参照法国模式重整财政和司法系统，设立奥斯曼帝国议会的雏形，建立首所奥斯曼帝国的近代大学，直至废止向非穆斯林征收的人头税，允许非穆斯林参军。阿卜杜勒·迈吉德一世是第一位在特设日（通常是星期五）亲自处理公众申诉的奥斯曼帝国苏丹。他还亲自出巡帝国各地，视察"坦志麦特"改革的成效。而且，1847年阿卜杜勒·迈吉德一世在贝拉贝伊皇宫亲自将电报的专利权颁授给萨缪尔·摩尔斯，苏丹本人也亲自试用过这项工业革命的新发明。或许他深知目前奥斯曼帝国必须集中全力于内政，实在无法轻易与欧洲强国再起冲突。

东正教在圣地的优势地位受到削弱，伯利恒教堂钥匙的易手预示着霸权的转移，这对东正教来说是巨大的耻辱。巴勒斯坦东正教徒向俄国发出的请求此起彼伏，俄国无疑会做出反应。就俄国而言，法国是在挑战俄国的尊严和俄国对土耳其的政策。尼古拉一世将此事视为土耳其无力抵抗外国控制的象征，这进一步加深了尼古拉一世对奥斯曼帝国即将崩溃的判断。俄国重申1774年俄土《库楚克—凯纳吉条约》。条约中规定，东正教会有高于天主教会的豁免权和特权；此外还有模糊的条款，俄土解释各异。双方根本无法达成一致，危机一日胜过一日。对法国而言，在圣地问题上赢得胜利也只是暂时的。

1852年12月，路易·波拿巴称帝，是为拿破仑三世。与此同时，英国也在12月底组成了以阿伯丁勋爵为首相的新联合内阁。阿伯丁勋爵与沙皇尼古拉一世私人关系良好，这使得尼古拉一世相信英国会与俄国一起遏制法国。于是，1853年初俄国开始在圣地问题上全面回击法国。与其说针对法国，不如说针对土耳其。尼古拉一世一向以奥斯曼帝国境内超过14万东正教徒的保护人自居，此次在土耳其决不肯低头让步。争议的核心就这样从圣地的保护问题转移到俄国对土耳其境内东正教徒的保护问题，从宗教问题转移到政治问题，远远超出此前纠纷的范围。俄国有意拉拢英国对抗法国，法国也力图争取与英国合作。如此，英国从隔岸观火的角色转变为事件的参与者。这一切都成为导致克里米亚战争爆发的第一张多米诺骨牌。

英国编年史家金莱克等人认为，圣地问题是拿破仑三世安排的陷阱，不啻为一出杰作。圣地问题助拿破仑三世登上法兰西帝国皇帝的宝座，而俄土交恶给法国带来新的机会。拿破仑三世决心让这个矛盾扩大，甚至用战争来解决。自1815年以来，《四国同盟条约》和“神圣同盟”犹如两道枷锁捆住法国。如今，拿破仑三世认为打破枷锁的机会来了。在“东方问题”上，俄国和奥地利、英国都有矛盾。因此拿破仑三世竭尽所能挑拨俄奥和俄英关系。对英国，他全力拉拢，再次承认英国在埃及的优势，协调与英国的外交立场。据说早在1844年英法已经就“东方问题”达成一致，直至共同采取行动。这个秘密在拿破仑三世上台后并未受影响，两国军事作战部门甚至初步协调过作战计划。而这一切，俄国沙皇并不清楚。对奥地利，法国一面拉拢，一面支持撒丁王国的加富尔政府谋求意大利统一，威胁奥地利对意大利的统治。衰落的奥地利帝国进退两难，只能眼看着事态发展。人们说，拿破仑三世并不具备伯父拿破仑的胆略，却也不怕与俄国一战。按照拿破仑三世的分析，俄国与法国相隔普、奥两国，只要普、奥保持中立，全面战争的可能性为零。如果法俄在巴尔干或黑海作战，法国拥有技术优势，战场和战争规模都很有限。而且无论战场输赢，法国都是赢家，“神圣同盟”将被拆散，《四国同盟条约》将会彻底被扫入历史的垃圾堆。

金莱克等人指责拿破仑三世这个大阴谋家就这样一手策划了克里米亚战争，还认为拿破仑三世为了避免国内的革命，必须把欧洲带入到混乱之中。马克思也观察到，拿破仑三世需要进行对外战争以转移国内的视线，“不是国内革命就是对外战争——他（指拿破仑三世）再没有别的出路了……如果他不能把法国军队派到国外，他就得同时停止把一批一批的囚犯不断地流放到凯恩”。后世更多学者则认为，拿破仑三世未必渴望战争，也不比他的一些大臣更好战，外交解决还是他的首选。但如果能用军事上的胜利来恢复波拿巴帝国的尊严，提升1815年后法国惨淡的国际地位，拿破仑三世也不会放弃选择战争来解决争端。

英国出于现实的考虑，认为法国在埃及问题上的让步已经表现出足够的友善。而且，法国的军事力量特别是陆军足以为英国所用。俄国在近东的扩张势头使英国十分不安。如果俄国沙皇控制了达达尼尔海峡和博斯普鲁斯海峡，英国在地中海的势力将受到严重威胁。英国的战略一向是在最前沿阻击敌人，正如以维持荷兰、比利时、卢森堡这几个低地国家的独立来保卫英国本土的安全。君士坦丁堡如果落入俄国之手，英国的下一条防线将是爱琴海。尽管爱琴海岛屿众多，英国还占据其中最大的两个岛屿塞浦路斯和克里特，但无论如何也比不上在两海峡构筑的防线。英国认为两海峡是决不可以放弃的。圣地保护权问题本来和英国关系不大。英国信奉的是新教，1845年才在耶路撒冷建立第一个英国国教会教堂。不过，英国看到法国站在反对俄国的第一线，自己风险不大，背后支持法国反而有助于实现遏止俄国的目标。因此，英国决定和法国站在一起。

另外，深谙古典经济学的马克思最早敏锐地观察到克里米亚战争爆发的经济根源，特别注意到战前英国在黑海地区商业利益的快速增长，认为克里米亚战争首先是参战各国间经济利益和军事利益发生冲突的结果。马克思指出，由于英俄贸易的存在，使得“这两个国家在东方现在和将来永远都是死对头”。他还就彼时英国的外交政策撰写了大量评论。多年后，马克思的女儿燕妮将他这一时期撰写的与克里米亚战争相关的上百篇文章进行整理，收进了19世纪末出版的经典著作《东方问题》中。后世不少人也认为，“英国大部分对外战争都与商业有关系”，刚刚完成工业革命的英国对国际市场的强烈扩张需求，使得英国不惜以战争与俄国来争夺奥斯曼帝国。不过，也有很多人认为，战争劳民伤财消耗巨大，如果单从经济收益来看，后来占领塞瓦斯托波尔并未能带给英国持久的帝国效益。对俄国的战争并非一场便宜的战争，英国在黑海地区的贸易额每年不过几百万英镑，而英国在这场战争中耗资约7000万英镑，之前英国每年预算很少超过5000万英镑。仅从商业利益而言，这是一场得不偿失的战争，特别是考虑到战前英俄的贸易额远远超过英土的贸易额。

无论如何，彼时的俄国浑然不知可能发生的巨大灾难。根据以往俄土战争的经验，俄国认为如果不能在谈判桌上得到，就直接诉诸战争，报偿将更加丰厚。得知土耳其在法国的压力下将圣地管辖权全面交给天主教会，愤怒的沙皇尼古拉一世于1852年12月27日在未与大臣商议的情况下发出了动员令，准备派遣3.7万俄军为进攻君士坦丁堡做准备，另外约9万俄军为在多瑙河两公国和巴尔干其他地区作战而进行动员。他甚至筹划由英国、法国、奥地利、俄国四国瓜分土耳其的欧洲部分。按照尼古拉一世的构想，俄国占有多瑙河两公国和多瑙河三角洲地区的多布罗加，即多瑙河河口；塞尔维亚和保加利亚获得独立；亚德里亚堡附近归属奥地利；塞浦路斯、罗德岛和埃及归属英国；克里特岛归法国；扩大希腊现有领土，君士坦丁堡将成为国际保护下的自由城市。一言以蔽之，土耳其将被彻底逐出欧洲。俄国陆军元帅帕斯科维奇据理力争，终于阻止了沙皇动用黑海舰队进击博斯普鲁斯海峡，派军队在土耳其沿海登陆的想法。俄国总算没有对土耳其提出领土要求。

俄国迫切需要英国的支持，于是有了1853年1月和2月沙皇尼古拉一世与英国驻俄罗斯大使西摩有关瓜分土耳其的数次谈话。需要注意的是，当时莫斯科与伦敦之间尚未通电报，西摩发回英国外交部的信件通常需要10天以上时间。相比之下，同一时间英国和法国之间的通信几乎第二天就能到达。通信的困难无疑加大了英俄之间联系的难度，因此沙皇尼古拉一世与西摩之间的会谈才显得重要。

早在1832年2月，奥斯曼帝国可能被埃及击溃之际，沙皇尼古拉一世即对奥地利驻俄国大使直白表达过自己对土耳其的看法："土耳其帝国已经死了，即使这次拯救了它，我没有信心再维持它这个古老的身躯，它已经全面衰竭，崩溃只是早晚的事情。"会谈之前，西摩明显感觉到俄国的紧张气氛。1853年1月初，西摩数次向伦敦报告俄军动员和开赴多瑙河边界的迹象。西摩约见俄国外交大臣涅谢尔罗德，要求了解俄军的动员情况。涅谢尔罗德表示，法国在与土耳其谈判时以武力相威胁，现在俄国也需要在这样有利的环境下谈判。英国当然不满意这样的答复。1月9日，在一个招待外交使团的宴会上，沙皇尼古拉一世主动找西摩谈话，这成为一系列"西摩谈话"的开始。尼古拉一世向西摩表示，很高兴得知英国新内阁组建，阿伯丁与自己相识近40年，是自己非常敬重的人，英俄两国正处在非常友好的时期，两国间几乎没有什么不一致的地方，两国的利益事实上在绝大多数问题上是一样的。西摩在同意沙皇看法的同时，有意提及两国之间的分歧，比如对拿破仑三世称呼不同的问题。尼古拉一世回避了这一问题，将话题转移到土耳其问题上。他没有提到俄国向土耳其示威，只是说土耳其已经到了混乱和瓦解的边缘，土耳其的崩溃将是一场灾难，英俄两国有必要就此事达成谅解，在一方未同意的情况下另一方决不轻易做出决定性的措施。尼古拉一世与西摩的第一次谈话并未深入下去便匆匆结束。

1月14日，沙皇尼古拉一世再度约见西摩，进一步谈论了自己对土耳其的看法："目前土耳其正处于我刚才描述的境况，业已逐渐沦落到衰朽的地步，正如那晚我对您所说的那样，尽管我们热切希望那个病夫活下去，但他还是会猝然死亡的……因此我向您提出，以防万一，是不是事先就做些准备为好，以免发生混乱、骚乱和一场无疑的欧洲战争……现在我想如朋友和君子一样对您说，如果英国和我在这件事上达成谅解，其余我是无所谓的。至于别的人干什么或想什么，我是不在乎的。”西摩当即指出，英国政府无法在土耳其还未瓦解的情形之下就去做土耳其瓦解后的安排。沙皇尼古拉一世也当即指出，如果法国向土耳其任何领土派遣远征军，将引起一场危机；俄国会毫不犹豫采取反制措施。如果这导致土耳其灭亡，自己表示遗憾，因为自己也是被迫采取行动。西摩对沙皇尼古拉一世的直率并不感到吃惊，毕竟1844年时任英国外交大臣的阿伯丁曾与俄国就土耳其问题达成过一致。西摩代表了英国政府的态度，1853年2月9日英国外交大臣约翰·罗素（2月21日被克拉伦登代替）就圣地问题回应俄国时闪烁其词，承认俄国在奥斯曼帝国境内拥有大量条约权利，对俄国没有表现出态度明确的反对或支持。英国犹豫不决的态度，给俄国沙皇留下了英俄两国仍有合作可能的期待。

2月，西摩又一次与沙皇会谈。尼古拉一世认为阿伯丁是近些年对俄国最友好的英国首相，且阿伯丁丝毫不掩饰对土耳其的恶感，于是他相信能得到英国的支持。尼古拉一世坦然向西摩透露了瓜分土耳其的全部计划，还声称得到了奥地利的支持，甚至说：“我代表俄国说话，就如同代表奥地利说话一样。”英国内阁对几次西摩谈话的内容早有准备，只是沙皇尼古拉一世多次坚持奥斯曼帝国即将崩溃的说法，逐渐增加了英国政府的疑虑，让英国怀疑俄国图谋加速土耳其的衰败。接下来，俄国的外交和军事行动更让英国人相信自己分析得完全正确。

为了迫使土耳其屈服，俄国沙皇向土耳其宫廷派出使团，要求获得奥斯曼帝国境内全部1400万基督徒的保护权。缅希科夫亲王受命率领使团完成这一任务。尼古拉一世在日记中写道：“如果土耳其不肯屈服，这位非凡的使节（指缅希科夫）必将威胁毁灭君士坦丁堡，占领多瑙河流域。”缅希科夫家族在俄国极为显赫，几代人都是沙皇的心腹。一直有传言，当年的女沙皇叶卡捷琳娜一世出身卑贱，后来当上老缅希科夫亲王的情妇，如此方得以接近彼得大帝，成为彼得大帝的妻子，加冕俄罗斯帝国皇后，直至在彼得大帝去世后成为俄罗斯帝国的女沙皇。由此可见，缅希科夫家族得宠并非偶然。如今这位亚历山大·谢尔盖耶维奇·缅希科夫亲王是俄罗斯帝国海军上将，1809年即参军服役，当过驻维也纳的外交武官，作为沙皇亚历山大一世的随从参加过1812年的卫国战争。他1817年晋升侍从将军，深得新沙皇尼古拉一世的宠信。1823年，缅希科夫从陆军退役进入外交部，1824年进入海军，1827年即就任海军总司令部参谋长和内阁成员。他参加过1828年俄土战争，与维特根施泰因元帅的军团一起，海陆联合攻下瓦尔纳要塞。缅希科夫从1830年起担任俄罗斯帝国国务会议成员，在实际上领导俄国海军部。他1831年任芬兰总督，同时留任海军总司令部参谋长，1833年晋升海军上将。后人评价，缅希科夫对俄罗斯帝国海军的近代化造成了很坏的影响，拖延了俄国海军的技术进步和战斗训练。此番他作为俄国全权特使被派往君士坦丁堡，日后他还将是克里米亚战争中的俄军前线总司令。与俄国许多大臣的先辈是外国人不同（如外交大臣涅谢尔罗德就是德意志人后裔），缅希科夫总是自豪于自己是一个“真正的俄罗斯人”。根据缅希科夫的日记显示，沙皇尼古拉一世不仅授权他在与土耳其谈判时使用武力威胁，还批准了在土耳其拒绝俄国要求的情况下出兵占领多瑙河两公国的计划。

检阅完俄国黑海舰队并主持完军事演习后，缅希科夫于1853年2月底乘坐俄国军舰“雷神”号抵达君士坦丁堡。彼时的外交界人士评价缅希科夫其人“行为举止简单粗暴”，爱好“女人、赌博、马匹，对同伴朋友不分好坏……（缅希科夫）言语机智诙谐又尖酸刻薄”。沙皇尼古拉一世对他寄予厚望，让缅希科夫“只管用新借口对他（指奥斯曼苏丹）极尽挖苦嘲讽之能事即可”。果然，缅希科夫不是遵循惯例由土耳其外交大臣引见首相，而是直接会见奥斯曼帝国首相，并且提出必须更换土耳其外交大臣才能继续谈判。土耳其人在缅希科夫的压力下做出了让步，更换了外交大臣。几天之后，缅希科夫极其傲慢地向土耳其苏丹阿卜杜勒·迈吉德一世宣读了俄国沙皇尼古拉一世的三项要求：

1.整个东方的东正教应得到土耳其苏丹的保护。

2.东正教会应享有与其他教会相同的权利。

3.准予在耶路撒冷修建东正教堂和供病人与无家可归者栖息之所。

这实际上是一封最后通牒式的信件，俄国还要求奥斯曼帝国以条约形式而非敕

缅希科夫亲王

令形式来确认俄国的要求。俄国的这些要求引起英法不满，但英法两国大使当时都不在土耳其，只有英法代办留守君士坦丁堡。英国代办罗斯指出，缅希科夫此行目标不仅是为了宗教问题，俄国是利用圣地问题为烟幕弹，真正目的是迫使土耳其签订条约以确保俄国在土耳其的首要地位。土耳其首相穆罕默德·阿里与英法代办商议目前的危机，请求英法将舰队开到希腊附近，给土耳其支持。英法政府采取谨慎态度，没有同意。1853年4月5日，英国驻土耳其大使斯特拉特福德在危机中重返土耳其，鼓动土耳其对俄国采取坚定立场。法国新任驻土耳其大使德拉库尔也抵达君士坦丁堡。缅希科夫与英法大使进行会谈，表示如果奥斯曼帝国拒绝俄国的提议，最坏的结果将是两国关系破裂，而非战争。缅希科夫一面安抚英法，一面持续对土耳其施压。4月19日，缅希科夫再次递交照会，催促奥斯曼帝国做出决定，照会中满是谴责与威胁。4月23日，阿卜杜勒·迈吉德一世召开政务扩大会议讨论缅希科夫的照会。会上土耳其大臣们普遍认为可以与俄国谈判，但在土耳其东正教臣民的特权问题上是无法协商的。

就在这时，奥斯曼帝国在巴尔干半岛的领地黑山爆发革命，土耳其军队开进黑山予以镇压。对土耳其来说，巴尔干的叛乱是家常便饭，但偏偏发生在这时候，土耳其暗自叫苦。缅希科夫的要求不再仅仅是恢复东正教对圣地的管辖权，沙皇尼古拉一世公开视察俄国陆军。按照外交惯例，这是在炫耀武力，为外交行动制造声势。俄国在土耳其问题上，以往的表现似乎并没有这次耐心——以往谈判只是过场，要求只会在战场实现。5月5日，缅希科夫提交了最后通牒，以断绝外交关系为威胁，要求奥斯曼帝国在五天内回复俄国。此番缅希科夫得到沙皇尼古拉一世的指示，又提出新的要求，要求阿卜杜勒·迈吉德一世苏丹保证俄国沙皇对奥斯曼帝国境内所有东正教徒拥有保护权。作为善意的表态，土耳其应该从黑山撤军。

土耳其君臣大惊失色，这不啻将巴尔干拱手让与俄国沙皇。因为东正教在巴尔干地区显然拥有最大的势力，阿卜杜勒·迈吉德一世无法答应这个要求，任何一个苏丹都不敢答应这个要求。奥斯曼帝国内部强硬派的大臣们敦促苏丹拒绝俄国的无理要求，其实早在斯特拉特福德重返土耳其之前，一些土耳其大臣已经在抵制缅希科夫，不肯接受与1774年条约无关的主张。正如有人指出的那样，最近几十年土耳其已经先后数次向俄国屈服，前不久又向法国屈服，如今它不愿也不能向任何人屈服。英国驻土耳其大使斯特拉特福德鼓励阿卜杜勒·迈吉德一世苏丹拒绝俄国的要求，与以往一样，英国许诺将在危机中支持土耳其。这次不同的是，土耳其还有法国的支持。谈判彻底陷入僵局。

5月10日，阿卜杜勒·迈吉德一世拒绝了缅希科夫的最后通牒。宽限几天之后，缅希科夫仍未得到满意答复。5月22日，缅希科夫亲王离开君士坦丁堡。亲王相信，这个威胁姿态会使土耳其最终屈服于俄国的压力。从另一角度说，俄国的耐心有限，沙皇尼古拉一世随时准备用军事行动来解决危机。希腊驻俄国大使向俄国大臣们陈述奥斯曼帝国境内的混乱状况，基督徒受到暴行的困扰，而“东正教信仰处在危险中”的声音在圣彼得堡越发引人注意。6月4日，阿卜杜勒·迈吉德一世苏丹发布敕令，宣布保障奥斯曼帝国境内基督教会特别是东正教会的豁免权和特权。俄国并不满意，发表宣言声称要保护土耳其境内的东正教会，并宣布：俄国为监督土耳其，将依据《亚德里亚堡条约》进占多瑙河两公国瓦拉几亚和摩尔达维亚。

就这样，要求未获满足的俄国使团离开君士坦丁堡仅一个月，俄国军队即跨过普鲁特河，进入摩尔达维亚和瓦拉几亚。这不是俄军第一次进入多瑙河两公国，1848年革命时俄军就曾短暂占领过这里。但这一次意义不同，俄军接到的命令是：“使用武力，但是不要引起战争……（俄国）正义的要求……因为土耳其宫廷各种肆意妄为的行径已经侵害了（基督徒的）权利。”俄罗斯要“捍卫东正教信仰”。

1853年6月8日，驻马耳他的英国皇家海军地中海舰队接到命令：“开赴达达尼尔海峡附近……保护土耳其免遭无端的攻击，捍卫土耳其的独立。”为了给阿卜杜勒·迈吉德一世支持，同时警告俄国，6月13日，英法联合舰队驶入贝西加湾。这非但未能震慑俄国，反而深深刺激了俄国。奥地利如坐针毡，主动出面协调。瓦拉几亚和摩尔达维亚对奥地利非常重要，不能无视俄国如此占领多瑙河两公国，威胁自己在多瑙河的利益。

一般认为，沙皇尼古拉一世希望通过占领多瑙河两公国唤起土耳其统治下巴尔干基督徒的起义，以此迫使奥斯曼帝国接受俄国的要求，这样做可以避免战争。可惜，他错误估计了国际形势。尼古拉一世原本认为，只要有英国和奥地利的支持，法国不可能对俄强硬起来，俄国的目标即可实现。然而，俄国占领多瑙河两公国，直接威胁奥地利的利益。1844年尼古拉一世访英时，的确与英国就“东方问题”达成过秘密共识。如今的英国首相阿伯丁时任英国外交大臣，直接主持了这一未成文的谅解——如果奥斯曼帝国解体，英俄应在合作基础上和平解决奥斯曼帝国的遗产问题。阿伯丁出任英国首相给了沙皇尼古拉一世一种错觉，此人的确厌恶土耳其，讨厌巴尔干基督徒身上那种“讨厌的土耳其暴徒特性”。不过，英国首相的权力无法跟俄罗斯沙皇相比，即便在内阁里都没有强势地位。更何况，英国不会容忍俄国无限制在近东扩张。沙皇尼古拉一世得不到英国和奥地利的支持，更没想过英法会联合起来对付自己。

奥地利外交大臣鲍尔在维亚纳召集英国、法国、俄国驻奥大使商讨对策。7月底，四国在没有奥斯曼帝国代表参与的情况下，通过了有利于俄国的“维亚纳照会”，要求土耳其承认俄国根据条约拥有对土耳其统治下所有东正教徒的保护权。结果土耳其不但拒绝接受“维亚纳照会”，反而提出修改相关内容的要求。土耳其明确照会俄国对东正教保护权的细节，提出两个保留意见——俄国撤出多瑙河两公国，各大国保证俄国今后再不能以外交为目的占领多瑙河两公国。9月25日，俄国拒绝土耳其对“维亚纳照会”修改意见的正式通告送抵君士坦丁堡。奥斯曼帝国内部对俄国的仇视、民族主义情绪和宗教狂热爆发。10月5日，奥斯曼帝国正式对俄国宣战。俄国随即对土耳其宣战，克里米亚战争终于爆发了。

第 三 章

燃烧的港湾

Chapter 3

第三章 燃烧的港湾

克里米亚战争从一开始就显示出浓厚的政治意义，这将持续到战争结束。彼时战争尚未波及克里米亚，主战场还是巴尔干和多瑙河流域。瓦拉几亚和摩尔达维亚位于普鲁特河和多瑙河三角洲之间，今属罗马尼亚。那里的康斯坦察是黑海重要的港口，布加勒斯特是今日罗马尼亚的首都。多瑙河被称为“欧洲的血管”，其河口的地位更无须多言。整个10月，俄土两军都在进行战术机动，以求在多瑙河下游取得相对于对手有利的态势。冬天很快将至，任何决定性的战役都不可能在1853年内完成。10月28日，土耳其军队司令官阿尔马尔·帕夏成功率军从多瑙河南岸宽大的正面渡过多瑙河。11月4日，土军在奥尔特里查击败匆匆赶来的俄军。俄军准备不足，遂计划先行过冬，在1854年春天反击土军。

补给是双方都要面对的重要问题。巴尔干战场远离俄国的政治中心。尽管俄国有多次对土战争的经验，补给仍然是限制俄军行动的主要问题。对土耳其而言，虽然君士坦丁堡距离战场较近，但巴尔干山脉和当地居民的叛乱使得运输十分困难。多瑙河航运发达，利用海运转河运成为双方补给的必然选择。争夺黑海制海权显得尤为重要。

制海权问题决定了这场战争会从俄土双方的海军对决开始。19世纪中叶，俄国造舰成本比西方低得多，凭借丰富的森林资源，其建造风帆战舰的速度和技术都保

土耳其军队司令官阿尔马尔·帕夏

持欧洲领先水平。黑海舰队的“阿波什托夫”号三层甲板风帆战列舰安装了能够发射68磅球形弹的卡伦炮，而且制造精良，几乎是木质风帆战列舰的登峰造极之作。在大量建造木质风帆战舰的同时，俄国也没有忽视蒸汽战舰。1820年“伊佐拉·米蒂”号等武装汽船已经装备黑海和波罗的海舰队，作为舰队的轻型巡航舰和运输船，同时兼任拖轮。1842年俄国海军制定了推广蒸汽战舰的计划，装备23门火炮的“阿基米德”号蒸汽巡航舰在1849年加入波罗的海舰队，同时更庞大的蒸汽战舰计划也已经制订。这些造舰计划中，多数是螺旋桨的蒸汽巡航舰。如前揭文，海军部的缅希科夫上将推迟了在喀琅施塔得和尼古拉耶夫修建新的海军工厂，这些工厂是能够生产蒸汽机的船厂。此前俄国海军船厂与19世纪前的其他国家船厂一样，仅仅是能够造船的大型木工作坊，缺乏大型机械和精密的金属零件制造能力。俄国舰队蒸汽化计划因缺乏蒸汽机而出现停滞。

俄国计划修建的两座海军新造船厂的工程推迟也并非海军部门所愿意看到的，主要问题出在俄国的工业产业方面。在工业革命曙光初现的时候，俄国还处于封建社会状态。辽阔的国土和丰富的资源，使得封建领主并不急于花代价去更新生产和贸易所需要的装备和技术；辽阔的内陆腹地也使得贸易更需要马车而不是商船。作为海上贸易最重要保障的海军在俄国是居于次要地位的，贸易利益未必完全仰赖海军。俄周边国家都与俄国有漫长的陆路边界，沙皇更注重保持一支庞大的陆军，随时准备击退越过边境的敌人。海军仅仅作为保卫陆军濒海侧翼的作战力量，担负打击敌方濒海侧翼的任务，或者对濒海的后方进行袭击。这些因素导致沙皇在19世纪中叶以前没有及时建立支撑造船业的相关工业体系。在计划修建新工厂时，俄国国内却没有可以提供生产蒸汽机设备和部件的配套产业，钢铁冶炼也无法同时满足造炮和造船。当时蒸汽机生产技术代表着一个国家最高科技水平，禁止轻易出口相关制造设备和工艺。俄国只能转而向工业国家采购海军蒸汽化需要的大量蒸汽机。

从1820年起，英国就是俄国汽船所需蒸汽机的主要供应国。1851年俄国向英国订购了战舰所需要的蒸汽机，并支付了货款。英国一直谋求在地中海和波罗的海的海军优势地位，俄国海军力量的增长令其不安。1840年俄国海军虽然舰船数量少于英国和法国，但已经成为世界上人数最多的海军。现在俄英关系严重恶化，彼时英国还没有向俄罗斯交付其订购的蒸汽机，于是扣押了俄国海军的全部订货，导致俄国海军无法实现将战舰，尤其是战列舰改装蒸汽机的计划。沙皇的黑海舰队只有早年建造的少量蒸汽巡航舰，在随后的战争中不得不依靠以风帆战舰为主力的舰队与英法蒸汽风帆战舰对抗。

沙皇对黑海舰队缺乏蒸汽机并不在意。他和他的幕僚低估了土耳其奥斯曼帝国的海军力量，因此并未过多考虑英法介入俄国与土耳其争端的程度。俄国海军计划在英国介入前迅速封锁博斯普鲁斯海峡，阻止30艘停泊在君士坦丁堡的英法舰队舰只进入黑海，并且迅速消灭衰落的土耳其奥斯曼帝国舰队，迫使其承认既成事实。因此俄国所有的作战方案都建立在速战速决的基础上。10月11日，土耳其军队向靠近海岸航行的俄国武装汽船“普鲁特河”号和“澳丁拿”号以及8艘单桅炮艇开火。11月初，土耳其和埃及的联合舰队开进了黑海，准备寻找俄国舰队进行决战。11月4日，俄国海军蒸汽巡航舰“比萨拉比亚”号在黑海南部捕获了土耳其“马扎利·特扎利特”号武装蒸汽船。俄国巡航舰没有直接向蒸汽船开火,而是发出鸣炮信号命令停船，这艘慢速的汽船立刻放弃了抵抗。

11月5日土耳其海军“帕瓦兹·贝科哈利”号两桅蒸汽风帆巡航舰作为前锋被派往远离舰队的海区侦察时，与俄国海军执行同样任务的“瓦拉蒂米尔”号三桅蒸汽风帆巡航舰发生了遭遇战。19世纪中叶的商用汽船和蒸汽风帆巡航舰从远处看上去很相近，加上俄国人悬挂了其他国家的旗帜，较小的土耳其“帕瓦兹·贝科哈利”号在识别出“瓦拉蒂米尔”号时，已经来不及逃走。双方都是收起了风帆而采用蒸汽机进行机动，蒸汽机使得巡航舰机动自如，朝任何方向航行都有很高的航速。土耳其巡航舰一边保持使对方处于不能进行偏舷射击的位置，一边向土耳其方向航行，但很快就被俄国巡航舰追上。

蒸汽巡航舰之间的交战在战术上与风帆战舰有本质的区别，那些成群聚集在露天甲板上、随时听候舰长命令操帆的水手没有了，仅留下少数帆缆水手用以应付航行和交战中出现的情况。更多的水手则参加操炮或作为来复枪狙击兵，在战舰靠帮后进行接舷战。拿破仑战争中最有效的用葡萄弹纵扫甲板的战术已经不太奏效。炮手们可以躲在露天甲板火炮、桅杆或舱口台后避开劈头盖脸的葡萄弹，而杀伤操帆水手和击毁桅杆已经不会对战舰机动和航行产生多大影响。在接近和交战中，双方都使用了实心的击毁球形弹，企图破坏对方舰只结构，或指望能够命中舰体内蒸汽机的锅炉、水管等结构。俄国海军“瓦拉蒂米尔”号巡航舰露天甲板配备有能够发射重磅击毁球形弹的卡伦炮，但是这种炮弹弹道弯曲，更适合轰击城市和慢速、容易推算航向的风帆战舰，而对于随时能够改变方向的蒸汽巡航舰则有些望尘莫及。

在追逐战中，俄国“瓦拉蒂米尔”号凭借航速优势，从土耳其巡航舰右舷赶上，并形成了齐头并进的阵势。双方用击毁球形弹对轰，炮弹击碎舷墙射入船舱。

当接近到卡伦炮射程时，“瓦拉蒂米尔”号对土耳其巡航舰实施了重磅火力轰击，双方水兵用来复枪进行对射。19世纪40年代大量装备的来复枪比滑膛枪准确得多，而且射程也远得多，双方很多甲板人员在远距离上被击中，其中包括俄国舰长泽拉佐夫，舷墙炮眼的水手中也有人中弹。而“帕瓦兹·贝科哈利”号巡航舰被重磅炮弹命中，锅炉损毁，“瓦拉蒂米尔”号继续猛轰瘫痪在海面上的土耳其巡航舰，最后土耳其人向俄国人投降。这场规模非常平常的小海战据称是蒸汽巡航舰之间的首次交战。

关于“瓦拉蒂米尔”号上年轻能干的泽拉佐夫之死一直有个神秘的传说。1853年入秋，泽拉佐夫担任司令部信使前往第比利斯，在苏呼米和第比利斯路上花了13卢布购买了一柄神秘精致的丹麦钢军刀。当他带回塞瓦斯托波尔时，还为能够用如此便宜的价格买到如此精致的军刀而感到困惑不解。但是这位上尉的同事和长辈上级都劝他用更便宜的价格出卖掉，因为携带这种军刀上战场的人都肯定会死去。事实上从1827年到1853年的历次战争中，这种军刀的厄运传说在高加索和黑海舰队中的各级军官中都已经准确应验，而且这种军刀在1848年后就几乎绝迹。但是上尉并没有听信，而是携带军刀上了“瓦拉蒂米尔”号蒸汽巡航舰出航。在11月5日海战最后阶段，上尉抽出军刀准备接舷时，被土耳其巡航舰上射来的来复枪弹击中要害而丧命。同舰上的海军士官生迪多夫曾经想将这柄军刀丢进大海，但最终改变主意将其丢到船舱角落带回。这把军刀和其他几把被携带上战场并导致主人阵亡的同类军刀碎片，现成为黑海舰队博物馆的馆藏。

土耳其舰队进入黑海后，一直力图寻找俄国舰队进行交战。土耳其海军估计俄国海军会对康斯坦察至巴统横跨黑海的航线进行袭击，于是主力舰队在这片海区巡航。由于土耳其工业和物资供应主要集中在君士坦丁堡一带，从君士坦丁堡到高加索之间是缺少道路的崇山峻岭，因此在高加索的作战消耗和兵员补充主要依靠从西部海运，抵达巴统后再转陆路运输送往前线。为伏击俄国海军的土耳其舰队在锡诺普近海巡游，但在黑海南部进行了十多天巡航并没有遭遇俄国舰队，土耳其人判断俄国主力舰队可能没有出海。风帆战舰从塞瓦斯托波尔出发抵达黑海南部需要很多天，因此不会马上对这条交通线构成威胁。于是土耳其主力舰队返回博斯普鲁斯海峡，留下一支装运增援部队和大批物资的分舰队由奥斯曼帕夏率领，准备启航前往高加索的巴统和苏呼米。

而锡诺普是土耳其北海岸的重要港口，位于君士坦丁堡到巴统航线中间。由于有一个向东突出的狭窄半岛，也被称为锡诺普角。这个突出半岛南侧是天然半圆形海湾，由于海湾嵌入内陆，四面来风都被削弱，因而是难得的天然良港。海湾附近分布有6个古炮台。从古希腊时期以来，锡诺普一直是海军要塞。19世纪的船只缺乏导航设备，在气候多变的季节从锡诺普前往高加索通常采取近岸航行，虽然航程稍长，但是能够很好地利用海岸导航。战争爆发后，土耳其往巴统的船只也走类似航线。奥斯曼帕夏的分舰队从锡诺普出发不久就遇上了暴风雨，同时发现航线北方有俄国海军大型的风帆战舰活动。奥斯曼据此推测俄国海军主力舰队可能已经位于锡诺普和巴统之间的海域，于是指挥整个分舰队退回到了锡诺普海湾的锚地规避。在抵达港口后，他派人从陆地通过驿站向君士坦丁堡发出紧急信件请求支援。

土耳其分舰队在暴风雨中望见的俄国海军舰队是由日后大放异彩的纳西莫夫少将率领的分舰队，只有3艘三层甲板的风帆战列舰，此时正在君士坦丁堡到巴统的航线附近游猎和侦察。这支俄国舰队在11月11日才到达因杰角以北，正好横在从锡诺普去巴统的航线上。此时土耳其主力舰队已经折向博斯普鲁斯海峡方向，因此没有发生遭遇。在发现锡诺普的分舰队活动后，纳西莫夫并没有急于靠近港口进行封锁，而是在外海的水天线附近徘徊监视锡诺普角一带。3艘战列舰没有把握同时与土耳其舰队和锡诺普强大的海岸炮台防御体系作战。两天的暴风雨使纳西莫夫分舰队的2艘战列舰受损，航行能力大打折扣，因此需要等预定在中旬汇合的舰队其他舰只赶到。如果土耳其人在这期间出航，纳西莫夫则将对离开港口的奥斯曼舰队发动进攻。守候在外海的纳西莫夫舰队在水天线上时隐时现，土耳其人既不敢贸然出港，也无法确定俄国人的兵力和位置。

11月17日，纳西莫夫与塞瓦斯托波尔来的诺沃什斯基分舰队汇合，这支分舰队是纳西莫夫舰队的一部分，有3艘战列舰和2艘巡航舰，整个舰队战列舰数量达到了6艘。纳西莫夫担心在等待增援的几天时间中，俄国舰队在锡诺普外海的消息已经通过信使送到君士坦丁堡，博斯普鲁斯海峡的土耳其和英法舰队可能已经启航。因此纳西莫夫与诺沃什斯基决定不再等待，在博斯普鲁斯方向的土耳其增援舰队赶来前，直接对港口内的奥斯曼帕夏的分舰队发动进攻，争取将其全部消灭在港内。

与纳西莫夫的舰队相比，奥斯曼帕夏的分舰队有7艘巡航舰、3艘轻型巡航舰、2艘蒸汽明轮巡航舰和4艘运输帆船。奥斯曼帕夏的作战计划是在援兵到来前待在锚地内，依托海湾周围海岸炮台上的38门炮共同组成严密的防御。奥斯曼帕夏将7艘巡航舰和3艘轻型巡航舰紧贴弧形港湾的海岸展开，抛锚在第4、5、6号三座炮台之间。海岸火炮与战舰形成了重叠的密集火力，其他火力薄弱的蒸汽明轮巡航舰和运输船则在海岸和巡航舰之间插空抛锚，使其获得交叉火力的保护，同时这些船只上的火炮能够插空射击。

11月17日午夜，黑海南部开始降大雾，乘着大雾和夜幕的掩护，纳西莫夫舰队转向巴夫拉角和锡诺普角之间的海岸航行。这片海岸是个向南深入陆地的海湾，锡诺普位于海湾的西北顶端拐角上。纳西莫夫的航渡和接近计划是先向南进入这个海湾，使得在舰队接近锚地前锡诺普海角上所有土耳其海岸哨都无法看见舰队。然后舰队转向偏西北航行，这种从陆地方向向锡诺普海湾的航行，接近使得屏护锚地的海角瞭望哨处于锚泊舰队的后方，将比舰队后看见正在接近的俄国舰队，因而无法做到为舰队提供警戒。而锚泊的舰队往往处于很放松的休整状态，只留有少数水手担任警戒。这些习惯于在海上执勤的水手通常不了解锚地船只进出情况，他们通常会有依赖港口警戒的习惯，一旦发生问题，他们首先会看锚地信号台有什么指示。在海岸信号台或瞭望哨没有给出通报时，他们不会对进港船只加以注意。

纳西莫夫舰队在18日日出时分向西北转向，大雾依旧笼罩海面，直到正午时分才逐渐减弱。浓雾散去，土耳其海岸哨能看见海面船只时，俄国舰队已经抵达海湾东锚地海面，正顺偏东南风成两列单纵列进入锚地，而且主桅上悬挂的是英国旗。眼见炫目的海面上突然有一支队列严整的舰队，挂着英国旗，成两列纵队驶来，奥斯曼帕夏十分高兴。他命令信号兵打旗语向对方问候，对方似乎没有看到土耳其军舰的问候，继续向锡诺普湾驶去。纳西莫夫的旗舰“玛丽女皇”号风帆战列舰为先导，“康斯坦丁大公”号和“切什梅”号战列舰随后，南面500米左右是诺沃什斯基的“巴黎”号战列舰为先导，“三圣徒”号和“罗斯基斯拉夫”

号随后的纵列，两艘俄国风帆巡航舰“库列夫奇”号和“卡古尔”号从南面进入锚地。从水手到军官的大多数土耳其人都认为这是从博斯普鲁斯海峡赶来的英国舰队，因而没有引起任何警惕，舰队司令官奥斯曼帕夏还开始做会晤英国人的准备。

但是这些进入锚地的舰队开始沿土耳其舰队的月牙形纵列300米左右距离下锚，同时舷墙炮眼没有按惯例关闭，而且火炮处于射击位置。反常的情况使得奥斯曼帕夏警觉起来，随即吩咐各舰进入战斗警戒。12点30分，在奥斯曼帕夏下令的同时，下锚的不明舰队开始落下英国旗，并迅速升起俄国海军的白底蓝十字的安德烈旗。至此一切情况已经明了，“俄国人发动了卑鄙的偷袭”，土耳其人在历史书中一直这么描写。在奥斯曼早先发出警戒信号后，整个土耳其舰队一直不以为然，行动慢慢吞吞，看到突然升起的安德烈旗才大惊失色。其中包括一直心存疑虑游移不定的奥斯曼帕夏在内，整个分舰队都陷入了混乱之中，此时锚地的信号台还没有完全弄清情况。锡诺普海战的第一炮是土耳其舰队旗舰“阿夫尼安拉”号巡航舰打响的，装填的是实心的击毁球形弹。炮弹朝“巴黎”号射去却没有命中，随后俄国舰队开始了猛烈的侧舷齐射。

俄国舰队在上层甲板的卡伦炮上装填了爆炸球形弹对土耳其战舰射击，后来称之为纳西莫夫爆炸弹。这种炮弹实际在陆军中早已经大量使用了至少几百年。但海军因为这种爆炸弹的引信问题一直没有在主力舰队上配备使用。早期的陆军使用的爆炸弹是在球形铸铁弹壳上直接留出导火索引信孔，内填黑色火药，而引信通常直接插在孔内。引信最初使用硝化的软木塞，射击前需要点燃塞入炮膛，后来改为导火索引信，由发射时炮膛火药点燃。用爆炸球形弹作战最关键是可靠点燃炮弹引信。相比早期先点燃炮弹引信再装入炮膛的模式，实行由发射火药点燃炮弹引信要稳妥得多，至少不会因为发射药瞎火或误装导致炮弹在炮膛内爆炸。装填爆炸弹必须要将引信对准炮口方向而不是发射药方向，由于球形弹加工历来不规范，误差较大，炮弹与身管之间有缝隙（称为游隙）。开火时高压发射药火焰会通过游隙点着炮弹引信。如果引信朝向发射药，容易导致引信快燃或直接引爆爆炸弹。

采用短管炮发射爆炸球形弹的初衷是使炮弹引信容易对准炮口方向。拿破仑战争之后，法国炮兵军官亨利·约瑟夫·佩克桑研制了一种发射爆炸弹的火炮，这种炮是卡伦炮的改进，使之更便于发射爆炸球形弹。1824年，这种炮通过击碎一艘双层甲板船显示了它的潜力。英法两国海军都于19世纪30年代末采用了佩克桑设计的火炮，但它依然被看作是发射实心弹的专用武器。海军战舰上，在发射爆炸球形弹的火炮边上，都备有装满水的小木桶。一旦发生炮弹滞留膛内，则朝炮筒内灌水浇灭可能被引燃的引信。为在发射时可靠点燃炮弹引信，也出现了很多的解决办法。另外的办法是在球形弹引信周围绑个小突笋环，确保装填时炮弹不会发生滚动，而是滑入炮膛。

拿破仑战争后期，爆炸弹的引信装置发生了一次重要的，但是没有引起重视的变革。为使炮弹不会因为引信过短而早炸，1820年开始采用管状的信管引信。所谓管状引信是在原来引信孔打进长软木管，使发射焰不会直接点着装药。木信管底部深入球形弹装药内，侧壁有导火孔与黑色火药装药相连，管底有一节引信保证炮弹有一个起码的最小爆炸时间，使炮弹在一定射距内不会爆炸。而管上部引信伸出球形弹，用于控制炮弹爆炸时间。虽然使用信管引信的爆炸弹比直接点装药的爆炸弹可靠得多，但是依旧被海军拒绝在主力战舰上使用。俄国海军首次将其用于主力战舰并非在技术上有多少改进，而是在主力战舰上用这种危险的炮弹作战更多的是勇气使然。

纳西莫夫的作战计划和敢于锚泊的信心，完全是建立在使用爆炸弹的基础上的。遭到俄国舰队突袭后，土耳其战舰开始砍断缆绳逃跑。由于风向是由东面的外海吹向陆地，夹在海岸和俄国舰队之间的土耳其风帆巡航舰和运输船只能先掉头向西南，然后沿海岸航行，绕过俄国战列舰纵列。俄国海军训练有素的水手们用一阵阵密集炮火的齐射，使土耳其海军的逃跑企图彻底破灭。纳西莫夫舰队射击顺序是对升帆的目标依次射击，使其失去控制之后再回头予以摧毁。多数土耳其巡航舰刚刚掉头升帆，就被炮火打得失去了控制，然后被风吹向海岸。爆炸弹命中木质风帆战舰效果非常致命，一发就使中弹部位附近的结构分崩离析，战舰舱内的隔板有的被炸飞到了锡诺普码头上。运输帆船被爆炸弹命中后，上面装载的弹药发生了爆炸，整条船彻底散架解体。火光冲天，水面漂满了船板、风帆和土耳其士兵的尸体。

近半个小时，土耳其战舰几乎都被打得失控，被风吹上了浅滩或撞上了码头。奥斯曼帕夏的旗舰“阿夫尼安拉”号航行得最远，横过整个俄国海军纵列，直跑到海湾西端才被摧毁，奥斯曼帕夏身受重伤。舰体开始下沉时，舰上官兵放下小艇，抬着受伤的奥斯曼帕夏登艇弃船。但没划几桨，他们就成了俄军的俘虏。由于俄军使用的是爆炸弹，被击毁的船只多数解体，土耳其士兵大部分落水，海湾内漂浮着大量的战舰木料碎片和杂物。俄军对落水的土耳其士兵进行了射击，很多人被击毙在海中。事后英法对此表示震惊，并开始妖魔化俄国。

土耳其海岸炮台在战斗打响后才反应过来，开始炮击俄国战舰。俄国舰队一面射击，一面贴近岸边，进入炮台的射击死角。小镇西边三座炮台虽然正对着俄国舰队，但交战的浓烟使5号和6号炮台无法看清锚地情况，妨碍了岸炮的瞄准，影响了射击的效果。土耳其“涅吉米·费尚”号巡航舰失控后撞到了5号炮台前面，燃烧的滚滚浓烟彻底阻断了5号炮台的视野。东面的几个炮台主要火力集中在俄国“什切梅”号战列舰上，造成了该舰多处中弹，俄军伤亡人员也多出在这艘舰上。俄国舰队调整舰位后，东面的土耳其炮台有一半失去了射角，无法开火。当港内土耳其战舰全部被摧毁后，俄国舰队以20倍的猛烈炮火开始轰击海岸炮台。爆炸弹再次发挥了巨大作用，曲射的弹道将爆炸弹射到了一些炮台的露天掩体内爆炸，摧毁了整个炮位。这在以往的舰队袭岸战中，只有帆桨臼炮艇才能做到，而那样的小艇是不可能跨越黑海作战的。在此前100多年俄国几次对土耳其的战争中，都没有办法实行这样的炮击。到日落前，锡诺普的炮台全部被摧毁或停止射击。

迅速逃出俄国炮火的是土耳其蒸汽明轮巡航舰“塔伊夫”号。这艘在英国舰长指挥下的蒸汽巡航舰，由于事先锅炉没有熄火，在战斗开始时就能升汽并迅速起锚。蒸汽舰无须风向，砍断锚缆后，“塔伊夫”号蒸汽巡航舰能够灵活地从缓慢移动的土耳其风帆战舰后面溜向俄国舰队纵列西头，并迅速向东南转舵逃跑。当“塔伊夫”号从燃烧的土耳其巡航舰“费伊齐·梅阿布德”号后窜出来时，恰好处于俄国战列舰“罗斯基斯拉夫”号尾部的射击死角。此前“罗斯基斯拉夫”号曾对“塔伊夫”蒸汽巡航舰开火，但当时蒸汽巡航舰处于快速横向移动中，俄国战列舰的炮火根本无法捕捉这个快速目标。“塔伊夫”号沿“罗斯基斯拉夫”号战列舰的尾部射击死角逃出300米，迎头位置是从锚地南部进入的两艘俄国风帆巡航舰“库列夫齐”号和“卡古尔”号。这两艘巡航舰的任务是专门堵截从下风逃跑的土耳其战舰。当发现快速突出的“塔伊夫”号后，两舰迅速靠侧后风向北航行，企图进行偏舷射击和截断“塔伊夫”号逃跑的航路。“塔伊夫”号也开始转舵，尽量保持使俄国巡航舰无法射击的舰艏夹角。由于蒸汽战舰在任何风向都能保持相同航速，当“塔伊夫”号转向顶风方向加速逃往外海时，利用舰艏斜桅三角帆跟随转弯的两艘俄国巡航舰却因为顶风航行立刻慢了下来。俄国风帆巡航舰“卡古尔”号舰长不甘心放弃，用高超的操帆技巧使巡航舰发挥了最高顶风航速，但终究难以与工业时代的蒸汽机相匹敌，最后被“塔伊夫”号彻底甩掉。

英国人指挥的“塔伊夫”号巡航舰在逃跑机动中，将皇家海军几百年来浓缩的航海和炮术理论精髓发挥到了极致。“塔伊夫”号使俄国海军巡航舰一直没有获得有利的射击角度，而在横穿俄国巡航舰前方的经典T位置时，“塔伊夫”号却取得了有利的射击阵位，由于火炮威力小，而且数量少，对俄国巡航舰的射击并没有效果。当“塔伊夫”号成功地冲出海湾拐过锡诺普海角后，迎头遇上了科尔尼洛夫的蒸汽明轮巡航舰。在俄国巡航舰没有来得及抢占射击阵位前，“塔伊夫”号径直从其左舷通过。这种迎头交错使得对手仅仅只能获得一次射击机会。俄国蒸汽巡航舰交错过后再掉头，则被甩在了“塔伊夫”号的后面，呈前后追击态势。这样使得俄国巡航舰沿侧舷布置的火炮无法在追击中射击，于是双方开始了航速上的较量。俄国无论是蒸汽机还是航行技术，相对英国都处于下风。在蒸汽巡航舰的速度较量中，科尔尼洛夫的蒸汽明轮巡航舰被“塔伊夫”号越甩越远，最终不得不放弃了追逐折回锡诺普东北海域与纳希莫夫汇合。在锡诺普战斗当天，君士坦丁堡外海的英国和法国联合舰队正在举行示威性质的军事演习。当从锡诺普逃出的“塔伊夫”号巡航舰抵达时，演习还没有结束。

土耳其海军另一艘蒸汽明轮巡航舰是“埃雷利”号，纳希莫夫舰队进入海湾时，其停泊位置在“塔伊夫”号前方离码头400米处。当炮击开始后，“埃雷利”号与“达米阿德”号和“阿夫尼安拉”号巡航舰一同将火力对准诺沃什斯基的“巴黎”号战列舰，一边开火一边砍断锚缆，向海岸方向掉头，转向西南，企图跟随“塔伊夫”号贴岸冲出炮火。“埃雷利”号选择的航路是从更靠近海岸的小型运输船后面通过，在通过运输船船位时被炮火击中一侧明轮失控，舵手企图用舵角弥补偏航，结果无效，巡航舰歪歪扭扭转成舰艏朝北，撞在锡诺普镇西街口海岸上。俄国战列舰的炮火紧跟而至，“埃雷利”号接连中弹被击毁在岸边。

锡诺普海战持续近4个小时，后人形容整个锡诺普海湾像一锅沸腾的铁水，浓烟蔽空，天空中到处飞舞着被炸碎的肢体和舰船的残片，海面上漂浮着数不清的尸体，到处是一片狼藉。土耳其舰队损失军舰15艘，死伤3000余人，另有200人被俘，其中包括舰队司令奥斯曼帕夏和3名舰长。俄国舰队战死的只有37人，伤235人，一艘战列舰受伤。锡诺普海战中爆炸球形弹的应用，使得在海洋上横行了几百年的木质风帆战舰彻底走向消亡。在随后的战斗中，无论是俄国还是土耳其，或卷入战端的英国和法国，都充分意识到了爆炸弹和蒸汽机对海战的深刻影响。这种影响的后果对不同国家意味着不同的结局。尽管在这场战争中还要使用1853年之前建造的木质战舰作战，但战术和作战行动都开始尝试变革或因不知所措出现了混乱。

离开土耳其海岸前，纳希莫夫特意给奥地利公使写了封信，解释了攻击土耳其舰队的原因，请他转告地方当局。11月20日，俄国舰队完成了受损舰只的修理工作。纳希莫夫随即下令舰队驶离锡诺普海湾，在战斗中受损的俄国军舰由拖船拖行。11月22日，俄国舰队胜利返回塞瓦斯托波尔。由于锡诺普之战，纳希莫夫被沙皇尼古拉二世授予圣格奥尔基二级勋章。

不过，俄国在失去了英国进口的大批蒸汽机后，不得不用风帆舰队作战。在对“塔伊夫”号蒸汽明轮巡航舰的拦截和追击中，纳希莫夫深刻体会到了风帆战舰的局限，在面对更加强大的英法蒸汽动力战舰，俄国海军根本无法获胜。后来的塞瓦斯托波尔战事中，俄国黑海舰队司令科尔尼洛夫主张积极出海的计划遭到了各分舰队指挥官们的反对。包括纳希莫夫、总司令缅希科夫在内，都主张利用战舰防御塞瓦斯托波尔要塞。几次与蒸汽巡航舰交战的经验，使俄国海军将领们了解到风帆舰队面对蒸汽战舰是难以取得射击阵位的，而蒸汽战舰却能够迅速进入风帆战舰的射击死角。纳希莫夫曾经指出：“我们很可能自始至终都无法使火炮瞄准敌人，相反风向会使我们的战舰在一些方向上变得非常迟钝，敌人却能够充分利用这些弱点。”俄国海军战术出现的这种不知所措，某种程度上可以说是与蒸汽巡航舰交战造成的影响。在取得锡诺普海战辉煌的胜利后，俄国海军舰队一直困守塞瓦斯托波尔，再也没有出海进行交战直至覆灭。这是一个庞大帝国在工业时代来临时的悲哀。锡诺普海战成为人类历史上最后一次大规模的风帆战舰的海战。

无论如何，这是俄国黑海舰队在历史上取得的最辉煌胜利。后人却认为，从事态的发展看，这或许是一场得不偿失的胜利——“俄国赢得了胜利，却丧失了和平。”这场胜利如果是俄军从陆地上取得的，或许对英法不会有太大直接影响。俄国从海上获取胜利，却有着不同寻常的意义。锡诺普是土耳其海港，英法舰队彼时正停靠在君士坦丁堡保护土耳其的海上安全，此战让英法两个海上强国尊严无存。这是俄国主动侵略土耳其的证据，也验证了土耳其海军在俄国海军面前不堪一击，凸显了俄土两国之间的军事差距。

只有“塔伊夫”号巡航舰逃回君士坦丁堡报信，两艘英国军舰这时才被派来支援，当然是姗姗来迟。消息很快传到伦敦和巴黎，两国的舆论迅速升温。英法两国的民意高涨，要求政府采取行动。英国的报纸和热切的公众集会上，英国政府被舆论顶在了风口浪尖。英国新闻媒体刊发了一系列耸人听闻的报道：弃船逃生的土耳其水兵在海里遭到俄国军舰上枪炮的肆意射杀，大片尸体漂浮在海面上，场面惨不忍睹。这样的报道激起了英国国内普遍的亲土耳其情绪。新闻报道还直指俄国军舰使用爆炸弹，英国人认为使用这种武器是无耻阴险又不公平的。更有甚者，英国媒体报道，俄国人对土耳其舰队司令进行了无耻的欺骗，让其相信俄国的军事行动范围仅限于多瑙河流域，让土耳其海军放松了警惕。乘其不备，俄国海军才对其发动了无耻的偷袭。

圣彼得堡欢庆胜利之时，英国新闻界将锡诺普海战称作“一场没有底线的暴行……一场大屠杀”。在伦敦，《晨报》指控英法的外交干预只是“出卖了不幸的土耳其”而已。该报指责英国内阁成员都是“愚蠢无能之辈，俄罗斯的弄臣”。该报又诘问：“难道正义在英国人心中不再具有崇高的地位了吗？难道民族的荣誉不再能左右这个国家的人民了吗？”该报甚至气势汹汹地向读者暗示：“要是帕麦斯顿勋爵当首相，或者哪怕是当外交大臣，那么锡诺普的‘不利’事件是任何时候也不会发生的。”

《威斯敏斯特评论》则聚焦于“我们通往印度的走廊”，告诉读者“我们的商人将因盲目愚蠢未能阻止他（指俄国沙皇）而追悔莫及”。显然，保证达达尼尔海峡和博斯普鲁斯海峡的畅通，保证黑海的自由航行，对英国来说至关重要。如今俄国控制了黑海，可以对两海峡随心所欲地予以开放和关闭；更严重的是，俄国如果征服了土耳其，随之就会征服伊朗，从而打通南下印度的道路，这让英国人如坐针毡。伦敦《泰晤士报》声称：“积极的姿态不应只体现在道义、基督信仰和爱国精神上，同样应有不言而喻的明确判断、认真高效和豪迈气概。”这番说辞将英国国民的情绪强有力地凝聚在了一起。不过《泰晤士报》自己好像都忘了，该报1852年时还发表过亲俄社论。《笨拙》杂志刊登了一幅漫画——英国首相阿伯丁勋爵给俄国沙皇尼古拉二世擦靴子。《观察家报》直言：“要么与欧洲最强大且最寡廉鲜耻的国家打一场战争，要么在可耻的条件之下维持和平。”

英国内政大臣帕麦斯顿勋爵的观点代表了彼时被广泛煽动起来的英国国民情绪。他声言：“必须做些什么来洗刷这个耻辱（指锡诺普海战）。”用21世纪的话说，英国人认定俄国犯下了反人类罪行。公众舆论的力量此时完全显示了出来，这是公众舆论影响外交的一个典型例子。有研究指出，英国公众舆论的影响力扩大，部分原因是英国议会改革扩大了选区和选举权，加之教育开始普及，报纸媒体发行量和阅读量增加。1812年已经开始争取的英国议会改革在争论21余年后终于迈出了一小步。1832年的议会改革对一些选区进行了调整，撤掉了一些选民人数不足的衰败选区，增加了一些新兴的工业城市为选区，扩大了选举范围，使总选民人数由1831年的51万增加到1833年的81万，约占总人口的3%。工业革命期间，英国的识字率逐渐增加，成年男子的识字率增长到65%。英国的民办教育兴起，无论学校数量还是在校人数都达到前所未有的高度。英国政府教育经费也在逐渐增加，由1840年的1700万英镑增加到1850年的3700万英镑。教育的扩大被认为是19世纪中期英国能保持相对稳定的主要因素之一。

从19世纪30年代起，英国的纸张价格下降，1836年印花税降低，民众的文化水平和收入水平双双提高，促使报纸杂志的种类和发行量都进一步增大，英国民众比以往能接触和获取的信息更加广泛。例如19世纪上半叶英国最有影响力的报纸《泰晤士报》，1841年的发行量达到近3万份；到克里米亚战争期间的1854年，《泰晤士报》发行量更是达到5.5万份。新闻媒体从此更具社会影响力，在英国成为名副其实的“第四权力”。选民人数的增加和新闻媒体的壮大，让英国的公众舆论成为不可忽视的力量。克里米亚战争见证了新闻媒体对英国的影响，也见证了公众舆论对政府的压力。后面将会看到，战地记者不断发回的大量报道让英国民众第一次体会到真实的战争，了解到英军指挥及管理的混乱。许多人认为，正是这些报道最终导致阿伯丁内阁垮台，而善于利用公共舆论，与报界互动较好的帕麦斯顿成为最大的赢家。

冰冻三尺非一日之寒，英国公众舆论对俄国的仇视并非突然出现。有西方学者认为，英国民众对俄国的敌视情绪从19世纪30年代已经开始，到40年代逐渐成熟，克里米亚战争的仇俄情绪不过是盛行十余年的延续。俄国在拿破仑战争时期享有的“欧洲宪兵”形象一去不复返，1848年革命中俄国不仅被社会主义者同时也被自由主义者所厌恶。在英国人眼里，土耳其是受尽欺负的弱者，俄国则是顽固保守、贪得无厌、肆无忌惮蚕食邻国领土的饕餮巨兽。英国素来以自由主义自居，在19世纪中期是“自由主义”与“宪政”的代表国家，自然对俄国的所作所为感到厌恶，更不用说俄国是英国利益的最大威胁者。也有人指出，英国此时显得十分好斗，或许也与英国人口年轻化有关——1850年英国一半人口在26岁以下，而且随着城市化的不断提升，城市生活充满的冒险与竞争也使年轻人相对争勇好胜。相比于英国社会的开明进步，俄国常常被英国人树立到对立面，成为象征着落后、不自由、迷信、贫穷和野蛮的极端社会。克里米亚战争时常被英国媒体描绘成民主与暴政的对决，俄国成了英国人的终极敌人。不过，也要注意到，英国民众对俄国的仇视并不意味着对法国就有好感，英国人对法国的怀疑从未消除，总担心法国这个盟友是否可靠。英国人问：“谁敢保证我们今天的盟友日后不会威胁我们的海岸？”只是俄国目前乃是英国民众最大的假想敌，英国民众对来自法国的威胁感也就自然降低了不少。

公众舆论加深了英国内阁成员之间的分歧，阿伯丁内阁面临组建以来最严峻的挑战。1852年12月底，前外交大臣阿伯丁勋爵受命组织联合内阁时，这届内阁中的约翰·罗素、克拉伦登、帕麦斯顿等人都很强势。从年龄上看，阿伯丁与帕麦斯顿同为68岁，约翰·罗素60岁。如同马克思所言，这是一个衰老的内阁。马克思戏称为“十个百岁老头”组成的内阁。阿伯丁曾表示：“三十年来，我国外交政策的原则没有改变，尽管在执行过程中有过某些差别。”马克思随即写下《衰老的政府——联合内阁的前途及其他》一文，讽刺道：“在英国的政治生活中还能找到比它的外交政策遭到更彻底的改变的其他东西吗？1830年前同北方强国同盟；从1830年起同法国同盟（四国同盟）；从1848年起英国同整个大陆隔绝而陷于完全的孤立。”文中还点出联合内阁的新奇之处：各党团的活动家都被委派到很不恰当的岗位上去，“帕麦斯顿这位著名的外交大臣被委派到内务部，而在内务部干了一辈子的罗素却被调去掌管外交”等等。从实际看来，这却是一个强人内阁。“结果显示，没有什么比一个全由能人组成的委员会更坏事的了”。一向对阿伯丁不满的约翰·罗素威胁辞职，帕麦斯顿则要求向俄国发出照会，要求俄国军舰不得离开自己的港口。12月15日，善于利用公共舆论的帕麦斯顿以提出改革方案为由，向阿伯丁提交辞呈。外界看来，好像是帕麦斯顿反对阿伯丁内阁懦弱的对俄政策而辞职。帕麦斯顿在内阁中虽担任内务大臣，曾长期担任外交大臣的他却更喜欢经营外交事务，善与公众舆论为伍。维多利亚女王的丈夫阿尔伯特亲王在一份备忘录中写道：“无疑，帕麦斯顿试图将自己置于保守主义者领袖的位置上。”寄希望于和平解决争端的阿尔伯特亲王与帕麦斯顿素有不和，英国国内各种传言四起，甚至说阿尔伯特亲王是俄国间谍，已经被秘密关押进伦敦塔，英国皇室的声望受到考验。就连伦敦街头叫卖的半便士一张的小报上也刊登有这样的打油诗：

土耳其战争将打响，
晦气已经撞上了，
那个陛下的老公小阿尔，
成了俄国佬。
老阿伯丁露了面，
愁眉苦脸黄又瘦，
还有约翰老牛挺大肚，
填满肮脏的俄国油。
上星期一夜里猛地一惊，

阿尔从床上滚下地。
德国小子满口呓语中了邪，
你听他怎样抱怨又抽泣！
他抹泪告诉维："我要逃，
一直逃到圣彼得堡。"
据说维翻身下床，
用睡帽将他抽了个饱。

这首诗有一个讽刺性的题目，叫作《可爱的阿尔伯特！》。连至高无上的女王也受到攻击。有的报纸干脆公开指责维多利亚女王和她的丈夫有叛国嫌疑，要求女王立即退位。还有人说女王本人也一并被抓了起来。后来也真有一大群人聚集在伦敦塔四周，期望有一天看到这对国家元凶走入监狱。这说明一个事实——英国王室夫妇已不得民心。

马克思则认为帕麦斯顿在锡诺普之战后假装辞职，"在现在这个紧要关头辞职，除了挽救自己的名声并且在新政府中稳占一个突出的地位以外，还是直接为俄国效劳。"后来的事实证明马克思的看法并不公允，帕麦斯顿远非亲俄。帕麦斯顿早就说过，俄国不过是野蛮人，只能靠文明的力量来反制。

如今帕麦斯顿成了英国民众眼中能够保护英国利益的英雄，声望更隆。英国舆论纷纷谴责英国政府"排挤了真诚的爱国者"。阿伯丁被迫请求他重返内阁。阿尔伯特亲王在12月25日的一份备忘录中写道："所有对议会了解的人都认识到，如果帕麦斯顿处在反对派位置上，在目前公众舆论对东方问题和锡诺普的灾难如此疯狂的反应面前，这届政府将没有机会继续维持下去。"经过内阁挽留，帕麦斯顿收回了辞呈。这样一来，帕麦斯顿成功掌握了阿伯丁内阁，成为内阁的灵魂，联合内阁成了反俄内阁。

拿破仑三世从锡诺普事件中看到了与英国联合的机会，看到了恢复法兰西帝国荣耀的机会。他向英国提议，联合派遣舰队进入黑海，保护君士坦丁堡。法国外交大臣德鲁安告知英国，如果英国不同法国合作，法国将采取单独行动。12月22日，英国内阁经过讨论，决定与法国采取联合行动。12月24日，伦敦和巴黎各自发出舰队进入黑海的指令。

1854年1月3日，英法海军舰队在土耳其的默许之下进入黑海。其实早在去年11月，英法联合舰队已经进入博斯普鲁斯海峡。这违反了1841年《海峡公约》的规定，英国声称得到了土耳其政府的请求。1854年1月4日，英法联合舰队开始为土耳其运输船队护航。联合舰队规模十分可观，英国舰队拥有11艘主力战舰，法国舰队拥有14艘，并且装备了更多的舷炮。超过100门舷炮的军舰共有8艘，其中法国5艘，英国3艘。英法舰队战舰由风帆和蒸汽混合驱动，机动优势非常明显。两国的舰队司令通知俄国当局说，他们负有保护土耳其的任务，俄国大为震惊。

8天之后，英法向圣彼得堡发去正式照会，要求所有俄国军舰撤回塞瓦斯托波尔，再度警告俄国海军对土耳其采取任何行动，都将遭到英法的武力回击。考虑到当时两国还没有跟俄国宣战，英法舰队接到如下命令——如果俄国战舰拒绝回港，就向他们开火。通过外交解决这一危机的希望愈发渺茫，英法两国举国上下对俄国沙皇尼古拉一世这位“人形恶魔”采取行动的呼声日渐高涨。

一天之后，土耳其军队在西塔特击败俄军的进攻。俄军原计划从两翼包抄渡过多瑙河的土军。作为两翼包抄的另一翼，俄军于1月8日进入多布卢加。1月29日，法国皇帝拿破仑三世在法国政府机关报《通报》上发表致俄国沙皇尼古拉一世的公开信，声称：“锡诺普的炮声侮辱了法英两国的荣誉。”他向沙皇指出一条最后的出路：俄军从多瑙河两公国撤退，法英联合舰队撤离黑海，然后俄土两国举行和平谈判。他还声明，土耳其船只和港口目前已经置于英法联合舰队的保护之下。尼古拉一世深感受辱，给拿破仑三世回信说，俄国的荣誉对沙皇正如法兰西的荣誉对拿破仑三世一样，是宝贵的。俄国军队占领多瑙河两公国不是侵略，而英法联合舰队进入黑海却是不正当的。他警告法国皇帝：“1854年的俄国能够表明它依然像1812年那样强大。”尼古拉一世根本否认欧洲列强有干涉俄土争端的权力，他拒绝在“东方问题”上做任何妥协。

“久待解决的土耳其问题看来终于达到了这样的阶段，即一贯采取卑鄙的、无结果的拖延搪塞手段的外交，已经不能再阻挠问题的解决了。法国和英国的舰队已进入黑海，企图阻止俄国舰队对土耳其舰队或土耳其沿岸地区的袭击。沙皇尼古拉早就宣称，这一类行动对于他将是宣战的信号。现在他会不注意到这个事实吗？”

彼时恩格斯一针见血地评论道："只要德意志的大邦中有一个没有卷入欧洲战争，战事就只能在土耳其、黑海和波罗的海进行。"在他看来，普鲁士和奥地利将决定战争的走向。

果然，1月底俄国沙皇尼古拉一世派奥尔洛夫伯爵赴维也纳，同奥地利帝国皇帝弗兰茨·约瑟夫一世谈判。奥尔洛夫认为自己的使命会很容易完成，因为他的要求不高，只不过是双方互不侵犯，在对方发生的一切国际纠纷中保持中立。然而，连这一点不是条件的条件也遭到奥地利皇帝的拒绝。弗兰茨·约瑟夫一世问奥尔洛夫伯爵：沙皇可否答应不越过多瑙河，不过分长期地占领两公国，不要求改变土耳其苏丹与其臣民间的现有关系？对此，尼古拉一世的这位亲信无言以对。事实上，沙皇已经用实际行动对这些问题做出了否定的答复。由于在"东方问题"上俄奥之间存在着不可调和的矛盾，奥尔洛夫一无所获地离开了维也纳。

2月6日，俄国宣布与英法断交，召回驻伦敦和巴黎的大使，作为英法联合舰队驶入黑海的回应。和平解决的希望还没有完全消失，英国、法国、普鲁士和奥地利代表依然在进行外交努力。拿破仑三世给尼古拉一世写去私人信件，一个贵格派教友和平代表团也从伦敦前往圣彼得堡进行斡旋。英国首相阿伯丁乐观而徒劳地声称："我，从个人角度讲，否认……战争无可避免。"

可是，三方都做出了全力备战的姿态。沙皇尼古拉一世命令俄罗斯全国军队做好战斗准备。他不仅从英国和法国的银行中提出了巨额存款，而且下令在贵族中间进行募捐，还停止修建铁路，集中更多人力、物力和财力用于扩大战争。在法国，政府发行2亿法郎的公债，充实军费。1852年法军的80万征兵总额中，尚未征召的一半，这时也征召入伍了。在英国，政府准备1854年将海军扩充到5.3万人，即比1852年增加1.3万人。陆军也扩充了1万人。维多利亚女王对扩军之事颇有微词，对于战争的准备受制于议会不无抱怨。在维多利亚女王2月24日写给首相阿伯丁的信中，她认为陆军仅仅扩充1万人太少了。"即便如此，这1万人还未能实现。我们已经做出承诺派往东方2.5万人，我们还需要在国内保持强有力的后备军，否则我们将会后方空虚，要知道我们正准备对俄国作战！……谁敢说我们的海岸不会被我们现在的盟友所威胁呢？没有一支训练有素的军队，我们无力进攻或者防守；而获取它则需要相当长的时间。"维多利亚女王敦促阿伯丁和内阁考虑立即扩军至少3万人，而且王室至少应该拥有不必进一步向议会提交申请的招募权。更重要的是，2月7日，军械总局局长、64岁的陆军中将拉格伦勋爵被提名为英国远征军总司令。6天之后，提名获得英国内阁的批准。

2月10日，英国和平代表团到达俄国面见沙皇，做最后的外交努力。英俄双方分歧很大，沙皇尼古拉一世担心与英法开战，却也不愿意就此退让。尼古拉一世还是希望英法能先做出让步，他对英国特使说："你们不要以战争威胁我，而我可以依仗柏林和维也纳。"他的意思是警告英法，一旦开战，可能再次引起拿破仑战争那样的欧洲大战。不过，"神圣同盟"早已貌合神离。普鲁士对1850年俄国在普奥争端中袒护奥地利早有怨言，更不会因巴尔干这个与自己毫无利益瓜葛的问题为俄国火中取栗。奥地利的怨言更重，尼古拉一世没有想到，几个月之后奥地利就会完全背叛俄国。

2月27日，克拉伦登代表英国政府通知俄国方面：大不列颠政府已经竭尽一切外交的努力，现在不得不向俄国呼吁，要求俄国六天之内开始从多瑙河两公国撤军，4月底之前必须全部撤离。"无论断然拒绝还是不加回应…………都将视为宣战。"俄国沙皇对此未加理会。正式通牒前的2月23日，英军已经开始在一片狂热的气氛中从英国本土南部的港口乘船出发，前往土耳其。派驻土耳其的英军中将约翰·福克斯·伯戈因爵士和法国工程师阿赫东上校则加紧检视君士坦丁堡防务，为英法联军的干涉制订计划。一旦沙皇不肯让步，英法将迅速参战。

英法事先花费了漫长时间来协调双方立场，拟订协同作战计划，箭已经在弦上。3月10日，英法两国缔结同盟条约。5天后，土耳其加入同盟。三国缔结军事同盟，"决心保卫奥斯曼帝国在欧洲和亚洲的领土"。3月19日，法国陆军登船前往土耳其。一天之后，俄军渡过多瑙河，沙皇尼古拉一世对英法宣战。他宣布："俄罗斯不是为这个世界的东西而战，是为信仰而战。"法国于3月27日对俄国宣战。同一天，英国维多利亚女王通知英国议会："女王陛下觉得有义务为她的盟友苏丹提供积极援助，抵抗不宣而战的入侵。"第二天，英国对俄国宣战。《伦敦宪报》宣布战争状态，持续至1856年8月27日为止。真正意义上的克里米亚战争就此爆发。

"宣战是一回事，"历史学家理查德·卡文迪什写道，"找什么地方打仗又是另外一回事。”彼时英国国内对战争的狂热情绪泛滥，英国枢密院书记官查尔斯·格雷维尔在日记中形象地写道：“很多个月之前就有定论，人民会因之如患心疾，如今人民果然为之狂热。”几年之后，和平主义者约翰·布莱特更是评论道：“当人民以这种方式狂热起来时，他们比‘疯狗’好不到哪里去。”在众议院里，约翰·鲍尔森反映了绝大多数英国人的观点。他在议会外公开演讲，力主需要对俄开战“以维系正义与公平信条之下的文明社会”。这是一场正义的战争。很不幸，俄国沙皇也是这样想的。

值得一提的是，2月底，拿破仑三世曾向英国驻法大使考利建议，由英国统一指挥海军，法国统一指挥陆军，遭到英国政府的拒绝。英法之间的互不信任，成为英法联军在克里米亚战争中未能形成统一指挥的主要原因之一。

第四章

流血的半岛

Chapter 4

第四章 流血的半岛

早在1854年2月22日，英军近卫第1步兵团和冷溪近卫步兵团即作为远征军的先头部队，离开英国本土的南安普顿，前往地中海。紧接着，苏格兰近卫燧发枪团于2月28日在白金汉宫前接受检阅，向英国皇室列队致敬，然后直接开赴滑铁卢火车站。现场弥漫着狂热的气氛，围观群众情绪高涨，欢呼着挥手送别开往英国南部港口的运兵列车。当第一批开赴克里米亚的英军列队通过白金汉宫广场时，维多利亚女王与阿尔伯特亲王站在看台上，与英军一样士气高昂。随后，维多利亚女王赶赴奥斯本，给即将驶向波罗的海的英国皇家海军舰队送行。1854年3月11日，海军中将查尔斯·内皮尔爵士率舰队从索伦特海峡出发，开赴战场。舰队的旗舰是拥有131门火炮的“威灵顿公爵”号，维多利亚女王乘皇家游艇与成千上万的英国民众一起来为舰队送行。著名诗人丁尼生爵士目睹这威武雄壮的海军出征场面，写下了这样的诗句：“宁为美德而战，亦不在病中抱怨。”内皮尔的舰队有18艘军舰、舰炮1160门。这支舰队将与拥有23艘军舰、1250门舰炮的法军舰队会合，组成实力强大的联合舰队。阿尔伯特亲王曾一度决心当一名水手，那时他还只是个小孩子。维多利亚女王高声说：“我多么希望现在我有两个儿子在陆军，两个儿子在海军啊！”

以后的三个月，搭载军队的英国船只纷纷从各个港口驶离，经直布罗陀，驶

即将开拔的英军向白金汉宫致敬

向英国在地中海的重要前沿基地马耳他。彼时正赶上季节性的风暴，英国船只历经风暴的撕扯，挣扎着摇摇晃晃通过了比斯开湾，必须在直布罗陀做短暂停泊。船一靠岸，英军士兵们就挤满了直布罗陀老城区狭窄的街道。当地的摩尔人穿着宽松飘垂的长外袍，里面藏着各种小玩意儿，向英军士兵兜售。西班牙人和本地的直布罗陀人也跟英军士兵做交易，从烟草到肥皂之类林林总总不一而足。英军士兵似乎已经忘了子弹发射的声音，耳朵里回响的全是钱币清脆的叮当碰撞声。更无法避免的是，士兵们肆意违反军纪，买酒喝酒。

英军船只再度起航，航行3天之后，船只驶入了马耳他岛的格兰德港。抵达马耳他，一切有增无减。地中海水域一片平静，马耳他的气候温和，风景宜人，战争离这里似乎还很遥远。加上当地的酒类饮料价格便宜，英军变得更加懈怠。军中爆发的痢疾和腹泻可能与当地的酒不无关系。晚间，瓦莱塔城及其港口最有吸引力。许多英国军官的太太取道法国前来马耳他找自己的丈夫。军官俱乐部中顿时夜夜笙歌，通宵达旦，简直像在放大假。仿佛他们是凯旋，而不是去打仗。

当然，英军还要继续前进，这种情况没有一直持续。1854年3月30日，首批英军乘船离港，开拔前往土耳其。4月8日，英军抵达加利波利，法军来得更早一点。按照计划，英法联军要进驻的是位于黑海西岸土耳其控制下的保加利亚东北

今天的直布罗陀

今天的马耳他岛

部沿海城市瓦尔纳。1444年11月10日，奥斯曼土耳其苏丹穆拉德二世率5万大军，与波兰国王兼匈牙利国王瓦迪斯瓦夫三世及匈牙利将领亚诺什·匈雅提率领的3万匈牙利和瓦拉几亚联军，正是于此地爆发血战。结果是联军覆灭，瓦迪斯瓦夫三世阵亡，此战成为中世纪欧洲基督教国家为捍卫信仰和主权而与异教徒殊死搏战的象征。瓦尔纳之战因而影响深远，时至今日巴尔干半岛及东南欧各地仍流传着有关此战的古老传说。所以，从海上眺望那个港口城市，英法联军士兵倍感兴奋。然而，上岸一看，兴奋感消失得无影无踪。

这里缺少营房和食物不说，法国人抢先一步占领了最好的栖身之地。英国人发现，瓦尔纳城里的街道既狭窄又坑坑洼洼，一条条都通向腐臭的下水道。新建的码头对于如此大规模的登陆部队而言远不够用的。马匹被漫不经心地牵上摇晃的小艇，踢着蹄子，尖啸嘶吼，就这样被运上岸。而且，这还是在友好的保加利亚土地上，是在未遭抵抗的情况下登陆。到5月底，大约有1.8万名英军和2.2万名法军挤在这座小城镇周围。不但联军对瓦尔纳失望，瓦尔纳当地人同样对联军失望透顶。当地人原本以为英军和法军兵精粮足，两国士兵必定个个气宇轩昂。一见之下，当地人谴责这些军队“东倒西歪，肮脏和颓废的身上还有让人厌恶的各色污浊脏斑，散发着浓烈的、让人难以忍受的臭气”。无奈之下，当地人只能一直忍受这群“救星”。从在瓦尔纳的表现来看，英国远征军司令官拉格伦勋爵隐隐约约意识到，此番入侵克里米亚应该不会太顺利。英法土三国军队在瓦尔纳虽相处很融洽，健康问题却越来越让人担心。潮湿、小昆虫和血吸虫侵袭军营。英军的后勤缺陷非常明显，没有士兵知道邮局在哪里、野战医院在哪里和他们的将军在哪里。登陆的联军部队达到5万人规模，瓦尔纳及其近郊区显然不能维持。太多士兵集中在这里，连营房和用来扎帐篷的地方都不够。到6月上旬，英军只能向北，朝君士坦丁堡方向移动。所以，英军向内陆前进了约20英里，抵达德夫纳和阿拉丁，控制了阻止俄军向南渗透越过多瑙河的战略要地，建立起新的营地。但那里的条件同样令人失望，高温更让部队感到不适，很多士兵从酒精里寻求解脱。一夜之间，记录在案的英军酗酒事件达2400起。经海路北上转移到君士坦丁堡和斯库台的英军更是感到失望。从军舰甲板上眺望赫赫有名的君士坦丁堡，这座“富饶之城”很是迷人；但近距离接触，才知道这座土耳其首都破败不堪。英国人的东方幻想破灭了，有英国军官在日记中写道：“在我所曾经待过的所有腐化堕落的港口中，这是我认为最糟糕的一处。”陌生的东方给英国人造成了巨大的文化冲击，简直无法接受。

当地的酒和女人非常便宜，梅毒在联军士兵当中非常普遍。而当地的卫生条件非常糟糕，英国的后勤也同样糟糕。自拿破仑战争以来，英军的后勤训练被荒废了。大多数军官都没有经历过战争，哪怕是低强度的殖民地冲突。拉格伦勋爵写信向英国战时国务卿纽卡斯尔爵士抱怨，英军目前面临的最大问题是补给运输的问题。许多部队装备的还是老式棕贝斯步枪，未能换装上新式米涅步枪。6月15日，拉格伦抱怨第3师尚缺1300支早答应过要配备的米涅步枪。按照英军惯例，运输马车和车夫都是以合同雇佣的方式在战区就地募集。事实证明，这在保加利亚和土耳其完全不现实，遑论后来在敌国境内的克里米亚。法军司令官圣·阿诺德向拉格伦抱怨，英军和法军的后勤部门在当地征集物资时相互冲突。拉格伦的一位军需官写道：“面包是我们最大的困难，这里的面包全都又酸又臭。”

这些其实都不是最重要的，瓦尔纳由于卫生条件和人口密度终于爆发了瘟疫。霍乱于7月11日在法军营地中出现，19日全面爆发，并迅速向英军传播。22

君士坦丁堡

日，霍乱蔓延到英国军营。两周之内，联军有600人死亡。联军紧急转移营地，销毁所有帐篷，但已于事无补。8月的第一周，8%的英军登陆部队染上了霍乱。法军的情况同样严重，据估计有5000～9000人病死。圣·阿诺德夸张地形容道：“我身处一座巨大的坟地中间。”随后，8月10日，瓦尔纳城发生大火，大批军需物资被烧毁，仅靴子就损失了1.6万双，饼干损失了150吨。接着，霍乱又传到了离岸的舰队中，仅“不列颠尼亚”号985名船员病死即达139人。

英法联军焦头烂额之际，前线的战局却在朝有利于他们的一方变化。4月14日，俄军包围锡利斯特拉要塞。4月18日，土军在拉霍瓦击败俄军。4月20日，俄国遭到开战以来的最大打击——普奥两国宣布保持中立，并秘密结为防御同盟。“神圣同盟”在最关键的时候失灵，沙皇尼古拉一世的沮丧和愤怒可想而知。

仿佛为了给沙皇伤口再撒一把盐，英法舰队炮击敖德萨。4月6日，英国蒸汽巡洋舰“怒涛”号驶进敖德萨，“要到该市接运领事和因战火逼近而希望离开这个城市的英法臣民”。俄国当局认为，这不过是敌人侦察该城防御工事的一个借口。此前沙皇尼古拉一世已经发布命令：向一切出现在俄国各港口的敌舰开炮。

君士坦丁堡俯瞰图

于是，敖德萨海岸响起了俄军的岸炮，“怒涛”号被迫撤离。英法联军决定，“惩罚这种野蛮行径”。从4月22日开始，由8艘蒸汽巡洋舰组成的英法联合舰队由黑海北岸对敖德萨进行炮击。惩戒式炮击断断续续长达6天，俄军舰炮进行了还击。双方炮战连日，各有损伤，英法联合舰队无功而言。5月，英国蒸汽巡洋舰“老虎”号在侦察黑海海岸时，于敖德萨附近触礁。俄军岸炮开始轰击，该舰中炮沉入海底，舰上英国官兵弃船被俘。

不管怎样，英法联军的行动极大鼓舞了多瑙河前线的土军士气。5月，沙皇尼古拉一世勒令俄军必须攻下多瑙河南岸入海口处的锡利斯特拉要塞。多瑙河前线俄军总司令帕斯科维奇亲王组织俄军全力攻城，土耳其守军则凭借深壕坚垒顽强抵抗，击退了俄军一次又一次的进攻。苦战近一个月，俄军始终无法拿下这个要塞。战至6月，俄军在付出惨重伤亡之后一无所获。土军的坚守为欧洲列强的介入赢得了时间。6月3日，奥地利完成部署，在匈牙利与瓦拉几亚、摩尔达维亚的边境陈兵8万，并向俄国发出最后通牒，要求俄国立即从多瑙河两公国撤军。6月14日，奥地利又同土耳其签订条约。土耳其同意奥地利占领多瑙河两公国，直到战争结束。

自古老的中世纪起，奥地利的外交信条即体现于一句谚语：“如果希望和平，就要准备战争。”后人评价，奥地利的外交行动要解决的几乎是一个不可能完成的任务：“不对俄国宣战而使俄国撤出摩尔达维亚和瓦拉几亚，并且要做得既不惹怒拿破仑三世，也不与沙皇决裂。”可事实上奥地利早已惹怒了沙皇。1815年俄奥友谊彻底终结，尼古拉一世感到可耻的背叛，他终于明白自己落入了一个可怕的陷阱。战争和他当初的预想完全两样，敌人越来越多，奥地利的背叛让他对战争开始失去信心。连圣彼得堡都盛传起有关英国用金钱策动挑拨瑞典反俄的传闻。芬兰大公国于1809年被俄国吞并，而瑞典对芬兰早有收复之心。无论如何，战争还要继续下去。尼古拉一世严令俄军，必须取得一场胜利来稳定局势。

6月22日，俄军统帅米哈伊尔·戈尔恰科夫亲王亲自指挥对锡利斯特拉要塞的围攻。1853年正是他率军进入瓦拉几亚和摩尔达维亚。开战以来，他一直是多瑙河方面俄军总指挥，却因作战不力于1854年4月被帕斯科维奇亲王取代。6月8日，后者因为表现不佳被撤换，米哈伊尔·戈尔恰科夫又重新上任。俄军的混乱由此可见一斑。戈尔恰科夫家族是帝俄时代最著名的贵族家族之一。这个家族有三位重要人物参加了这场战争，米哈伊尔·戈尔恰科夫正是第一位。他1795年出生，参加过拿破仑战争，在镇压1830年和1848年波兰革命中取得巨大成功和声望。1849年，他又率军帮助奥地利镇压了匈牙利革命。在米哈伊尔·戈尔恰科夫的身上，俄罗斯帝国“欧洲宪兵”的特质展现无遗。1852年，他代表俄国赴英国参加了威灵顿公爵的葬礼。彼时他可能还想不到，两年之后就要与英国兵戎相见。1861年米哈伊尔·戈尔恰科夫去世，按照他本人的遗愿，遗体安葬在塞瓦斯托波尔。

前线方面，俄军倾全力苦战，米哈伊尔·戈尔恰科夫本人也在战斗中负伤，依然没能拿下锡利斯特拉要塞。俄军士气空前低落，被迫向北方撤退，锡利斯特拉要塞解围。土耳其军队乘胜追击。7月7日，俄军在古杰沃再次被击败。疲惫的俄军开始全面撤退，放弃布加勒斯特。到8月2日，俄军完全撤出摩尔达维亚和瓦拉几亚。

至此，俄军已经撤退到一年前的出发点。战争从政治上讲已经没有理由继续。8月8日，维也纳方面提出四点建议来结束战争。第一，俄国对瓦拉几亚和摩尔达维亚的保护改由各国集体保护；第二，多瑙河航行自由；第三，1841年《海峡公约》的内容修改，“奥斯曼帝国的存在将与欧洲相联系，结束俄国在黑海的优势”；第四，俄国放弃对奥斯曼帝国境内东正教徒的独家保护权。

这即是著名的“维也纳四点”。在俄罗斯看来，这是一个要自己投降屈服的条约，意味着俄国将失去自1829年以来得到的全部利益。沙皇尼古拉一世无法接受，他决心继续打下去，求得一个体面的和平。

正好，英法也不想看到俄国求和。战争机器已经启动，伦敦和巴黎的政治议题和民意观点都不会让远征军不打仗就回国。在英国看来，要结束俄国在黑海的优势，最好办法是将俄国黑海舰队尽数摧毁。英国的维多利亚女王力主继续战争，催促驻扎在瓦尔纳的联军尽快行动。法国的拿破仑三世原本认为主要目的已达到，即俄奥关系成功破裂。不过，他要维持英法合作，更要为自己伟大的伯父报当年的一箭之仇。于是，他也批准联军继续行动。战争不但没有停止，反而要扩大。英国远征军司令官拉格伦勋爵接到了内阁急件：“那个要塞（塞瓦斯托波尔）必须被削弱，且其舰队要被俘获或摧毁：只有难以克服的障碍才能阻止上述决定。”

拉格伦对此早有准备。还是在他离开英国之前，陆军大臣赫伯特即告诉过他，尽管英军的“首要任务”是保卫君士坦丁堡，但是如果敌军并未“采取行动，则联军出于自身性质所应执行的某大型行动便要被予以实际执行，以实现战争的目标，这是必要的……进攻俄罗斯帝国最南部，攻下塞瓦斯托波尔，即可有效实现这一目标”。

无论对于俄国还是英国、法国和土耳其，塞瓦斯托波尔都是克里米亚的重中之重。早在英军开赴战场前三个月，1853年12月24日，英国海军部第一海务大臣詹姆斯·格雷厄姆即在关注克里米亚。他极力坚持，要保证土耳其的领土完整和阻止俄国军舰通过两海峡，只有“完全摧毁塞瓦斯托波尔及其海陆军设施”。关于拿下塞瓦斯托波尔，伦敦的内阁、政界甚至报纸舆论从12月之前就开始了反复探讨。虽然“只有难以克服的障碍才能阻止上述决定”，其实拉格伦勋爵很难提出异议。他咨询麾下的轻步兵师指挥官乔治·布朗中将，寻求建议。乔治·布朗中将已64岁，同样参加过半岛战争，在威灵顿公爵麾下战斗过。他告诉拉格伦，想

英军中将乔治·布朗

想威灵顿勋爵在目前的情况下会如何做决定。这给了拉格伦最后的信心。

于是，联军的正式作战计划就此诞生：由6万名英法陆军在海军的配合下，在克里米亚半岛登陆，六星期内拿下俄国海军基地塞瓦斯托波尔要塞。这个计划目标很有限，目的是消灭俄国的黑海舰队，结束俄国在黑海的优势。这符合英国的愿望。对法国而言，开战本身就达到了目的。

塞瓦斯托波尔是俄罗斯帝国境内条件最佳的港湾之一，俄国黑海舰队基地，位于克里米亚半岛西南端。本书的真正主角克里米亚半岛至此终于出场。克里米亚半岛在黑海和亚速海之间，面积2.4万多平方公里，通过狭窄的彼列科普地峡与大陆相连。克里米亚半岛拥有悠久的历史，公元前1000年左右就出现人类文明的迹象。有证据表明，克里米亚半岛定居最早的是凯尔特人。公元前7世纪，活跃在中亚、西亚等地的斯基泰人取代凯尔特人成为此地的主要居民，至今在克里米亚半岛的草原上还留存有斯基泰人的古墓。自公元前6世纪以来，克里米亚半岛为希腊人所居住。公元前438年，这里建立起与雅典关系良好的博斯普鲁斯王国，向雅典提供谷物等商品。公元前15年，克里米亚称臣于罗马帝国。克里米亚博斯普鲁斯王国在蛮族入侵时即告崩溃，此后长达10多个世纪中，克里米亚半岛相继被哥特人、匈奴人、可萨人和拜占庭帝国占领。蒙古帝国崛起后，拔都汗在西征过程中曾于1223年攻打克里米亚。1243年金帐汗国建立，蒙古人取代拜占庭人控制了克里米亚，这里逐渐成为西南亚、埃及、拜占庭和西欧同金帐汗国进行政治和贸易交往的主要通道。同时，伊斯兰教在克里米亚的鞑靼人中间得到了广泛传播。经济贸易的发展和宗教的统一，为克里米亚鞑靼汗国的建立创造了条件。14世纪下半叶起，蒙古帝国的实力渐趋衰落，克里米亚的鞑靼贵族产生了脱离金帐汗国的想法。金帐汗国分裂，拔都的兄弟秃花帖木儿统治着这个地区。1430年，秃花的后裔哈吉·格来正式在此建立了独立的克里米亚汗国。

克里米亚汗国无疑是18世纪之前东欧最强大的势力之一。作为穆斯林，克里米亚鞑靼人对拓展伊斯兰教势力界线有卓越的贡献，特别是始终对抗信奉基督教的俄罗斯人与波兰人。他们战斗力强大，土耳其人有事也找他们帮忙。1466年，土耳其人利用克里米亚汗国王位继承危机介入半岛事务，并于1478年成功让克里米亚汗国附属于奥斯曼帝国。依靠土耳其人提供的强大保护，克里米亚汗国彻底摆脱了金帐汗国的政治统治和热那亚人的商业控制。克里米亚汗国的一个收入来源是前往东欧捕捉斯拉夫（特别是乌克兰人）与罗马尼亚人奴隶，他们称之为“草原民族的收成”。直到18世纪晚期以前，克里米亚汗国还保持着与奥斯曼帝国及中东庞大的奴隶贸易。1558年到1596年期间，克里米亚汗国约30次对俄罗斯领土进行大规模进犯。每年春季，莫斯科要动员多达6.5万名士兵到边境服役，抵御克里米亚汗国的入侵。最大的一次战事是在1572年，克里米亚汗国的德夫来特·格来汗率大军围攻莫斯科，捉拿了15万人，尸骸塞满莫斯科河。被俘人口随后被当作奴隶出售到奥斯曼帝国、中东甚至欧洲国家。

随着俄国的统一与崛起，奥斯曼帝国的衰落，强悍的克里米亚汗国渐渐成为历史。1776年，著名的俄军统帅苏沃洛夫率军进攻克里米亚汗国，赶走了半岛上的土耳其军队，控制了克里米亚。1783年，俄罗斯帝国正式将整个克里米亚半岛纳入自己的版图。并入俄国的克里米亚隶属塔夫里达州管辖。

如今，英法联军的兵锋指向了克里米亚。彼时英军的陆军作战部队包括4个步兵师，1个轻装步兵师和1个骑兵师。1个步兵师包括2个旅，每旅下辖3个团，每团3个营，每营3个连，每连100—120人。这样整个师在6000人左右。师和旅不是常设战术单位，是由战争需要临时组建。英国和平时期最大的常设单位是团。英国骑兵师的规模超过其他国家的同类编制，编制不固定，通常轻重骑兵混编，基本单位是骑兵中队。炮兵属于独立建制，在战斗中由战场指挥官分配到师一级集中使用。英国此时尚未建立义务兵役制，保留着古老的雇佣军制度，士兵社会地位低下，军官的委任状可以用钱买到，军官专业素养普遍不高，军队管理混乱。如果是短期战争或者非远距离作战，或许这支军队还不会出现太多问题。有学者这样评价克里米亚战争前的英国军队：“英国军队的体制相对于欧陆大国来说是最过时、最复杂和最令人难懂的。”

战争爆发时，英军的指挥体制混乱，各兵种互不统属。炮兵和工兵直属军械总局局长管辖，而步兵和骑兵归骑兵禁卫军总司令指挥。如此等于存在两支英国陆军。皇家海军则由位于白厅大街的英国海军部负责。所以，拉格伦勋爵对皇家海军只能请求，不能命令。军需部更是只能协调，不能命令。而且，当年威灵顿公爵在半岛战争中是联军总司令，可以直接指挥盟军。而克里米亚的英军、法军、土耳其军队和后来的撒丁王国军队只能协调行动。拉格伦勋爵有权任命自己的参谋和副官，但是无权任命手下的师长和旅长。他只能提出师长和旅长的人选，由英国内阁批准任命。

针对克里米亚战争中的军事行动，恩格斯曾写了大量分析文章，发表了与战争进程有关的80余篇军事时评，阐释了许多重要的军事科学原理，如集中兵力与分散兵力、追击与退却等等的论述。恩格斯直言，英国的军事建构远远落后于英国的经济发展程度。恩格斯认为英国军队过去40年的实际最高统帅威灵顿公爵被过高评价了。“如果说在紧急关头在重大政治问题上他还善于做一些让步，那么在军事方面他却越发顽固地死抱着陈旧的观点和传统的怪诞做法不放”，其结果是“就算英国炮兵拥有世界第一流的武器，它的组织累赘的程度也不比其他兵种轻些，至于说到制服、装具和一般组织，英国军队没有一件不是落在任何一个欧洲文明国家的军队的后面的”。

英法联军中的法军部队包括4个步兵师和2个骑兵旅，编制情况和英军差不多。虽然法军常设单位也是团级，师是根据战争需要来组建，但平时注重师一级的合成训练。法军认为炮兵的任务是伴随步兵进攻，因此炮兵直接进入师级编制，战斗中跟随步兵团行动，这和英军显然不同。根据当时的炮兵技术水平，法军的做法更适应实战需要。骑兵在法军中的地位比起拿破仑战争时代大大下降，新式米涅步枪使得骑兵突击力下降，因此法军很少使用大规模骑兵军团。法军投入的骑兵是旅编制，担任侦察、掩护侧翼和追击的辅助任务。

与英军相比，法军情况要好得多。拿破仑被打败了，法兰西并没有失败。法国陆军仍是欧洲装备最好、组织最完善的陆军，很多军官拥有作战经验，后勤系统也很有效。武器装备方面，英法的优势来源于新式线膛步枪——米涅步枪。线膛来复枪相对于滑膛枪最大的优势在于射程和精度。滑膛枪的有效射程只有150码，并且精度很低。早期的线膛步枪也有很大缺陷，那就是装填困难，制造成本也很高。拿破仑战争中，英国陆军一个团曾全部装备线膛步枪，实战表现并不比滑膛步枪好。英军对线膛步枪印象不佳，这也成为日后英军换装米涅步枪落后于法军的原因。这个问题直到一个天才人物出现才加以解决，这就是法国上尉米涅。他是法军步枪工厂的质量检验官，经过大量的试验，他研制出一种新型子弹。这种子弹和现代步枪子弹已经很像，子弹是次口径的，从枪膛前部装入后，它可以自动卡入枪膛尾部的膛线，装填时间大为缩短。此时机器工业有很大发展，新机床使得加工线膛步枪的成本大为降低。伴随精度和射程的增加，瞄准装置也得到突破。枪后部的新式瞄准器使得步枪瞄准距离达到900码，而步枪有效射程达到500码。法军在19世纪40年代率先装备了米涅步枪，这使得它在同时期列强陆军中拥有巨大的技术和战术优势。新步枪带来了新战术，拿破仑时代的散兵线队形可以进一步拉大，避免被对手火力密集杀伤。而对手的密集队形将在更远的距离上遭到精确火力射击。此外炮兵的角色发生重大变化，因为野战火炮的典型射程大多数在1000—1500码，有的轻型火炮甚至只有600—800码，相对于步枪射程优势变小。炮兵的作用变得类似后来的机枪，成为步兵的火力倍增器。法国的优势将在克里米亚战争中给俄国和英国留下深刻的印象。尽管高层反应迟钝和对线膛步枪不信任，英军还是在1851年装备了1851式米涅步枪，并且将一部分1842式普卡辛式改造为米涅步枪。这构成克里米亚战争中英国陆军的主战单兵武器，并发挥了巨大的作用。

英国远征军司令官拉格伦勋爵，时年64岁，全名菲茨罗伊·詹姆士·亨利·萨默塞特，第五代贝尔福公爵的第11个儿子，也是最小的儿子。贝尔福家族历代殖民大臣和外交大臣辈出，声名显赫。他于1804年加入英军服役，参加过拿破仑战争。他作为威灵顿公爵的军务秘书和参谋，在伊比利亚半岛战争和滑铁卢战役中表现英勇。1809年拉格伦勋爵在葡萄牙作战负伤，1814年娶了威灵顿公爵的侄女为妻，1815年在滑铁卢战役中失去右臂。他快速克服了自己失去右臂的困扰，能用左手写便条。1825年，他随威灵顿参加了沙皇尼古拉一世的加冕典礼，彼时估计同样未能想到自己会与这位沙皇陛下兵戎相见。多年来，拉格伦勋爵历任军械总局局长助理、陆军总司令副官等各种高级职务，战场经验却并不丰富。1852年他受封为男爵，并任命军械总局局长。同年，堪为他一生导师的威灵顿公爵逝世。1854年4月10日，拉格伦勋爵在与维多利亚女王道别之后离开伦敦，以远征军司令身份前往巴黎，开始了克里米亚的征程。他坐火车去多佛，乘船渡过英吉利海峡，翌日即抵达巴黎。拉格伦在巴黎与拿破仑三世及法国远征军司令圣·阿诺德元帅等法军高级将领商议了整整一周，于4月18日离开巴黎，经马赛、马耳他和加利波利，11天后来到君士坦丁堡。他来前线时，正赶上英法舰队炮击敖德萨，战争正式升级。

总的看来，拉格伦勋爵平步青云，显赫的身份和经历加之为人谦和使得他成为英国远征军司令的不二人选。另外，拉格伦勋爵熟悉法国，能说流利的法语，所以是协调与法军关系的最佳选择。当接到陆军大臣赫伯特的命令——进攻克里米亚并拿下塞瓦斯托波尔——拉格伦勋爵心中或许并不完全认同，但他无法提出异议，因为缺乏关于俄军兵力和部署的情报。而且拉格伦勋爵相信，他必须完成自己的职责，这是威灵顿公爵一生教导他的。后来拉格伦勋爵被提拔为陆军元帅，却没能活着离开克里米亚。

法军司令官是圣·阿诺德元帅。阿尔芒·雅克·勒鲁瓦·德·圣·阿诺德，1801年出生，1817年加入军队，起初并不得志，甚至一度离开军队。30岁时他以中尉军衔回到军队，加入外籍军团。结果，圣·阿诺德在镇压北非殖民地暴动时战功赫赫，于阿尔及利亚殖民战争中赢得了巨大声誉。12年后，他获得陆军元帅军衔。1848年革命之后，圣·阿诺德得到了路易·波拿巴的赏识。1851年，他帮助路易·波拿巴称帝。作为回报，圣·阿诺德获得法国大元帅的称号。1854年，拿破仑三世任命他为远征军司令。大革命摧毁了法国贵族政治，个人能力和野心造就了新一代法国军人，圣·阿诺德就是他们的代表。不过，他也没能活着离开克里米亚。

来自伦敦和巴黎的命令催促联军行动。联军情报有限，并不知道克里米亚到

独臂的拉格伦勋爵

圣·阿诺德元帅

底有多少俄军，估计从4.5万人到14万人不等。俄国的领土范围很大，使得俄军分散在各地。俄军主力驻扎在芬兰湾一带，保护通往首都圣彼得堡的通道。那个时代的俄国，道路运输是永远的挑战。当时只有一条道路通往圣彼得堡，这条路再向南延伸至莫斯科。从莫斯科到克里米亚这段路程则必须搭乘缓慢的双轮或四轮马车。所以，实际上克里米亚的俄军只有3.6万人。8月20日，联军终于做好了准备。登陆船队定于9月2日出发，8月24日人员、马匹和装备开始登船装载。大部分法军和土军由他们自己的海军船只进行运输，所以装载速度缓慢。联军预料，俄国海军在锡诺普海战后需要养精蓄锐，不会对联军渡海构成威胁。拉格伦勋爵写道，这场“伟大的远征”即将开始。他麾下的师长剑桥公爵却指出，当时已近夏末，冬天为时不远，最好的选择是过冬之后待明年春季再发动攻势，今年进行这场“可怕的”冒险为时已晚。剑桥公爵心有不甘地言道：“政府固执己见，而指挥官们没有勇气说不。”法军司令官圣·阿诺德元帅持跟剑桥公爵同样的看法。派驻君士坦丁堡的英国将军伯戈因等人也反对匆匆冒险进攻克里米亚。

其实，圣彼得堡事先已经对联军进攻塞瓦斯托波尔的企图有所觉察，作战计划早已在伦敦的报纸上公开讨论了。缅希科夫几个月前就得到过情报，联军舰艇出现在克里米亚半岛沿海进行测绘侦察。缅希科夫准确预见到，联军会在耶夫帕托利亚登陆，再从那里进军塞瓦斯托波尔。俄军最高统帅部预测，由于天气的原因，来年开春之前联军不会在克里米亚登陆。毕竟，这里秋天有剧烈的风暴，会对登陆造成巨大破坏。而且10月份冬天就会降临。因此，缅希科夫并没有预料到联军会来得这样快。

法国将军博斯奎特深知联军指挥体系存在的弊端，他曾说："俄国人跟我们相比有一个巨大的优势，他们的军队只有一个当家人。"这话其实说错了。克里米亚半岛上的俄军还真有两个总司令：半岛西部是缅希科夫亲王，克里米亚半岛东部和高加索西北部归克霍姆塔夫将军指挥。克霍姆塔夫手下有1.2万俄军，控制着从亚速海经刻赤和菲奥多西亚通往塞瓦斯托波尔的补给线。虽然缅希科夫的职权范围名义上包括黑海舰队和克里米亚半岛的俄军全部地面力量，但他其实指挥不动克霍姆塔夫，也指挥不动黑海舰队司令科尔尼洛夫及其出色的副手缅希科夫。

缅希科夫手中只有几万人的兵力，他不断催促后方增援。6月底，他直接写信给戈尔恰科夫，因此招致帕斯科维奇的反感。因为帕斯科维奇怀疑联军不会进攻克里米亚，他顽固坚持主战场还是西线的多瑙河，首要大敌是奥地利。帕斯科维奇断言，等到局势发生有利于自己的变化，奥地利会马上对俄国宣战。

彼时一幅俄国的政治讽刺漫画展现了这样的场景——英国和法国挟持着土耳其要跳火坑，而俄国军队正严阵以待联军的登陆。配图文字形容，所谓联军就如同将一只天鹅、一只小龙虾和一条梭子鱼都拴到一辆马车前，让它们拉车。这种同盟根本就是徒劳的。这倒的确反映出部分真实情况，能够参加行动的部队包括2.7万英军、3万法军和7000土军，互不统属。经过勘察，联军将登陆点初步选在克里米亚半岛西海岸、塞瓦斯托波尔以北7英里的卡恰河入海口。由于法军错误判断俄军会入侵多布卢加，因此3个法军师向该方向推进，结果只发现少数巡逻的哥萨克骑兵。法军又折回瓦尔纳，在路上又有大量法军士兵因霍乱死亡。登船计划延迟，直到9月5日部队才完成登船。俄军其实没有被法军在多布卢加的行动所迷惑，伦敦《泰晤士报》早些时候的报道已经证实联军的目标是塞瓦斯托波尔。9月7日，英国舰队司令、海军少将邓达斯下令起航。舰队起航组织得并不好，舰队中既有蒸汽动力船只，又有风帆动力船只，航速不一致，舰队队形散乱。最终横渡黑海抵达克里米亚之前，联军舰队在多瑙河河口进行了一次整队。

圣·阿诺德因为患上霍乱，加上性情急躁，在9月5日就自行乘船出发了，居然比主力舰队提前了2天。拉格伦则跟随大部队一起行动。圣·阿诺德因病无法离开座舰，而独臂的拉格伦也因天气恶劣而无法登上法国军舰。两位指挥官只能靠传令交换信息。据说当时圣·阿诺德竟然还提出放弃登陆，先行过冬，明年春天再实施进攻，自然遭拉格伦拒绝。9月9日，拉格伦勋爵率11名英法军官，旗舰“卡拉多克”号悬挂俄国军旗，在3艘军舰的保护下前出侦察，最终选择塞瓦斯托波尔以北35英里卡拉米塔湾的小型海港耶夫帕托利亚作为登陆地点。

卡拉米塔湾具体位于耶夫帕托利亚以南8英里，有宽达4英里的沙滩，也足够浅，能将火炮通过浮筏拖上岸。海军舰炮火力能够覆盖到南面的低矮山丘和湖泊以东的内陆。俄军如向滩头发动进攻，还会遭到2个咸水湖的阻碍。这些湖泊同样让俄军难以对联军侧翼发动攻击。9月12日，联军舰队到达耶夫帕托利亚。耶夫帕托利亚的镇长同意投降。鉴于联军带有瘟疫，镇长要求联军必须进行隔离。这是联军第一次见到克里米亚人。1854年，克里米亚半岛的主要居民是信仰伊斯兰教的鞑靼人。鞑靼人跟土耳其人在血统上更接近，政治上也更同情土耳其。由于鞑靼人跟土耳其人的外貌相似，许多英军士兵根本分不清土耳其人和鞑靼人。和平时期，一些鞑靼人还被征召入俄罗斯帝国军队服役，跟哥萨克一起充任骑兵，结果有时就被以讹传讹成了“克里米亚鞑靼哥萨克”，这是不准确的。

9月11日，缅希科夫收到了联军舰队出现在海上的情报，当时他正在参加鲍罗廷步兵团的舞会。两天之后，联军登陆的情报得到确认，当晚果戈理的戏剧《钦差大臣》正在塞瓦斯托波尔城中公演。联军登陆的消息在观众席间传开，剧场里迅速变得空无一人。同样是9月13日，这天清晨，俄国黑海舰队司令科尔尼洛夫在塞瓦斯托波尔城内海军图书馆的阁楼上，用望远镜瞭望远方，亲眼看到了天际海面驶来的浩荡敌舰——89艘英法战舰，护送300艘运输船，载着6.4万联军士兵，驶向克里米亚西海岸。

科尔尼洛夫按兵不动，没有出动俄国黑海舰队拦截。英法的参战导致俄土双方的海军力量彻底颠倒过来。英法舰队不仅数量上超过俄国舰队，而且更新式、更先进。在这些舰队的背后，是英法强大的近代工业的支撑，而俄国几乎还没开始进行工业革命。根据估计，当时英国皇家海军有70艘战列舰、63艘三桅炮舰和

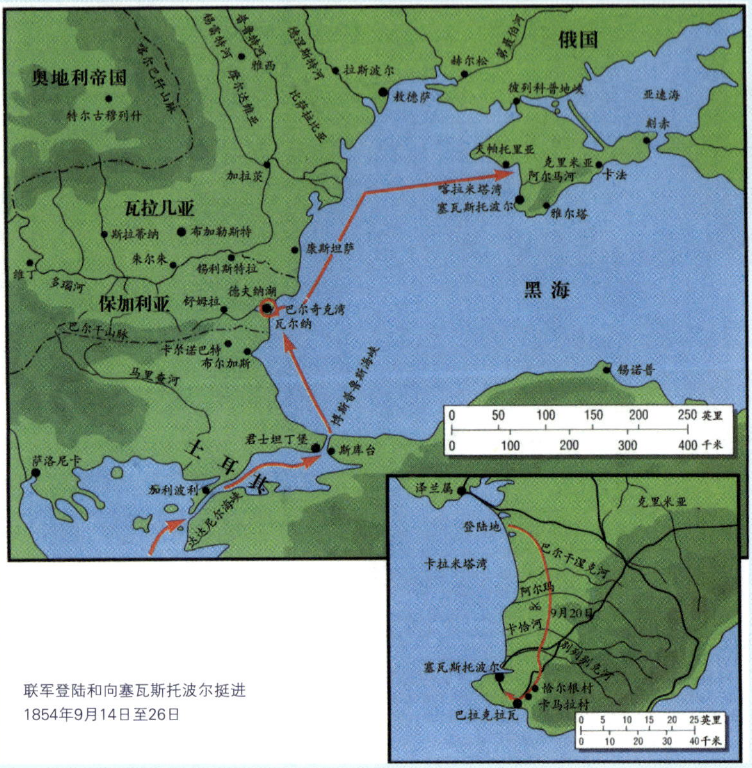

联军登陆和向塞瓦斯托波尔挺进
1854年9月14日至26日

108艘蒸汽船；法国有25艘战列舰、48艘三桅炮舰和108艘蒸汽船；而俄国是43艘战列舰、48艘三桅炮舰和24艘蒸汽船。就克里米亚而言，英国特遣舰队有150艘船只，分成5个纵队，另有一支护航舰队，有10艘战列舰、1艘螺旋桨蒸汽船和2艘三桅炮舰；法国舰队有15艘战列舰、25艘蒸汽船；土耳其舰队有8艘战列舰和3艘蒸汽船。而俄国黑海舰队的全部实力是21艘战列舰、7艘三桅炮舰、25艘轻巡洋舰，以上全部为帆船，蒸汽轻巡洋舰只有2艘，剩下的是一些小蒸汽船。英法联军舰队的实力，对俄国黑海舰队绝对是压倒性的优势。科尔尼洛夫别无选择。

9月14日黎明，联军开始登陆，全程未遭抵抗。法军率先登陆，早上8点30分，法兰西三色旗插上海滩。1小时后，已有9000法军上岸，法军前哨深入内陆3—4英里。英军稍微有些不顺利，夜里指示用的浮标发生偏移。结果英军上陆后发现他们和法军中间隔了一个断崖。在这之后，登陆一切顺利。每个联军士兵都负荷沉重，包括大衣、毛毯、一双备用靴子、换洗的袜子和衬衣、军便帽、水壶、步枪和60发子弹。此外还要携带4.5磅的咸牛肉和同样重量的饼干。联军并不知道，俄军将大量兵力集结在阿尔马河边，横在联军进军的去路之上。俄军打算在整备完毕的防御工事里打一场以逸待劳的仗，因此没有去打搅联军的登陆行动。缅希科夫只是命令哥萨克坚壁清野，破坏一切物资和能栖身的房舍，以免资敌。第二天，俄军俘获11名外出征粮和侦察的法军士兵，俘虏透露登陆的联军已达5万人。缅希科夫赶紧向后方进一步请求增援。

从15日开始，英军骑兵、炮兵和辎重部队开始登陆。大雨和强风猛烈地拍打暴露的海岸，联军数以万计的人员和辎重花了5天才完全上岸。所有的马匹都是从英国用船运来的，旅途的艰辛与缺水使它们吃尽了苦头。海滩上一片混乱，人马混杂，毫无秩序。第一夜没有帐篷，又恰逢大雨倾盆。随着总军需官艾利将军的上任，全部后勤物资终于在19日上岸。令人窒息的热浪和烟尘已经让联军难受不堪。19日上午9点，联军主力5.5万人出发，军乐队引导着联军从滩头据点往南前进。登陆场交由土耳其军队把守。

英军拉炮的马倒是够，出发前军需官总算从当地强征来一些破烂不堪的马车，只运载了3天的干粮和备用弹药，而帐篷和重装备只好留下。土军在最右翼沿海岸行进，然后是法军。英军的2个先头师成两路纵队行进，右路为第2师，在法军拿破仑亲王所率师的左侧；左路为轻步兵师。第2师之后是第3师，轻步兵师之后是剑桥公爵统率的第1师。第4师的1个旅殿后，行进在第1师的左侧。除第4师外，步兵各师成两路纵队齐头并进，留有适当间隔，可随时转换成线形部署，正面和两翼均为步兵。卡迪根伯爵指挥的轻骑兵旅在步兵的前面，打头阵的是第13轻骑兵团和第11轻骑兵团外加1个马拉炮兵连。骑兵旅的第8轻骑兵团和第17枪骑兵团在行军纵队的左侧。

这是一支雄赳赳的军队，军衣鲜红，刺刀闪亮，军旗高举，战鼓铿锵。然而，将士们的脸色不佳，霍乱依然在肆虐。天气变热，部队饱受疾病和缺水(咸肉口粮更使人口干舌燥)困扰，行进艰难，许多联军士兵在行军中因疲劳和霍乱而倒下。

联军在卡拉米塔湾登陆

英军第13轻骑兵团的骑兵

尽管如此，联军仍坚持前进。没有重骑兵掩护的英军轻骑兵旅渡过巴尔干涅克河，首次与俄军前哨遭遇。英军骑兵要求追击，拉格伦拒绝了，下令将英军轻骑兵召回。他认为这是个陷阱，俄国骑兵只是诱饵。英军骑兵侦察发现，俄军第17师的6000名步兵静静埋伏在河对岸，阳光照在俄军步兵的刺刀上，闪闪发寒。双方用火炮对射，俄军主动撤退。俄军退到阿尔马河畔的主要阵地，准备在那里阻止联军向塞瓦斯托波尔前进。当夜，联军宿营，准备进攻阿尔马。英军没有帐篷，只能在寒冷中入睡。法军则后勤状况相对较佳，舒服许多。

俄军方面，黑海舰队被英法联合舰队封锁在塞瓦斯托波尔港内，失去了拦截英法运输舰队的先机。俄军统帅缅希科夫亲王打算利用阿尔马的有利地形，给予联军重大打击；继而反攻，将联军赶下海。他乐观地认为，只要一战就能实现目标。缅希科夫将主力部署在阿尔马河南岸并构筑工事，他有4个步兵师和1个骑兵师，大约3万人。缅希科夫从每个师中抽出1—2个营，共计7个步兵营作为预备队。另外，缅希科夫还保留了骑兵预备队。缅希科夫认为，地形的优势加上炮兵的优势，可以抵消联军的优势兵力，强大的预备队将用于反击。

阿尔马河的北岸地势渐低，而且到处是茂密的葡萄园和五彩纷呈的花园。在北岸，有两个小村庄。一个叫阿尔马塔马克，离海1英里远，位于法军前沿的中央；另一个叫乌尔留克，位于河上游约1.5英里处，在英军前沿的右翼。尤帕托利亚-塞瓦斯托波尔大道在乌尔留克村以北通过阿尔马河上的木桥。在此役期间，阿尔马河只是一条河道狭窄、水流缓慢的小溪，有几处成潭，且潭深难涉。河岸陡峭，左岸尤甚，但除河口外各处都能徒涉。

阿尔马河本身既不宽也不湍急，可以涉渡。但河南岸是高地和丘陵，有些部分非常陡峭。河口处几乎成90度的陡坡，被称作“西崖”的山崖高350英尺，顶上是一片平地。这一令人望而生畏的陡壁从河口几乎延伸到阿尔马塔马克村。此后，坡度渐缓，并为谷川与沟壑所截断。离“西崖”3英里是“电报” 高地(因高地上有座电报塔而得名)，该高地与上述“平地”相连。越往河上游走地势越高，走过1英里后便是本地区制高点喀甘山。这座山从东到西绵延1英里，主峰高450英尺。主峰东面地势平缓，有几处可攀缘而上，但炮兵能通行的路不多。可供法军利用的道路更少，只有一条通往阿尔马塔马克渡口的像样大车路。不过，在乌尔图克地区有两条小路可供炮兵通行，穿过“电报” 高地和喀甘山之间隘口的塞瓦斯托波尔大道也可利用。

从地理上看，防守一方优势明显。整个战线被通往塞瓦斯托波尔的道路分为东西两部分，大道通过阿尔马河上的一条护堤。护堤的西侧和黑海之间的河流下游，大约有3英里长，南岸俄军一侧全是峭壁。缅希科夫相信联军不可能从这里进攻。另外，联军舰队在海上拥有强大炮火，因此缅希科夫仅布置了明斯克团1个步兵营在这里。缅希科夫判断，联军的主攻方向会在堤道中央和堤道的东侧，因为那里地势相对平坦且河流狭窄，利于涉渡。所以，他将主力部署在护堤的东部。护堤中央的后方，俄军集中大量野战炮兵，由克韦钦斯基将军指挥。克韦钦斯基同时负责整个中央阵地。炮兵的前面是正对护堤的两个营。为保护这些炮兵，在炮兵的左后方设有13个步兵营，据守“电报”高地。这些部队可以随时加入中央阵地，另外还可监视河流下游

巴尔干涅克河之战

峭壁的情况。这支部队由契拉科夫将军指挥，他同时负责整个西部战线。堤道的东侧高地上，俄军修筑了大多面堡，部署了喀山团4个步兵营。在斜后方的喀甘山上，缅希科夫沿2英里一字排开12个步兵营，并将指挥所设在这里，准备迎击联军的进攻。山后面还隐蔽有俄军骑兵和7个步兵团的预备队。

彼时俄军士气高昂。“英国和法国插手这场战争是何其不公平！……这场与土耳其的战争是为了东方基督徒所遭受的暴政压迫，是为了我们同胞兄弟的信仰……所有这些是因为那些基督徒在土耳其人面前屈辱得像狗一样，土耳其人将我们的同胞兄弟活活刺穿，将我们的同胞兄弟丢进沸腾的开水里……我们全体一致必须为神圣的俄罗斯而战！”俄国军官们对自己的部下如此训话，在他们眼中这场战争不啻为又一场1812年神圣的卫国战争。缅希科夫相信，联军的进攻将付出可怕的代价。他的目标是阻滞联军三周，为增援的到来争取时间。他自信此战定能成功，因而允许塞瓦斯托波尔的市民去“电报”高地上观战。后来，“电报”高地上发现了不少仓促丢弃的遮阳伞和遮阳帽。黑海舰队司令科尔尼洛夫将军在塞瓦斯托波尔写道：“亲王（指缅希科夫）选择的阵地异常坚固，我们相当满意……上帝不会抛弃正义的一方，因此我们平静而耐心地等待此战的结果。”

9月20日清晨，联军向阿尔马河移动，又有300人因霍乱倒下。双方都派出部队侦察。因地形复杂，双方没有进行大的接触。拉格伦勋爵和圣·阿诺德元帅召开战前会议讨论作战计划。英军主张从正面和堤道的上游进攻，这和缅希科夫的预想一样。法军则建议从下游渡河登上南岸峭壁，出其不意两面钳形夹攻中央俄军。法军的判断是准确的，最后拉格伦勋爵采纳了法军意见。英军负责从堤道正面和上游渡河进攻，法军在下游渡河后打击俄军左翼，完成钳形攻势。这实际是英法两军各自计划的综合。由于圣·阿诺德元帅患霍乱病情严重，法军由第2师指挥官博斯奎特负责战地指挥。英军第2师6个营将从正面进攻堤道，第2师的左翼是轻步兵师，向俄军大多面堡进攻。第1师在轻步兵师后面，加强轻步兵师的进攻。参加上游渡河迂回的部队包括轻骑旅和第4师，英军一部分炮兵被加强给该师伴随过河。英军第3师和炮兵主力作为总预备队。法军方面，参加渡河的部队是第1、2、3师，其中第2师由博斯奎特指挥在下游靠近海岸的位置渡河。卡洛波特的第1师在第2师的左侧渡河，由这两个师担任迂回任务。拿破仑亲王的第3师则在堤道的西侧参加对中央阵地的进攻，第4师作为预备队。右翼的法军和土军有68门野炮和联军舰队的舰炮提供火力支援。炮兵随各师前进，拉格伦勋爵的指挥所设在英军第2师后方，并随第2师行动。

21日早晨，联军各部队按计划进入出发位置。随军的英国编年史家金克莱写道："这天就像是记忆中英格兰六月里的一天那样，太阳英勇无畏，清晨的微风如正午的呼吸一般柔和。"法军司令官圣·阿诺德元帅也自信地写道："军威雄壮……我们必将击败俄国人。"

中午11点30分，联军主力在距阿尔马河2.4公里的地方停止前进，博斯奎特率法军第2师的先头部队继续前进。按照作战计划，卡洛波特和拿破仑亲王要先拿下"电报"高地，然后拉格伦勋爵再对喀甘山发起进攻。

正午，联军舰队从海岸一侧开火，拉格伦勋爵和圣·阿诺德元帅下令进攻开始。博斯奎特率法军一马当先，向阿尔马河南岸的陡峭悬崖前进。俄军在这里的防御薄弱，没有布置大炮。博斯奎特的前锋是一个祖阿夫团，士兵来自北非。所谓祖阿夫团，最早是由法国在阿尔及利亚战争期间，在北非伯贝拉山地部落中的扎瓦阿部族招募志愿者组成。这些祖阿夫兵对艰苦的山地作战得心应手，很快打出了名声。据说只要祖阿夫兵领头，其他法军士兵都会跟上。他们独特的北非式样军服也成了"骑士般魅力"的一部分，吸引了大批巴黎的年轻人应征入伍。按照法国人的记载，现在祖阿夫兵们"把背包留在岸上，游过阿尔马河，在树丛的掩护下很快地爬上了悬崖。俄军被祖阿夫士兵的灵活惊呆了，眼睁睁地看着他们借着树木爬上悬崖，把他们比作猴子。祖阿夫士兵们一旦爬到崖顶，马上躲藏在岩石和树丛中，把防守的俄军一个个干掉，等待援军到来"。这些祖阿夫兵在克里米亚战争后来的历次战斗中都发挥了重要作用，也令来前线观战的美国观察员大受触动，以至于后来美国人在南北战争中也依样组建了"祖阿夫团"，但只是学去了式样独特的北非风格军装。

在祖阿夫兵的打击下，俄军放弃工事后撤。下午1点，法军占领临海的制高点。几乎同一时间，内陆7.2公里处，河的北边，英军先遣旅刚出发不久就遭到对岸俄军密集火力打击，被迫停止前进，变换为散兵线队形以减少伤亡。整队完毕，英军继续前进。仅过了半小时，英军又一次被迫停止前进，等法军先拿下

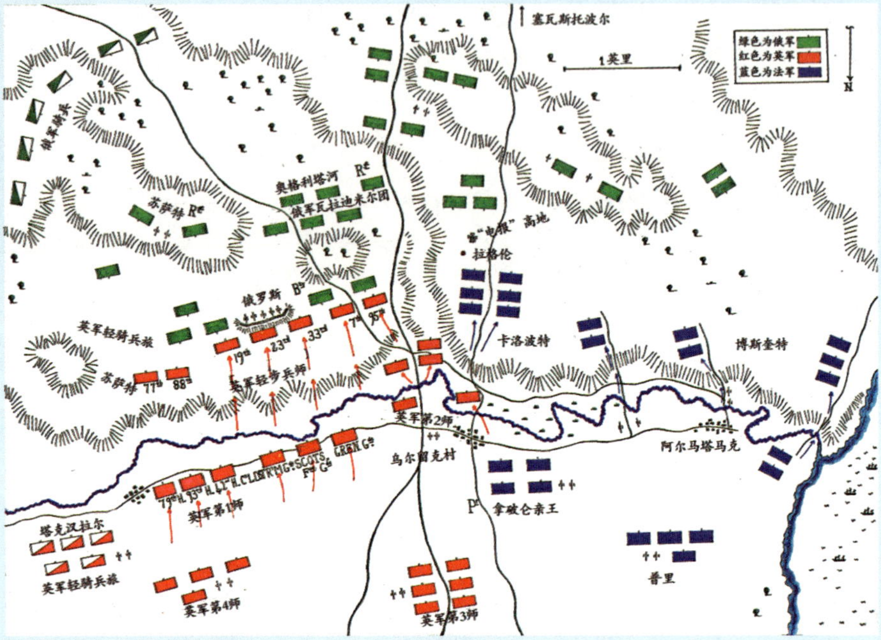

阿尔马河之战形势图

“电报”高地。英军目前完全在俄军大炮的射程之内，一位参战英国军官后来写道：“我认为整场战役中最坏的部分就是我们接到前进命令之前排成阵列时……炮弹在我们中间爆炸，将人们炸成碎片，胳膊、腿和脑袋四处横飞。”

同时，法军拿破仑亲王指挥的第3师以土耳其军队为先导，以纵队队形前进，与俄军发生交火。俄军显然没有发现在下游法军还有更大的企图。俄军只是专注于当面的英军先遣旅被俄国炮火成批炸翻。在下游，博斯奎特的法军第2师携带12门大炮艰难渡过阿尔马河。他没有继续前进，而是等待拿破仑亲王的第3师和卡洛波特的第1师渡河。卡洛波特的目标是“电报”高地，却遇到困难——无法将大炮带过河。拿破仑亲王的部队靠近中央阵地，遭到俄军激烈抵抗，同样进展甚微。圣·阿诺德元帅看到这一情况，果断将预备队第4师投入战场，支援博斯奎特和卡洛波特。俄军方面，缅希科夫亲王也骑马穿梭于各个阵地，鼓舞部下。右翼这边，博斯奎特一直未能到达指定位置，无法提供支援。没有重火力支援步兵，经过一个半小时，法军还是拿不下“电报”高地，进攻暂时被遏止。

拉格伦勋爵失去耐心了。英军暴露在山坡上，正遭受着巨大的伤亡。下午2点半，他命令英军主力前进。英军第2师和轻步兵师沿着2英里宽的正面向阿尔马河推进。前面的先遣旅已与俄军散兵交火。俄军散兵占领了乌尔留克村，烧毁了该村，未来得及破坏桥梁就撤过河。英军中负责操练的军士为数不少，很注重队形的整齐。但由于第2师的右翼旅在烈火熊熊的乌尔留克村面前不得不绕道而过，所以队形有些混乱。2个营来到村西，第3个营进至村东，靠近了法军。训练有素的英军稳步前进，其队形长达2英里，俄军炮兵见状迅速采取行动。英军第2师的左翼旅成了俄军中央阵地火炮的最佳攻击目标。

隆隆的炮声在山间回荡，炮弹落在葡萄园和花园围墙附近。很快，英军队形中就出现了巨大的缺口和杂乱的人群。英军遭到俄军中央阵地炮火的严重杀伤，第2师第2旅损失了四分之一的士兵。俄军向英军猛烈炮击，英军难以穿过烈火熊熊的乌尔留克村，意味着，当时还未与俄军激烈交火的轻步兵师将首先过河，并独自投入战斗。轻步兵师拥有5000人，其指挥官在南岸宽阔的礁石地带整理队伍。有一段时间英军轻步兵师未受到炮火的袭扰，只有纵射的滑膛枪弹断断续续地打来，造成一些伤亡。

轻步兵师进展相对顺利，一路还收容了几个被打散的第2师步兵营一同前进。英军轻步兵师的旅长卡灵顿将军英勇善战，他飞身上马跃上河堤，率领全旅官兵冒着枪林弹雨，向大多面堡冲去。英军发现，大多面堡的两侧是俄军喀山步兵团密集的纵队。原来，在大多面堡这一要点两侧，各有俄军喀山团的2个营防守。这4个营成纵队队形展开，组成了1个大漏斗，等待进攻者落入圈套。俄军的炮兵有段时间保持沉默，由喀山团的散兵线组织步枪射击。当卡灵顿的人马逼近，俄军炮兵等待己方散兵线退后到安全距离，便开始炮击。

俄军众炮齐鸣，持续了好几分钟。但是，英军的横队队形比俄军的纵队队形更能充分发扬火力。英军轻步兵师展开队形，这时右边的俄军喀山团的右路纵队不知什么原因冲下斜坡向英军进攻，造成俄军炮兵无法射击。英军在远距离向俄军步兵密集队形开火，米涅步枪的精确火力打倒大批俄军。俄军奋力还击，同样击倒大批英军。一位参战英军后来回忆道：“我们爬坡前进，一步一步往上爬，一路相伴的是骇人的屠杀。”英军一边攀爬仰面进攻，一边开枪射杀守卫者，同

阿尔马河之战中的英军苏格兰高地旅

英军的攀爬仰攻

时不断被守卫者射杀。

卡灵顿旅伤亡巨大，仍然不屈不挠地向目标推进。山坡上遍布的葡萄藤和断茬树丛反而有利于英军隐蔽接近俄军。此时大多面堡几乎被硝烟尘埃所掩蔽。烟尘消散之后，英军发现满面汗尘的俄军炮手正在把火炮系在拖车上准备逃离。英军知道，俄国沙皇决不允许丢弃任何一门火炮。卡灵顿纵马跃上大多面堡的胸墙，英军第23团的一名旗手冲了上去，将该团的女王战旗插在胸墙上。这名旗手中弹身亡，英军轻步兵师全力发起冲锋，俄军喀山步兵团陷入混乱。俄军炮兵错过时机，这时才开火。可惜为时已晚，英军冲入大多面堡，将其占领。

英军轻步兵师却没有立即得到增援，后面的第1师没有按照计划跟上来。第1师在北岸停止了前进，据说是师指挥官剑桥公爵难下决心，举棋不定。这位陆军中将剑桥公爵殿下，全名乔治·威廉·弗雷德里克·查尔斯，以前在汉诺威陆军服役。拉格伦勋爵麾下的师长中，只有他一人年纪不到60岁，而且竟然只有35岁。只因他是货真价实的皇家亲眷，维多利亚女王陛下的堂弟。剑桥公爵从前没有过任何实战经验，只是曾指挥第17枪骑兵团镇压过英格兰的“人民宪章运动”骚乱。总军需官艾利将军特意赶来催促他前进，总算让第1师重新动了起来。

第1师下辖的近卫旅和苏格兰高地旅在近卫旅指挥官本廷克将军指挥下，才开始渡河向大多面堡前进。但是，第1师来得太晚。中央阵地的俄军炮兵向大多面堡猛烈射击，俄军瓦拉迪米尔步兵团也向大多面堡压过来。这边英军轻步兵师占领大多面堡后，不可避免地出现了大混乱。官兵们穿来穿去寻找自己的部队，挤进大多面堡以避炮击。此时，英军阵地上不知从哪里传出来一条命令，说对面过来的是法军，不要开火。一般认为是某位参谋军官弄错了，错误下达了命令。其他英国军官奋力纠正这个错误命令，都无济于事。一名军号手吹号示意停止射击，准备撤退。其他军号手也竞相响应，英军顿时大乱。

不一会，轻步兵师退出了大多面堡。英军开始还是有秩序地撤退，受到俄军火力的猛烈打击后，英军的队形便乱了，争先恐后地向山下逃去。卡灵顿将军看到情况严重，立即派人送信催促第1师加速赶过来。撤下来的轻步兵师与正在向大多面堡前进的近卫旅汇合，近卫旅随即被撤退的大潮卷了回去。俄军瓦拉迪米尔团又重新控制了大多面堡。整条战线都陷入僵局，中央战线的英军被俄军中央阵地的猛烈炮火压制得动弹不得，法军在右翼也没有进展。

战斗开始后，拉格伦勋爵带领自己的少数参谋人员，从英军第2师和法军第3师之间渡过了阿尔马河。法军散兵见状大惊。拉格伦一行遭到俄军密集炮火的袭击，两名参谋受伤。如果不是炮弹弹道偏高，他们可能会全部阵亡。拉格伦勋爵沿越来越陡的小路继续前进，深入到俄军战线800码之后。他和参谋们突然发现山边伸出一块岩石，或者算一座小山。此处不久前曾被俄军占领，而今空无一人，俄军的炮弹看来也打不到这里。这座小山位于护堤和“电报”高地之间，山顶对战场全貌一览无余。现在，拉格伦的左边是俄军正对堤道的中央炮兵阵地，在这之后是俄军驻守“电报”高地的部队。喀甘山和大多面堡的情况也非常清楚，俄军隐藏在山后的庞大预备队同样历历在目。更令拉格伦勋爵吃惊和兴奋的是，自己附近没有任何俄军，这里是向俄军进行纵向射击的绝佳地点。而且这座小山很平很大，可放几门火炮，从这个制高点英军火炮至少可以攻击两个俄军炮兵连。

拉格伦勋爵立即派总军需官艾利将军返回第2师，召唤亚当斯将军的第2旅向自己靠拢。第2旅在先前俄军的炮击中伤亡惨重，但拉格伦只要他们派炮兵来。途中由于1门炮翻车，1匹马摔死，堵塞了道路，耽搁了一些时间。拉格伦感叹道：

阿尔马河之战中的剑桥公爵

“如果我们现在哪怕只有两门炮，该多好啊……”皇家炮兵司令部的参谋迪克森上校简直像是听到拉格伦的话，策马返回，带来了两门9磅野炮。与此同时，轻步兵师被俄军赶出大多面堡。

下午3点40分，英军的两门炮架了起来，它们的射程范围内正好有一群俄军重要目标。第一个目标是塞瓦斯托波尔大道上的俄军炮兵连。头两发炮弹打得不够远，尔后迪克森和他的助手调整了射程，一发炮弹命中了一辆俄军两轮弹药车，打死两匹马，接着另一发炮弹又直接命中俄军炮兵连阵地。这一阵纵向射击虽然短暂，但完全出乎俄军意料。俄军炮兵指挥官下令将火炮系于拖车之后。经过4次射击，俄军炮兵开始撤退。俄军16门火炮秩序井然地转移到另一处较高的阵地上。

此时另外两门英军火炮及其全部炮手赶到。这两门炮首先帮助赶走了塞瓦斯托波尔大道上的俄军炮兵连，然后便把炮口转向7个俄军步兵营，即缅希科夫的战术预备队。这些步兵营位于“电报”高地下面，尤帕托利亚大道的两侧，完全在火炮射程之内。由于成密集的纵队队形，俄军队列被炸出许多缺口，无法支撑下去，受重创后被迫撤离，渐渐消失在英军视线之外。

阿尔马河之战中的英军苏格兰高地旅

大多面堡的俄军瓦拉迪米尔团在9磅炮的射程之外。不过，在英军轻步兵师被击退，第1师投入战斗之际，英军炮手们不停地发射炮弹和霰弹，迫使俄军右翼指挥官克韦钦斯基将军在此次战役的关键时刻，命令部队停止前进。俄军放弃了继续冲下高地打击撤退中的英军轻步兵师。最后，英军那两门炮转向喀山团，将俄军密集队列打得七零八落。

当时的有烟火药使得战场能见度极差，俄军就这样被英军两门火炮近距离射击打得晕头转向。这时缅希科夫亲王正在派遣8个营反击从海岸侧翼包抄过来的法军，法军在俄军的反击下一时有些混乱。法军请求英军支援，拉格伦决定派一个营前去支援。此时，卡洛波特的炮兵终于渡过河到达战场，阻止了俄军的进攻。英军不需再去增援了。

9磅炮的准确射击为英军打开了堤道的缺口，战局开始向联军方面倾斜。中央战线埃文斯的第2师和担任预备队的第3师沿堤道方向前进。在左面，近卫旅继续向瓦拉迪米尔团施加压力。第1师另外一个旅，即苏格兰高地旅，则斜向移动，朝喀甘山俄军主阵地前进。

柯林斯·坎贝尔少将下令自己指挥的部队前进，他号召道：“先生们，现在全军都正注视着我们，让我们为高地旅而自豪！”拉格伦勋爵带着赞赏地目送

阿尔马河之战中的英国皇家炮兵

近卫军和高地旅前进

他们道："看着近卫军和高地旅如何前进。"近卫旅打开阵列，让撤退下来的轻步兵师重新集结。瓦拉迪米尔团的俄军依托大多面堡的胸墙，向步步逼近的英军近卫旅发射密集的子弹，然后与英军展开白刃战。俄军大多是服役多年的职业老兵，强悍英勇，精于使用刺刀。有的俄军士兵甚至抱住敌人，从高地上一同滚下去。为减少伤亡，英国军官下令随后上来的部队尽量使用枪弹，而不是使用刺刀。白刃战渐趋激烈，英军近卫旅被迫暂时后撤。

英军近卫旅损失了171人，队形的中央被打开一个大缺口。戈尔恰科夫亲王发现了这个缺口，带领2个营投入这个缺口，继续进行白刃战。这位戈尔恰科夫亲王是彼得·戈尔恰科夫，生于1790年，多瑙河方面俄军司令官米哈伊尔·戈尔恰科夫的哥哥。彼得·戈尔恰科夫常年与土耳其作战，曾代表俄国签署1829年俄土《亚得里亚堡条约》。1851年，他从军队退役。战争爆发后，彼得·戈尔恰科夫重新服役，被沙皇尼古拉一世任命为第4军军长。如今他以64岁的高龄冲在战场最前线，勇猛异常。

关键时刻，英军这边又冒出一个身份不明的军官，传令近卫旅撤退。旅长珀西上校拒绝了命令。他命令近卫旅收缩为防守阵形，米涅步枪齐射给予俄军重大杀伤。戈尔恰科夫亲王的坐骑也被击毙。俄军迟疑了一下，又撤退了。近卫旅乘机重新夺回了大多面堡。苏格兰高地旅在科林斯·坎贝尔爵士的指挥下，开始进攻多面堡后方喀甘山另一翼的俄军。俄军在这里还有7个满员的步兵营。高地旅的准确射击导致俄军阵形大乱，迫使俄军撤退。缅希科夫在喀甘山看到这种情况，勃然大怒，却也失去了信心，只得下令全军撤退。英军炮兵继续打击退却的俄

阿尔马河之战中的英军近卫旅

军，卢肯爵士的轻骑旅开始追击，俄军的撤退变为溃退。连缅希科夫的马车和旗帜都被联军缴获。缅希科夫见到败退回来悲痛欲绝、失去了坐骑的戈尔恰科夫，他愤怒地质问戈尔恰科夫，怎么会落成这副样子？戈尔恰科夫回答："我只剩自己孤身一人了，我的副官和参谋全都或死或伤。我身中六枪。"大家沉默了，一名俄国军官承认："是的，先生们，你们在阿尔马河赢得了一场辉煌的胜利。"

下午4点30分，战斗基本结束。英军拿下了喀甘山，法军占领了"电报"高地。拉格伦勋爵却保持了冷静，他认为黄昏将至，俄军还有数千没有参战的骑兵在远方游弋。一旦英军在追击中遭受损失，将给法军的行动造成巨大的阻碍。圣·阿诺德也告诉拉格伦，法军所有辎重留在北岸，轻装渡河。现在法军无法继续追击，而且炮兵已经耗尽弹药。

俄军最后得以全身而退。当夜联军在南岸宿营，医生巡视战场，救护伤员，将伤员转移后送到君士坦丁堡。阿尔马河之战至此结束。英军伤亡2000人，法军

阿尔马河之战中的圣·阿诺德元帅

伤亡1300人，俄军伤亡估计在5000人以上。相比于双方投入的8万余人，伤亡率差不多10%，这是那个时代的正常水平。双方伤亡差距并不大，这场战斗也让联军首次目睹俄军的威力，一位英国军官承认："再来一次这样的胜利，英国军队就弄光了。"

第 五 章

细 细 的 红 线

Chapter 5

第五章 细细的红线

联军在阿尔马河的胜利打开了通向塞瓦斯托波尔的道路。根据波兰逃兵提供的情报，俄军退回塞瓦斯托波尔后军心不稳，全军动摇。拉格伦的工兵指挥官博格涅爵士建议，联军应修筑一道防线工事，以防俄军增援部队来自北方的进攻。他认为，在敌国领土上修筑工事诚然非常困难，若建成则将成为俄军增援的严重障碍，联军可以全力向塞瓦斯托波尔发动攻城战。

1792年，克里米亚被奥斯曼土耳其割让给俄国，塞瓦斯托波尔成为俄国在黑海最重要的军事基地。塞瓦斯托波尔有一个天然的深入内陆的港湾，可驻泊大量海军舰只，俄军黑海舰队即以这里为母港。城外是连绵的高地，易守难攻。城南的马拉霍夫冈是整个防御体系的关键。塞瓦斯托波尔实际上被海湾分隔成了两块，仅攻占北部地区不一定能将南部地区的码头设施和主城收入囊中。英法联军目前有两种选择：第一，顶着塞瓦斯托波尔南部俄军舰队、要塞和北部防御工事的双重炮火，去攻打北部地区；第二，绕过塞瓦斯托波尔，攻击位于南部的马拉霍夫冈，即从东边侧翼包抄该城，直接对塞瓦斯托波尔南部的港区施加压力。

病重的圣·阿诺德元帅支持“侧翼进军”的方案，从南面进攻塞瓦斯托波尔。联军的计划稳妥，却也丧失了从北方直接进攻，快速占领塞瓦斯托波尔的机会。拉格伦勋爵尊重法军的意见，努力维持英法联军内部的团结。联军休整三天，进行后勤补给，掩埋阵亡者，护送伤员。法军的圣·阿诺德元帅则病入膏肓。9月23日，天气晴好，英军向南进发。部队被允许沿路抢劫，因而士气高昂。霍乱疫情也减轻了许多。英军渡过波贝克河，塞瓦斯托波尔似乎近在眼前。拉格伦勋爵决定按计划行动，联军继续向南前进，从南向北进攻塞瓦斯托波尔。

塞瓦斯托波尔港最内侧

1854年，塞瓦斯托波尔城本身还没有完全要塞化。俄军之前还未预料过会在克里米亚打防御战。联军从侧翼行军绕过塞瓦斯托波尔，俄军也在做守城准备。缅希科夫认为黑海舰队出海作战毫无胜算，命令舰队司令科尔尼洛夫将舰队撤入港内，凿沉7艘风帆战列舰，堵塞航道。在凿沉7艘军舰的前夕，分舰队司令纳希莫夫将军发布命令："敌人正向城市靠近，而城市守卫部队极少，我有必要把我指挥的分舰队的军舰沉没，带着舰上人员和接舷武器与城防部队会合。我相信各级指挥官、军官和全体士兵，他们每个人都将像英雄一样战斗。我们聚集在一起将达3000人，集合地点是剧院广场。"大批舰炮被搬到陆地上，海军官兵奉命上岸，充实守城部队。在纳希莫夫等人的指挥下，俄军又迅速构筑了20座炮台，增设了数百门火炮，大大加强了陆上的防御。

俄军还利用16艘舰船架设了横跨南湾的浮桥，派出70多艘舰船和舢板负责保障北湾的交通。缅希科夫留下1.6万名民兵、水兵和少量正规军守卫塞瓦斯托波尔。缅希科夫带领俄军主力前往城外的东北方，希望从那里威胁联军侧翼，并接受来自亚速海对岸和彼列科普地峡半岛的增援。

联军对俄军的这些调动一无所知，只是全力迂回塞瓦斯托波尔侧翼。半路上，联军遭遇了正在离开塞瓦斯托波尔的俄军殿后部队。拉格伦骑马跑在联军队伍的最前面，自己的骑兵卫队没能跟上来，结果差点被俄军俘虏。幸亏俄军没有发现他，这位英军司令官自己慢慢跑回了安全地带。卢肯爵士的英军轻骑兵对俄军殿后部队进行了追击，缴获了一些俄军的后勤辎重马车。

9月25日夜，英军在波贝克河与车纳亚河之间的宽大正面上展开，略做休整。26日早晨，英军吃了一顿丰盛的早餐，向南面的巴拉克拉瓦进发。从塞瓦斯托波尔东边扎营的山丘下来，英军自特拉克提尔桥跨过车纳亚河，随后经过费多乌金丘陵和海堤高地，进抵巴拉克拉瓦。从小村庄卡德柯伊向南前往巴拉克拉瓦的路上，英军遭到守卫海港入口处俄军炮台的炮击。拉格伦勋爵急忙寻找掩护，同时下令步兵旅去占领巴拉克拉瓦以南各高地，夺取炮台。联军舰队从海上提供火力支援，配合英军行动，成功迫使俄军炮台投降。

经过这一阵炮火，英军总算进入小镇巴拉克拉瓦。当地百姓拿出水果、鲜花和面包欢迎英军，以示友好。巴拉克拉瓦的港口很小，进港困难。通过狭窄的入口，船只还必须马上经过左右急转，才能抵达码头。英军工兵对码头进行了扩建，仍旧不够用。港口内外两部分绵延长达1200码，最宽处仅300码。西侧地势急升，在那里卸货简直不可能，只在东面有处像架子一样细长的海口能正面卸货，且海口顶多只有600码可利用。唯有一条路在那里盘曲，从海湾尽头穿过陡峭的峡谷，即是卡德柯伊。卡德柯伊海拔754英尺，此后该路转向正西方，沿着南谷地延伸，以1:15的坡降通过位于赫尔松内斯高地的巴拉克拉瓦山口。时值9月，沿此线路前进的地表已经冰冻结实。英军士兵自然不希望留在这里过冬，巴拉克拉瓦港的大小太过有限，英军船只必须进港卸货并寻求掩蔽，食品、弹药、装备、马匹和人员都必须在曲折的道路上运送。这对于短期的战役而言似乎还够用，彼时英军相信塞瓦斯托波尔很快会沦陷。他们还想不到，自己要在这里待上差不多两年。

一天后，法军沿英军的路线尾随而至。此时圣·阿诺德元帅病入膏肓，法军由卡洛波特指挥。拉格伦决定英军在巴拉克拉瓦扎营，法军则前往巴拉克拉瓦西面的卡米什和卡扎克海湾扎营。卡米什港更加宽敞，通过陆路和海路进港的通道也比巴拉克拉瓦要平直。法军的营地背靠大海，可以方便接受来自海上的补给。而英军相对补给困难。现在，英法联军从三面包围了塞瓦斯托波尔。法军在西南方，英军在东南方和东方。英法联军舰队在海上游弋。

卡米什港

拉格伦勋爵将指挥部设在一处农舍里。那里位于赫尔松内斯高地上，靠近巴拉克拉瓦山口，坐落在英军各师营地后面，离巴拉克拉瓦只有4英里。他在这里召集军务会议，主张立即攻城。9月27日到10月10日之间，他未能说服卡洛波特和工兵指挥官博格涅爵士。博格涅坚持应该先用炮击削弱俄军的防御工事，卡洛波特则认为穿过平地直接进攻过于冒险。这期间，法军的圣·阿诺德元帅因病情严重，于9月29日宣告不治，在军营中病逝，成为第一位死于克里米亚战争的高级将领。法军副司令康罗贝尔将军接替圣·阿诺德的职务。联军名义上的最高指挥权落到拉格伦勋爵手里，他名义上同时成为英法两军的最高指挥官。10月10日，联军正式决定，围攻塞瓦斯托波尔。一名英国军官在10月12日发给家人的信中写道："过去一些天里，我们全在艰苦作业，挖掘壕沟，为架设大炮做准备。这里的地面坚硬得像铁一样，全是石头，所以极其辛苦。"

同样是这些日子里，俄军在塞瓦斯托波尔的工事一天天加强。塞瓦斯托波尔能坚强抵御来自海上的攻击，但东侧和南侧却不设防，难以抵挡来自陆路侧翼的攻击。纳希莫夫向新任战争大臣（军事部长）多尔戈鲁基亲王提出请求，又通过他向沙皇进言，总算得以将圣彼得堡当局严密控制下的驻塞瓦斯托波尔工兵部队调归缅希科夫亲自指挥。驻塞瓦斯托波尔工兵部队指挥官爱德华·伊万诺维奇·托特勒本上校能力卓著，当他清楚得知联军的意图是由南向北攻击军港后，立即着力于加强塞瓦斯托波尔南部的工事。俄军日夜不停地新建和加固防御工事，联军准备时间越长，对俄军越有利。

俄军士兵在塞瓦斯托波尔城内平民的协助下，完成了城市四周由8座棱堡和大量工事构筑的坚固防线。在这场战争中，俄国真正能依靠的，还是这些被统治者蔑称为“灰色牲口”的士兵，他们在一星期内干完了比过去一年还要多的活。成千上万的塞瓦斯托波尔平民同样拿着镐和铲，不分昼夜挖掘战壕，用麻袋和筐运送泥沙去加固最危险的地段。经过一番努力，好像从地上长出了防御体系的骨架，把原本对陆地不设防的塞瓦斯托波尔变成了最好的陆地城堡。

另外，从敖德萨、比萨拉比亚和其他地方出发的俄国援军也在赶来。10月9日，2.8万援军进入塞瓦斯托波尔，守城俄军达到3.8万人。10月第二周，俄军已经恢复到阿尔马河之战前的实力，甚至更强。为防备俄军的攻击，土耳其军队在英军的指导下构筑起6座用于防御的棱堡，以数字编号。这些棱堡匆匆筑成，并不坚固，由土军驻守。棱堡中只有4座装备着12磅海军舰炮，1号棱堡中装备了3门12磅海军舰炮，剩下的3座棱堡中各有2门。5号和6号棱堡并未完工，无人值守。1号棱堡及其附近有1个营（约600人）的土耳其军队。2～4号棱堡里面，各有半个营。每座棱堡都有1名英军炮兵士官负责指挥。这些堡垒以及其中的1500人、9门12磅炮一同构成了巴拉克拉瓦的外围防御。联军的观察点设在巴拉克拉瓦平原上方700英尺的最高点萨波涅岭。

联军希望炮击能把俄军工事彻底摧毁。经过艰难运输，重炮和攻城器材被运上城外的高地，民房也被拆掉用来加固重炮阵地。与此同时，塞瓦斯托波尔俄军的火炮从172门增加到341门，部分同样是从军舰上拆下来的海军舰炮。联军方面，法军有53门炮，英军有73门炮。法军将49门炮集中在山上，正对俄军中央堡垒。联军海军也计划参加炮击，但因缺乏弹药而推迟。卡洛波特要求联军海军下锚，排成一线近距离炮击，而不是按惯例躲避岸炮在航行中炮击。英国舰队司令邓达斯最后向法国舰队司令哈姆林让步，同意了这个方案。

10月17日，联军开始猛烈炮击塞瓦斯托波尔。联军火炮从路上和海上同时开火，惊天动地的爆炸声昼夜不停。大批榴弹、霰弹、火箭和其他各种炮弹纷纷射向城堡，浓烟蔽日，火光冲天。联军的各炮在炮击前都进行了目标测定，炮弹命中率颇高，不断有俄军工事被掀翻，炮台被炸毁，碉堡被夷平，屯兵壕沟被炸塌，官兵被活活闷死在隐蔽部和屯兵坑道里。炮击的场面极度壮观，目睹这一切的英军第7皇家轻骑兵团军需官亨利·迪克森在给父亲的家书中写道："必须请您原谅，场面太过壮观，非短短一行笔墨所能表达。"

俄军在纳希莫夫等人的指挥下，一面继续加修工事，一面进行炮火反击。激战中，俄军的舰炮和岸炮密切协同打得十分出色。俄国水兵用人力使船体倾斜的方法，增大火炮的射角，从而使火炮射程从18链增大到25链。俄军舰炮对岸上不可见目标实施炮击时，配置在高处的观察哨则进行准确的火力校正。

联军海军的炮击持续了一天，舰炮发射了1万发炮弹，地面火炮发射了9000发炮弹，俄军伤亡1200多人。最不幸的是，当天俄国黑海舰队司令科尔尼洛夫将军阵亡。联军炮击时，纳希莫夫将军在棱堡内指挥炮兵还击。这个棱堡上绘有带穗肩章的舰队礼服图案作为标志，以区别于其他的塞瓦斯托波尔保卫者。科尔尼洛夫来到这里视察，在棱堡内见到了纳希莫夫，这是他们最后一次会面。12时，科尔尼洛夫因炮击受致命伤，当天死去。纳希莫夫同样头部负伤，仍坚持指挥战斗。他接过了科尔尼洛夫的职务，命令一切后勤人员和水兵都上前线。卫生兵搀扶着受伤的炮手，纳希莫夫指挥马夫、炊事兵、参谋、通信兵、文书、水手等等一切人员开炮，让每一门可用的炮都不停地射击。结果，俄军炮火重创联军海军，英国舰队损失300人，7艘战舰严重受损，法国舰队也损失不小。尽管罗多菲山上法军一个弹药库被炸上了天，联军陆地炮击效果却好许多。英军炮击将俄军重要工事大凸角堡打成废墟，马拉霍夫冈的工事也遭严重破坏，当夜俄军却又修复了全部损坏的工事。英军舰队司令邓达斯告诉拉格伦勋爵，这次行动是"一个他不愿再重复的错误"。

到10月24日，战场情况发生重大变化。缅希科夫率领俄军援军出现在车纳亚河对面。缅希科夫先是得到了从比萨拉比亚赶来的利普兰季中将麾下第12步兵师4个团的增援。10月初，俄军又增援1个步兵团、1个特遣步兵营、7个步兵营和5个炮兵连。由雷诺夫中将指挥的俄军骑兵也得到加强，兵力增至2个轻骑兵团、2

英国军舰从海上观察塞瓦斯托波尔

巴拉克拉瓦港

个枪骑兵团和2个哥萨克团，骡马炮兵也归他指挥。到10月24日，缅希科夫总共指挥着约6.5万人，声势浩荡，仅比联军兵力略少。而且联军还陷在围城战中无法脱身。

缅希科夫看出，联军的侧翼弱点并不在巴拉克拉瓦本身，而是在海堤高地的外围工事和高地更南边的卡德柯伊村。卡德柯伊正北方的南谷地平行于海岸，加上与海岸成直角处，南谷地由西往东几乎长达4英里，由北到南宽度不到1英里。所以，该谷地的北部界限为海堤高地。沿着海堤高地的是沃龙佐夫大路，路面已经铺装了碎石。半道上，沃龙佐夫大路下降至与之毗邻的北谷地底部，然后又在通往塞瓦斯托波尔时再次爬升上萨波涅岭的陡坡。从萨波涅岭通往另一组位于车纳亚河边的丘陵有北谷地，东西长3英里，南北宽1.5英里。北谷地的北部界限是一系列低矮岗头，总称为费多乌金丘陵。如果占领了这些地方，俄军将切断英军交通线。卡德柯伊村是全局的关键，该地若被俄军攻陷，巴拉克拉瓦实际上将变得毫无价值。10月18、19日，俄军从拜达尔谷地派出的侦察部队证实了缅希科夫的想法，英军的外围防御工事的确较弱。因此，缅希科夫策划了一次三面合围的攻势，具体由利普兰季中将负责执行。

按照缅希科夫的计划，俄军左翼（南侧分队）由格里贝少将率领向西推进，他的兵力有第聂伯步兵团3个营、部分枪骑兵团、哥萨克团和支援炮兵。步兵将占领卡德柯伊正东方2.5英里处的卡马拉村及其周围高地。与此同时，俄军骑兵以迅雷不及掩耳之势占领更南方的一座修道院，那里驻扎有英军警戒哨。以上目标全部完成，便能直接威胁到英军1号棱堡。

中央方面，谢梅金少将率部从卡德柯伊以北1英里处的恰尔根村渡过车纳亚河。他的部队由2个纵队组成：谢梅金自己亲率左纵队，包括亚速团、第聂伯团的1个营以及支援炮兵；列维茨基少将指挥右纵队，包括乌克兰团和8门火炮。以上这些部队渡河之后，将在英军1号与2号棱堡之间会合。

北侧分队（俄军右翼）归斯库德里上校指挥，下辖敖德萨团、第53顿河哥萨克团和支援炮兵。他们将赶走从特拉克提尔来的英军警戒哨，推进到3号棱堡。雷诺夫中将带领骑兵主力——14个轻骑兵营、1个乌拉尔哥萨克团和2个炮兵连紧随其后。一旦攻下棱堡，雷诺夫就会去进攻卡德柯伊周围的英军阵地。雷诺夫身后，仅留下乌克兰团的1个营、1个连的步兵和1个野战炮兵连来守卫至关重要的特拉克提尔桥。俄军倾巢而出，没有随时可用的预备队了。另外，扎波里茨基少将率领5000人渡过车纳亚河，占领费多乌金丘陵。此举是为了保护俄军攻击梯队整个右翼，免受来自萨波涅岭的英军干扰。

黑夜降临，一切都静悄悄的，俄军开始行动。利普兰季注视着北侧分队跨过特拉克提尔桥，随后他骑马向南前往北谷地东端尽头，再去往拜达尔谷地，给其他部队鼓舞士气。

10月24日深夜，一名土耳其间谍带着俄军作战计划的细节来到了土耳其军队司令官鲁斯坦·帕夏的营帐。情报显示，2.5万俄军，包括34个骑兵中队和78门火炮，将在明天早上发起进攻。经过反复研究，英军骑兵师指挥官卢肯伯爵和高地旅指挥官科林·坎贝尔爵士确认了情报的价值。他们写了一封信，命副官送去拉格伦勋爵的指挥部。不巧，前几天拉格伦勋爵接到过一份类似的情报。10月21日他特意下令，英军第4师1000人到平原上进行警戒。英军骑兵在刺骨的寒夜里集结，有1名军官被活活冻死。结果，俄军没有任何行动。这一次，10月24日至25日夜间，拉格伦勋爵没有采取与上次同样的行动。显然，将近午夜时分才收到土耳其间谍的报告，拉格伦勋爵更加怀疑这是假情报，根本无须理会。他咕哝道：“很好。”然后继续睡觉。

1854年10月25日黎明时分，巴拉克拉瓦之战的第一枪打响了。

早晨5点，英军骑兵师的士兵们站在自己的战马旁边等候命令。轻、重骑兵的营地紧挨在一起，位于南谷地第6号棱堡的下方。重骑兵营地离海堤高地稍微近一些，在轻骑兵营地的东北方。离开已经准备就绪的各骑兵营，卢肯伯爵及其随员、来自轻骑兵的乔治·巴杰勋爵骑马慢跑经过南谷地，赶往卡马拉高地，去视察那里的英军警戒哨。随着东方天际开始放亮，突然，卢肯身边一名参谋军官指着远处——高地间升起了两面旗帜。

其中一面旗帜在1号棱堡上空飞舞——那是“敌人正在推进”的信号。当眺望旗帜越来越清晰时，棱堡中的一门炮开火了。这消除了任何疑问，堡垒遭到俄军攻击。卢肯的副官们脚踢马刺飞奔赶回师部，巴杰则赶回轻骑兵中间。原本应该指挥轻骑兵的卡迪根伯爵却不在军中，而是在巴拉克拉瓦湾内的游艇上过夜。尽管港口泊位紧张，卡迪根伯爵还是给了自己的私人游艇停入巴拉克拉瓦港的许可。他在游艇上就寝，避开军营的各种不适。所以巴拉克拉瓦之战开始时，他没有跟英军轻骑兵在一起。

坎贝尔回到自己驻扎在卡德柯伊村的部队那里。卢肯则再次纵马向西，并将轻骑兵留作预备队，接着又率领重骑兵回转向东。就在英军骑兵集结到战马旁边时，俄军已经开始推进。格里贝率部冲出拜达尔谷，杀向卡马拉。一个小时之后，他出其不意地攻下英军警戒哨，占领了卡马拉村。更为关键的是，他占领了卡马拉村周围俯瞰南谷地的那些高地。中路，谢梅金率部在未遭抵抗的情况下夺得了1号棱堡北边和东北的斜坡。在谢梅金右边，列维茨基的火炮向英军炮台开火，同时向2号棱堡进发。过特拉克提尔桥之后，斯库德里位于北线攻击的前锋位置。他将3号棱堡作为目标，全力向其发起进攻。到目前为止，缅希科夫对进展都很满意，一切不出他所料。

列维茨基在早上6点开始炮轰英军第2、3号棱堡。格里贝更将自己的10门火炮沿卡马拉高地边缘一字排开，瞄准1号棱堡。更北边的地方，谢梅金的10门炮也加入炮击。在这样的火力掩护下，棱堡中600名土耳其士兵躲在向东北凸出的胸墙

英军骑兵收到战斗警报

后面，眼睁睁看着8个俄军步兵营从北面和东面拥来，自己却只能坐以待毙。土耳其守军没有清理棱堡周围的灌木丛，这对防守毫无益处，又给了逐步逼近的俄国散兵掩护。格里贝和谢梅金的俄军步兵向前推进，只遭到区区11门联军火炮的轰击。其中5门火炮在第1、2号棱堡，其他都在野战炮连。然而，野战炮连匆忙投入战斗，补给不足，弹药所剩无几。得知剩下的弹药只够一门炮使用，卢肯只得下令让野战炮兵连撤出战线。

1号棱堡情势危急。为减轻俄军优势炮火所造成的伤亡，土耳其士兵撤到了受损相对较轻的棱堡西部尽头。土耳其士兵在那里除了躲避炮火，还战战兢兢地等待着难以避免的步兵交战。谢梅金将俄军步兵提前部署到前线，自己亲自指挥对康罗贝尔山的打击。他把俄军步兵编为三线，在炮火掩护下一步步往山上推进。离山顶还有100码的时候，俄军对防御工事发起了冲锋。俄军各营未遭抵抗即跨过了浅浅的壕沟和低矮的胸墙。土军很快被打垮，棱堡内只有零星抵抗，不少土军士兵束手待毙。逃离之前，指挥棱堡防御的英军士官用大钉子把三门火炮楔牢在地上，让俄军不能调转炮口对付联军。到早上7点30分，俄军亚速团的军旗清晰可见，巴拉克拉瓦外围的首座棱堡陷落。

只有英军的野战炮连前来协助土军，终究杯水车薪，起不了多大作用。英军

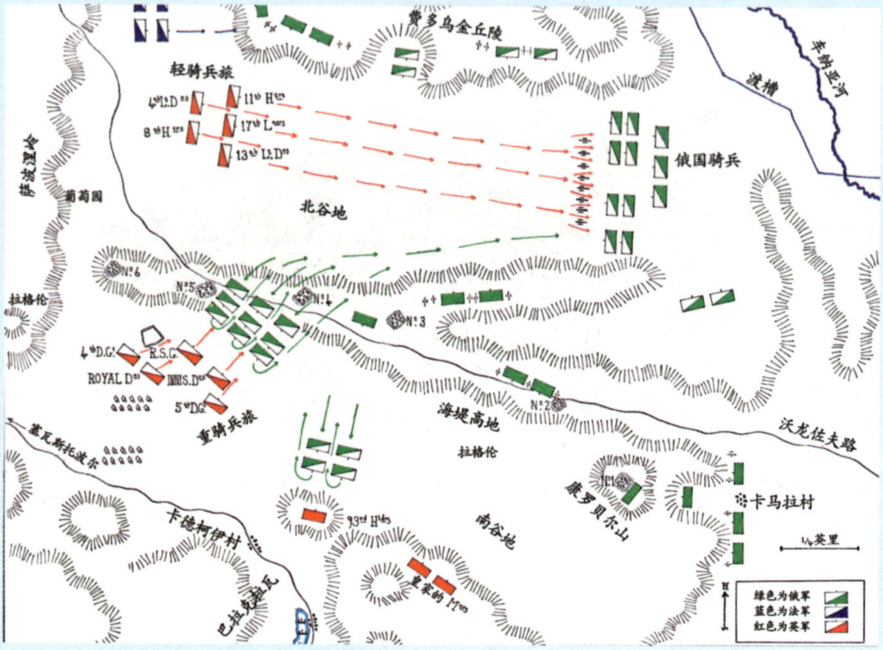

巴拉克拉瓦之战形势图

步兵和骑兵都没有做出实质性的动作去增援。面对列维茨基和斯库德里的俄军步骑兵与炮兵，其他三座棱堡（第2、3、4号炮台）的土耳其守军索性逃跑。有英军亲历者写道：“（土耳其士兵）带着他们的铺盖和其余简单的营地财物……他们肩上扛着这些负担，一路向西，看上去更像是迁徙中的部落，而不是撤退中的军队。”斯卡利特的英军重骑兵向前移动，给予土军撤退一些掩护。俄军炮弹和哥萨克骑兵依然一路追击。俄军哥萨克飞马追杀着四散溃逃的土军官兵，一颗颗土耳其士兵的头颅在山坡上滚落。唯一的亮点跟1号棱堡中一样，英军士官在撤退前楔牢了那6门12磅炮。

俄军拆卸了4号棱堡中的2门火炮，将毁坏的部件推下海堤高地，然后放弃了这座棱堡，集中兵力最后扫荡1、2、3号棱堡。最终1号到4号棱堡全部攻克，5号和6号棱堡由于尚未完工，根本无人驻守。于是，到早晨8点30分，巴拉克拉瓦外围的英军防御工事全部陷落。

土军作战不利、溃败而去，让英军陷入困境，原本就对土耳其人心存芥蒂的英法士兵从此对土耳其人成见更深。此战之后，英法两国对土耳其军队的指责声不断。伦敦《泰晤士报》著名战地记者威廉·拉塞尔即认为俄军来得太突然，土军败退得太迅速。后来土耳其人反驳说，英法联军将领仅仅将土军作为辅助部队使用，拉格伦勋爵所需的土军只是用于挖掘壕沟和修筑防御工事，克里米亚战场上的土耳其军队总司令阿尔马尔·帕夏并未派遣最优秀的土军士兵，这结果不足以惊讶。无论怎样争辩，巴拉克拉瓦之战的第一阶段，联军完败。

在1号棱堡陷落和收到卢肯的警告之前，拉格伦勋爵已经就位。他进入设在萨波涅岭边缘的观察点，俯瞰整个巴拉克拉瓦平原。他下令，要求剑桥公爵的第1师和乔治·卡斯卡特爵士的第4师离开萨波涅岭，到平原上去支援。但两个师驻扎位置都较远，均未能在10点30分之前抵达战场。尤其是第4师，拉格伦勋爵派自己的侍从副官艾华特上尉向乔治·卡斯卡特爵士传达命令，要求该师立即进发，协助土耳其军队防御。卡斯卡特居然拒绝，坚持认为“我的大部分士兵只适合于在营地的战壕内战斗”。即使后来被告之土耳其人正在“全线溃退”，卡斯卡特还是拒绝采取任何行动予以协防。艾华特上尉多次苦苦劝说，陈明利害，卡斯卡特将军才答应出兵驰援。卡斯卡特清楚，他的士兵的确不适合以那样的方式面对敌人的进攻。

俄军方面，扎波里茨基部队抵达战场，利普兰季的力量得到了进一步加强。扎波里茨基的部队进抵费多乌金丘陵，利普兰季现在手里有2.5万人和78门大炮。眼见部队首战告捷，士气正盛，利普兰季下达了“进攻敌军大营”的命令。雷诺夫随即率第14轻骑兵营、1个哥萨克团以及第53顿河哥萨克团的3个营3000多骑兵，向卡德柯伊发动冲击。

正当雷诺夫组织骑兵进攻的时候，坎贝尔完成了卡德柯伊周围的防御部署。原先部署在巴拉克拉瓦的英军第93团2个连现在加入了其余的6个连，全团登上卡德柯伊村北面的圆丘。第93团是来自苏格兰的“萨瑟兰高地团”，这个圆丘后来遂被命名为“萨瑟兰丘”。坎贝尔原本下辖1个土耳其营，他又收拢了不少从棱堡里逃散的土耳其士兵，组成了第2个土耳其营。他将一个土耳其营部署在中央英军的右翼，另一个营放在左翼。6门英军野战炮就在旁边，内线工事里2门射程更远的火炮也能提供支援。现在坎贝尔下辖共约700名英军步兵和1000名土军，掌握着

英军第4师的营地

卡德柯伊之战

直通巴拉克拉瓦的峡谷控制权。

俄军骑兵出现之前，从海堤高地上打来的俄军炮弹已经伤及了2名第93团的士兵。坎贝尔将英军撤到圆丘另一侧的反斜面后面，第93团暂时消失在俄军骑兵视线之外。现在，雷诺夫的俄军骑兵已经穿过4号棱堡东侧的海堤高地，冲向卡德柯伊。当俄军离村子还有约1000码的时候，坎贝尔下令第93团回到圆丘顶部。俄军骑兵全速冲击，第93团没有时间调整为方阵队形，而方阵是步兵对抗骑兵的标准阵形。英军无法用传统的方阵来面对敌军骑兵，索性拉成一字线，组成两列单薄的防线抵抗俄军骑兵的冲击。这一幕为后世留下了著名的典故，也成就了英军光荣的名声——“细细的红线”（Thin Red Line）。

“细细的红线”英勇无畏，侧翼却暴露在外，非常危险。先前英军步兵遭受火力打击暂时从圆丘顶上撤下来时，很多惊恐的土耳其士兵又一哄而散，朝巴拉克拉瓦逃去。坎贝尔坚持将手下为数不多的英军士兵重新整队，亲自骑马从头至尾巡视战线。这个出身卑微的苏格兰人性格坚毅，他严肃地向第93团训话：“记住，这里没有退路，士兵们！你们必须战死在你所在的地方！”他们即将面对的是3000多俄军骑兵。

俄军骑兵从东北偏北的方向接近英军“细细的红线”，一路遭到英军炮火的打击。俄军骑兵的军刀在秋阳下闪闪发亮，他们原本以为会漫山遍野挥舞军刀追逐败兵，眼见正面从高地上突然冒出身穿苏格兰短裙的高地团英军步兵阵列，不由惊慌。俄军担心前面有埋伏，唯恐更多的英军吞没他们。俄军骑兵犹豫不决，反倒促使英军高地团士兵视死如归地向前突进，嘴里叫喊着冲锋。坎贝尔明白，为了保持目前的有利地形，不能发动冲锋。“第93团！第93团！这该死的表现欲！”他大吼着约束英军士兵们，让“细细的红线”保持住了队形。

英军高地团士兵打出猛烈的齐射，这一击让俄军骑兵险些乱了阵脚。疾驰的战马骤然栽倒，把身上的骑手腾空抛落。中弹的战马痛苦的哀号声响彻战场上

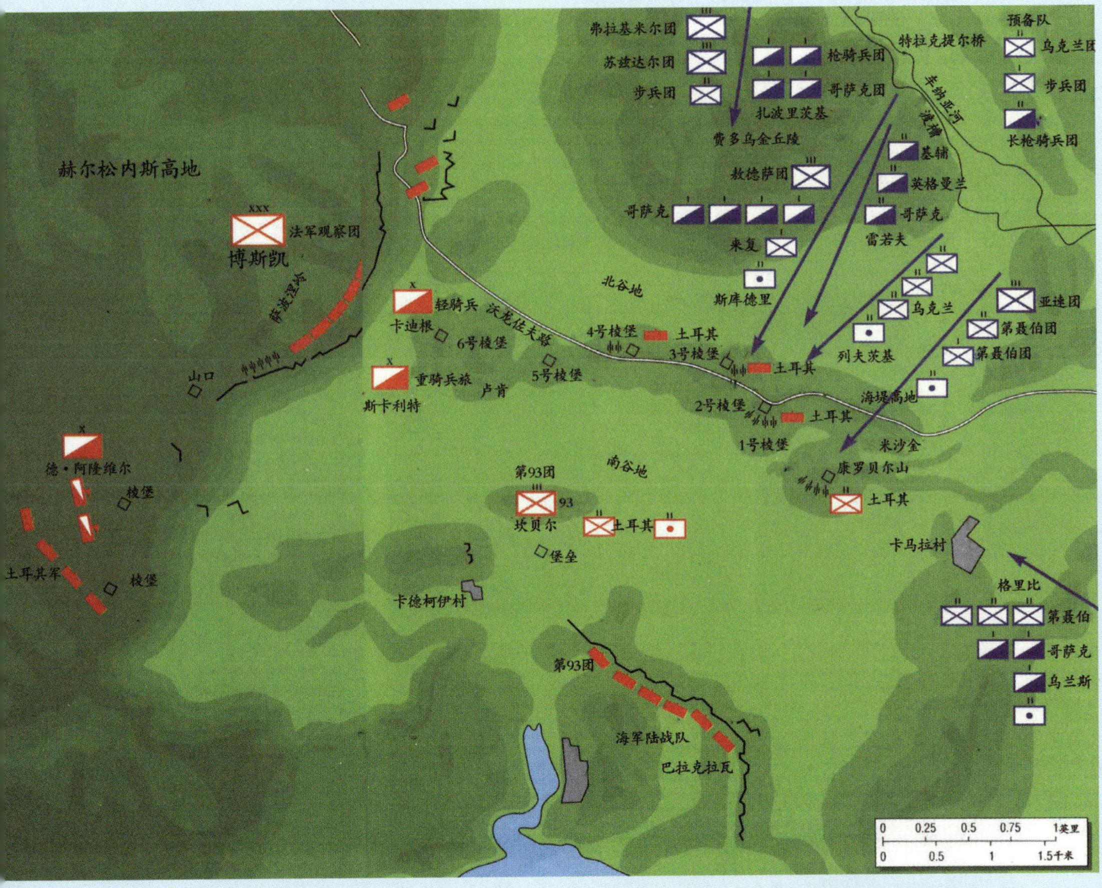

“细细的红线”形势图

“细细的红线”

空，大吃一惊的俄军骑兵转向往左，这样可以威胁坎贝尔薄弱的右翼。坎贝尔意识到这种危险，下令重新编队，英军步兵向俄军打出第2轮齐射。俄军随即更加向左侧转，远离卡德柯伊，开始撤退。

俄军的撤退让英军松了一口气，巴拉克拉瓦的内圈防御守住了。这时早上9点才刚过不久。在英国人眼中，这是英雄主义的胜利，要归功于指挥官英勇无畏的精神和新式步枪。来自苏格兰高地的英国士兵们双管齐发，将子弹倾泻进俄罗斯骑兵阵列，将俄军骑兵阻止在了冲锋的道路上。战场上也有轻松的一幕，第93团的英军士兵们亲眼所见——在卡德柯伊附近，一名逃跑的土耳其士兵被妻子又打又骂。这个士兵的妻子一脸正气凛然，愤怒不已，土耳其士兵只能低头挨打，英国人看得哈哈大笑。

拉格伦勋爵身处地势比战场高的观察点，看到了俄军骑兵向卡德柯伊推进，也看到了坎贝尔侧翼的土军动摇。他给位于萨波涅岭下方新骑兵师阵地上的卢肯伯爵送去新的命令，要求卢肯对坎贝尔给予支援。卢肯同样要求斯卡利特从重骑兵里抽出8个营，加强卡德柯伊防御。俄军方面，雷诺夫派骑兵冲向卡德柯伊的同时，自己仍率部向西沿着北谷地挺进。一路之上，雷诺夫的部队不断遭到萨波涅岭上联军炮位向下发射的炮火打击。抵达5号棱堡附近的时候，雷诺夫带大批骑兵左转，进入南谷地，目标是从正北方直指卡德柯伊。如同俄国人后来的描述，雷诺夫将军就像当年拿破仑麾下著名的骑兵元帅缪拉一样，亲自率领这次冲锋，甚至没有为拔剑而俯下身。他身后俄军骑兵排成两道战线，呈突击纵队队形，哥萨克掩护着两翼。

雷诺夫在海堤高地上一路前进，遭遇了斯卡利特的英军重骑兵。利普兰季将军同样感觉到了危险，当机立断下令预备队中的哥萨克投入战斗。英军这边，斯卡利特勋爵率下辖各营按两列纵队队形推进，两列之间的间距为80码。1个营的恩尼斯基伦团龙骑兵走在纵队前列，后面跟着第5近卫龙骑兵团的2个营。另一个恩尼斯基伦营引领着左手一侧的纵队，后面跟着苏格兰灰团。第4近卫龙骑兵团的2个营远远跟在这两列纵队后面。斯卡利特和自己的副官亚历山大·埃利奥特中尉骑马走在左侧纵队的左边。

海堤高地的斜坡地形很破碎，英军各骑兵营必须从这种地形上通过。除此之外还有两个主要障碍——离6号棱堡很近的南边，有一片扎着密集篱笆的葡萄园，正挡在英军骑兵阵列前方。东边是早先英军轻骑兵营地，大清早就被匆忙放弃了。帐篷还竖立在那儿，牲口桩子上的绳子和拴住的几只病畜都留在那儿，同样是英军前进的障碍。

斯卡利特下定了进攻的决心，命令全军“左转进入战线”。如此，英军必须穿过葡萄园，穿过废弃的轻骑兵营地。接到命令后，第5龙骑兵团实际上稍微整理了一下队形，位于苏格兰灰团的左侧边缘。但恩尼斯基伦团位置过于靠右，暴露过多。整体的部队调动又变得更加复杂，右路纵队三五成群杂乱行军，左路纵队则分散行军。左右两翼前进速度不一致，斯卡利特遂下令重整队形。拥有头盔和胸甲，衣着华丽的英军重骑兵几乎是按照阅兵场上走队形的要求整队，然后排成整齐的仪仗队形前进，场面让雷诺夫大感疑惑。不知所措的俄军骑兵暂时停了下来，英国军官们平静地将各骑兵营带入战线。英军第1道战线中，左侧是苏格兰灰团的2个营，恩尼斯基伦团的一个营位于右侧。第2道战线实际上只有第5龙骑兵团位于苏格兰灰团的左侧边缘：恩尼斯基伦团另外一个营离右边太远，不能提供支援。不久，俄军的号角声响起，骑兵从大部队中向左右两边集结进发。俄军整个骑兵队伍看上去像只螃蟹，举起钳子准备夹住来犯者。

终于，英军重骑兵准备就绪了。斯卡利特勋爵、副官埃利奥特、本阵的军号手和队形齐整的小队人马都站在了第1道战线前方10码处。第1道战线上的恩尼

英军恩尼斯基伦团的骑兵

斯基伦团骑兵急于冲出去，以至于斯卡利特不得不拔出剑来约束他们。终于，阵列向前移动。斯卡利特很快发现，自己仅仅带了3个营去对抗2000俄军骑兵。后来，英国人模仿斯巴达300勇士之名，将他们称作“斯卡利特300勇士”。

斯卡利特死搬硬套英军操典，首先下达的命令是“战线缓步推进”，随后军号相继吹起“小跑”“快跑”和“冲锋”的调子。拉格伦勋爵在萨波涅岭上观察，放眼望去皆是战场。只见副官埃利奥特头戴三角帽，骑马护卫在斯卡利特旁边。斯卡利特身穿一件双排扣长达膝盖的男式礼服大衣，戴着一顶擦得发亮的头盔，而非英国将军通常戴的礼帽。他们身后还有1名军号手和1名传令兵，4个人的位置十分靠前。正当苏格兰灰团和恩尼斯基伦团要去追赶他们的旅指挥官时，斯卡利特已经消失在敌军的人海之中。

当时斯卡利特离一个俄军军官非常近，这个俄国军官跟他一样也是一马当先孤身一人。埃利奥特用剑刺中了这个俄国人，冲击力在拔剑的时候让埃利奥特整个身体旋转起来，好像在人海中摔下了马，被俄军吞没。苏格兰灰团和恩尼斯基伦团首挫俄军，又遇到杂乱无章却很有效的步枪火力。亨利·格里菲斯中校便是首批伤亡者之一。他指挥的是苏格兰灰团，该团遭到迎头痛击。乔治·克拉克少校带领这个团的右路营，他更走运一点：战马兴奋地向前冲，一路颠簸使他的近卫军熊皮帽子被甩飞，光着头进入了俄军队列之中，所以目标不明显。由达尔林普尔·怀特中校率领的其余恩尼斯基伦团骑兵，继斯卡利特所部之后首先与俄军接战。这些骑兵为此疯狂地欢呼起来。苏格兰灰团落在后面，这个团的骑兵们只能低声咒骂。

很快他们就要为自己的生命而战了——300对2000。俄军骑兵身着灰色的厚重长大衣，戴防护性的有檐平顶筒状军帽，相互之间挤得非常紧密。英军想要灵活地挥舞长剑很困难。英军骑兵挥起剑时，剑尖很少能刺破俄军骑兵厚重的军装。只有少数几位俄军身穿显眼的浅蓝色披风或者轻骑兵夹克。英军身穿红色制服，戴着头盔。苏格兰灰团例外，他们头戴熊皮帽子。英军骑兵没有穿戴护肩甲、护喉或者铁手套，防护跟轻骑兵和枪骑兵差不多。英军骑兵穿着红制服，俄军骑兵穿着灰大衣，颜色鲜明。在萨波涅岭上观察的拉格伦勋爵看来，这是一小股落单的“龙虾兵”要奋力从一大群“灰色牲口”中杀出血路来。人喊马嘶、刀剑碰撞的声音回荡在风中，整个战场气氛变得更加紧张。

双方骑兵如飓风一样搅在一起，用马刀长剑相互砍杀。斯卡利特勋爵身先士卒，接连受伤5处。他奋力猛刺、挥砍、格挡，拼死杀出一条血路。斯卡利特躲过俄军骑兵朝自己头上砍来的一刀，没有受伤，俄军刀锋只砸扁了他的头盔。险些落马的副官埃利奥特被敌军包围，幸好绝处逢生。当时埃利奥特的坐骑突然受到刺激，扬起蹄子救了他。埃利奥特身受14处刀伤，其中一刀划破了脸，伤口延伸很长以至于后来缝了好几针；另外一刀劈开了他的三角帽，接着还有一刀将他击昏。埃利奥特倒伏在马鞍上，所幸没有掉到地面，因此活了下来。乔治·克拉克少校由于被甩飞了帽子，头骨被砍中。这一刀仅砍在头骨边缘，当时他奋力向前冲锋，根本没有意识到血一直顺着脖子流下来。同样，达尔林普尔·怀特中校孤军奋战，三角帽被劈成两半，在激战中毫无觉察。

300多名英军最终得以逃脱。他们冲过俄军包围，去攻击藏在主力后方的哥萨克预备队。当英军继续前进时，他们身后呈钳形态势的俄军开始合拢。一名远处观战的英军轻骑兵军官倒吸一口冷气：“被包围了，他们一定会被歼灭的。简直无法呼吸！”事实的确如此，这样可怕的混战中，确实有很多英军骑兵倒下，援军似乎遥不可及。苏格兰灰团的副官意识到，如果不能把人集合起来，那么他们就必死无疑。他大声咆哮，盖过了周围的嘈杂声：“灰团集合……灰团集合！”他勇敢地冲下山去，要求骑兵们面向自己重新整队。该营确实形成了队形，如果不这样做，会有更多英军战死。

与此同时，靠近斯卡利特的其余3个营在第1道战线后面发起了进攻。第5龙骑兵团在苏格兰灰团的左侧边缘形成了宽阔的战线。他们冲过废弃的轻骑兵营地时

英军重骑兵冲锋

一路受阻，马匹被拴牲口的绳索绊倒，不少骑兵从马上摔了下来。两个营全力清理这些障碍物，正碰到俄军右翼的突出部分。俄军的钳形部署正在转向，很多士兵背对着英军龙骑兵。尽管受到步枪火力的打击，第5龙骑兵团还是勇敢地向前进攻。苏格兰灰团当时正被迫退回到战场中央，第5龙骑兵团的抵达极大鼓舞了苏格兰灰团的士气。另一个奉命攻击俄军左翼的恩尼斯基伦营在右侧独立阵地上，在查尔斯·舒特少校带领下从一个歪歪斜斜的岬角接近了俄军。这队英军骑兵面前道路没有阻碍，很快就赶到了目的地。就像第五龙骑兵团在进攻中位于英军阵线最左侧一样，舒特的部队也在俄军"钳子"向内侧收缩转向时，误打误撞碰上了俄军左翼。英军的进攻出人意料，俄军大为震惊。英军本阵的布局十分严密，以至于在这次进攻中有一名恩尼斯基伦团军官在自己的马鞍上扛了一具俄军尸体回来，却因为没有空间可以放下而只能一直留在马上。

第4龙骑兵团很快就抵达了葡萄园，目睹了"斯卡利特300勇士"向大批俄军灰色纵队冲锋的壮举。起初爱德华·霍奇中校带领的那两个营经过了轻骑兵营地的西部，沿着葡萄园的东侧篱笆绕行。他们平行于斯卡利特的战线，向着俄军西侧推进，然后又转向90度，向着俄军右翼冲锋。他们沿直线冲刺，若天兵降临般突然出现在了俄军左翼。与此同时，斯卡利特已经在霍奇右侧组织起半圆形防线，向俄军发起进攻。

皇家第1龙骑兵团的指挥官是约翰·约克中校，率2个营跟随在轻骑兵后面。

英军重骑兵冲锋中使用的军号

约克中校并未接到军令，于是他按照自己的判断战斗。这时苏格兰灰团的骑兵刚刚陷入苦战之中，还没听见副官长的集结令。而第4龙骑兵团刚准备发起侧翼进攻，皇家第1龙骑兵团跟重骑兵余部一起刚冲过葡萄园。有人喊道："以上帝的名义，灰团被拦腰截断了！快跑！快跑！"皇家第1龙骑兵团的士兵们蜂拥而至，急着向俄军右侧发起协同攻击。仓促的行动使英军未能协调一致，阵形出现脱节。不过，他们的出现令俄军倍感压力，让俄军又遭到了一次不知道从哪里发起的进攻。皇家第1龙骑兵团只跟俄军交锋了数回合，约克便下令撤回去重整阵形。短暂的交战并没有造成皇家第1龙骑兵团太多损失，有一名诺里斯中士被四名俄军包围，经过奋战后他杀死其中一名，将另外三名吓跑。

俄军开始败退。因为担心暴露在俄军杀伤力极强的炮火下或者遭遇反击，第4近卫龙骑兵团的爱德华·霍奇中校命令离得最近的军号手吹号，收缩队形，阻止英军追击得太远。俄军骑兵退却瓦解的同时，卡德柯伊附近的英军炮兵连、随英军轻骑兵行动的野战炮兵连、靠近巴拉克拉瓦山口土军工事里的火炮全部朝俄军开火。英军的炮弹落在俄军骑兵的后面，侧面圆丘上英军第93团的密集子弹让俄军更加难受。俄军骑兵翻过海堤高地，匆匆消失。利普兰季中将一度派出枪骑兵预备队，在英军炮火面前又被迫撤回。这场骑兵对决，俄军失败了。

从斯卡利特开始冲锋到俄军出现崩溃大概经过了8分钟。英军重骑兵有78人伤亡，俄军有270人伤亡，伤者中包括哈列茨基少将。俄军未能对卡德柯伊造成威胁，巴拉克拉瓦周围的工事毫发无损。有观战的法军将领称："重骑兵的胜利是我所见过最辉煌的事。"也有人说："有幸能从高地上目睹这一壮观情景的人，都对这个场景难以忘怀。"

伦敦《泰晤士报》记者威廉·拉塞尔记录下了这样的场面："所有人的口中都爆发出欢呼声——兴高采烈的官兵们摘下帽子，仰天欢呼。"英军重骑兵

骑兵混战中的英军苏格兰灰团

东面，第93团的欢呼声也飘散在风中，坎贝尔骑在马上向重骑兵致以私人的敬意。他脱帽喊道："灰团！英勇的灰团！我已经61岁了，如果我能够再次年轻，我应该以加入你们的行列为荣！"拉格伦勋爵给斯卡利特送去了一封简短而诚挚的信："干得漂亮！"他后来说："这是我一生中目睹过最成功的战斗之一。"

700名英军轻骑兵此时排成两道战线，只能在远处观战。如果他们发起侧翼进攻，也许能将俄军骑兵撵回车纳亚河对岸。同时，轻骑兵们万万没想到，这还能阻止即将降临在自己身上的大屠杀。尽管下级军官们多次恳请出战，指挥官卡迪根伯爵却没有出动。根据很多人的说法，卡迪根骑马不知疲倦地在两道战线之间来回奔跑，嘴里咕哝着："这些该死的重骑兵，这次他们可真的能嘲笑我们一番了。"卡迪根将自己驻足不前的原因，归咎到跟自己有矛盾的内兄卢肯身上（卡迪根是卢肯的妹夫）。卡迪根伯爵解释说："我本来已经被卢肯伯爵命令进入阵地，但我的上司要求我无论如何也不得离开阵地，要防御任何俄军对阵地的攻击。"他又简洁明了地加了一句："俄军却并未接近这个阵地。"按照卡迪根的理解，他收到的命令不允许自己有任何发挥余地。

后来卢肯却对自己的命令给出另外的一种说法："很好，你记住了是拉格伦亲自将你放在这个位置上来防卫这个要地的。而我给你的指示却是，攻击任何在你范围内的敌人。而你只关心你的纵队和步兵队形。"孰是孰非，扑朔迷离。现在才9点30分，卡迪根的无动于衷最后导致一场局部性的胜利变成了决定性的溃败。那场惊人的血腥屠杀即将到来。这场屠杀发生在11点至11点20分之间，地点在北谷地。对于后人来说，这场屠杀就是巴拉克拉瓦之战本身，前面的一切都无关紧要。英国维多利亚时代著名诗人丁尼生为之写下的不朽诗篇，更让这场战争都黯然失色。

第六章

死亡的冲锋

Chapter 6

第六章 死亡的冲锋

被斯卡利特的重骑兵击退之后，雷诺夫的骑兵退到北谷地东端，重整队形。扎波里茨基少将的炮兵火力从费多乌金丘陵上提供掩护。利普兰季将其余的部队部署到海堤高地沿线3号棱堡和卡马拉村之间的地段。在雷诺夫下辖各营前方，是来自第3顿河哥萨克野战炮兵连的8门大炮。俄军费了不少工夫，才将这些炮拖过谷地拉上山。叶罗普金上校率枪骑兵团在海堤高地和费多乌金丘陵之间游弋。撤回来一个半小时之后，雷诺夫将军来跟顿河炮兵连的指挥官奥博连斯基亲王商议部署。突然，俄军炮手提醒长官们，注意远处扬起的一片灰尘。雷诺夫大吃一惊，看着这阵扬尘正在迅速接近谷底，他意识到英军骑兵即将发动进攻。顿河炮兵连马上做好准备，一旦英军进入射程就立即开炮。

英军在斯卡利特取得胜利后耽误了很长时间。剑桥公爵和卡斯卡特爵士的步兵师行军缓慢，花费了很长时间才赶到巴拉克拉瓦平原。剑桥公爵所部直接下到北谷地，卡斯卡特所部沿着山脊经过山口去了南谷地。每个师保持绵延长达5英里到6英里的距离。拉格伦勋爵本打算用这两个师去攻打3号棱堡的俄军，然而时间拖得太久，俄军已经准备就绪了。拉格伦对英军两个步兵师行动迟缓很不耐烦，他决定运用骑兵来扰乱俄军。

10点15分刚过，拉格伦勋爵给卢肯发去一份命令：“骑兵准备前进并利用任何机会收复高地。步兵已经接到两线推进的指令，他们会支援骑兵。”“高地”毫无疑问是海堤高地，给卢肯的任务很明确，骑兵即将大展身手。有人认为，“两线推进”可能是让坎贝尔从卡德柯伊出发，与第1、第4师协调行动。更有人认为，这个计划其实是让剑桥公爵和卡斯卡特从南北两处谷地，向海堤高地上已被俄军占领的各个棱堡进发。

接到拉格伦的命令，卢肯立刻率领轻骑兵进入北谷地，同时让重骑兵在南谷地贴近6号棱堡的地方待命。他没有抢在英军步兵赶到之前就发起攻击。拉格伦勋爵的意图非常明确——夺回棱堡。

拉格伦勋爵在萨波涅岭上远望，突然发现这样一幕——俄军炮兵用马匹和套索准备拖走从1号到3号棱堡中缴获的英军大炮。他意识到，俄军会用这些大炮反过来轰击英军。而且在19世纪欧洲的军事文化中，丢失大炮被认为是一种耻辱，一支军队绝不允许大炮被敌人缴获。在无步兵可用的情况下，唯一可以使用的就是轻骑兵了。

拉格伦勋爵向总军需官艾利将军口述了一道命令，指示艾利将军发给卢肯伯爵。这道命令非常有名，后来引起了巨大的争议：“拉格伦勋爵希望骑兵能快速推进到前线，去尝试阻止敌军带走大炮。骡马炮兵可跟随行动，法军骑兵就在你们左侧。艾利将军。立即。”

更为要命的是，艾利将军把这道命令交给了自己的副官，脾气暴躁的爱德华·诺兰上尉，由他转达给卢肯伯爵。命令传递的速度至关重要，诺兰是英国—意大利混血儿，顶尖骑手，曾在奥地利陆军服役，撰写过有关骑兵战术的书籍。他以最快速度纵马冲下700英尺的陡坡，将命令送到卢肯面前。不幸的是，诺兰到目前为止对英军骑兵在克里米亚的表现都持尖锐批评的态度。更直接一点，诺兰对卢肯的个人指挥很不满。诺兰上尉把命令交给卢肯，卢肯一脸惊讶。后来卢肯勋爵坚称，自己是在快“惊慌失措”的情况下阅读这道命令并进行“深思熟虑”的。卢肯所在的地势，比拉格伦勋爵在萨波涅岭上的观察点低太多。从卢肯所在的地方看，海堤高地和北谷地起伏不平，遮挡视线。拉格伦能看到的东西，他根本看不见。卢肯在谷底看不到俄军转移棱堡中的大炮，拉格伦勋爵和他的参谋人员似乎也没有意识到，从萨波涅岭的峰顶观察与卢肯及卡迪根所处的谷底观察，视角完全不同。

卢肯说，自己“既看不到敌军，也看不到大炮”。他向诺兰上尉指出，这样出

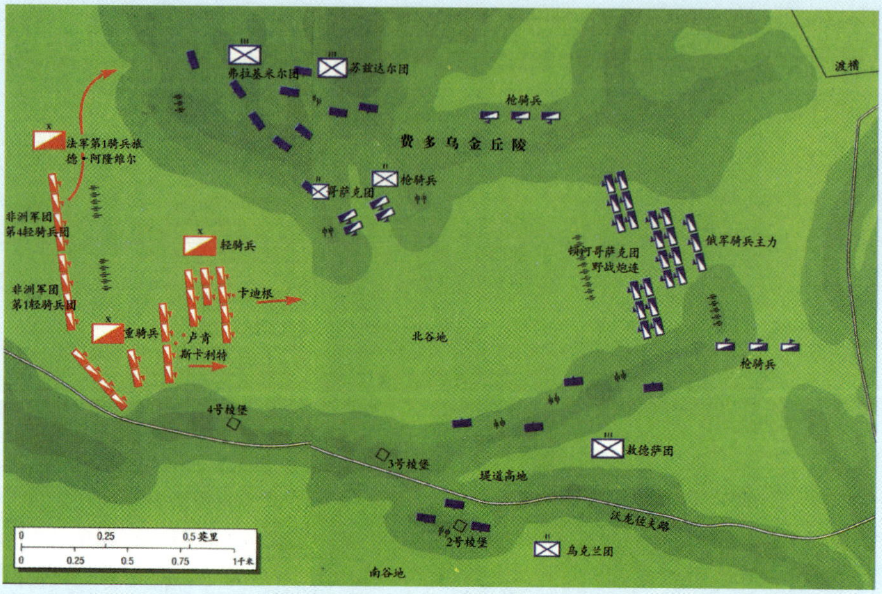

轻骑兵冲锋示意图

击毫无意义，要求诺兰对命令给予澄清。作为总司令的信使，诺兰上尉认为自己完全理解命令，能很好解释命令的内容。这是实施决定性作战的时刻，诺兰显然一定要让英军避免蒙受失去大炮的耻辱。也或许是出于诺兰对卢肯的蔑视，又可能是希望骑兵快点行动起来，诺兰回答道："拉格伦勋爵的命令是，骑兵应该立刻发起进攻！"

据说，卢肯尖锐反驳："进攻？先生，进攻什么？什么大炮啊，先生？"诺兰已经处于愤怒快要爆发的边缘。他扭过头，向前伸直了手臂说："那里，我的勋爵大人，在那里就有你的敌人，在那里也有你的大炮！"卢肯怒气冲冲，因为诺兰是用"最不礼貌但又最显眼的方式"向他说了这番话。让人悲哀的是，卢肯的自尊让他没有再质问诺兰。诚然，诺兰上尉只负责传递命令，没有必要更详细解释命令。但这条命令应该和它之前的那条命令联起来理解。然而，正因为对这条命令的不清不解，卢肯选择去进攻位于北谷地东边尽头处的俄军顿河炮兵连，而没有设法去夺回海堤高地上的那些炮。

后人评判，卢肯作为骑兵指挥官，应该详细询问诺兰，确定拉格伦的真实意图。事实却是，卢肯未能这样做，这导致了他在后续行动中的重大失误。也有人认为，卢肯感觉拉格伦勋爵将轻骑兵派往北谷地或许有更重要的原因，因为他知道拉格伦勋爵站的位置更高，对战场的理解比自己更加准确。甚至还有人认为，卢肯只是装糊涂而已。

卡迪根伯爵

其实，拉格伦勋爵的命令本身模棱两可，意义不明，更遭受颇多质疑。后人质问，“骡马炮兵可跟随行动”，“可”是什么意思？是说卢肯如果愿意就可以调动骡马炮兵跟随行动？还是说拉格伦勋爵不能确定骡马炮兵能不能跟随行动？“法军骑兵就在你们左侧”，是说法军已经接到命令，准备配合英军行动了？“立即”这个词争议极大，法军距离甚远，机动过来颇需时间，“立即”是根本不可能的事情。

彼时，卡迪根伯爵骑着他那匹纯种栗色战马“罗纳德”，站在第13轻龙骑兵团面前。卢肯骑马向卡迪根赶去，传达了刚才自己所理解的命令。卢肯与卡迪根是多年的死对头，所以他们不可能进行持续且有理智的讨论。按照后来卡迪根伯爵的描述，他拔出剑向卢肯伯爵致敬，示意自己已得知这个命令：“好的，先生，但请允许我向您指出，俄军在我们面前的谷地里有一个炮兵连，我们左右两翼也都有俄军炮兵和步兵。”多说无益，卢肯明白他的意思：“这我知道，但拉格伦勋爵一定要我们这么干。我们除了遵命之外别无选择。”

事态发展到这里，已经决定了之后极为严重的后果。谷地长约1.25英里，按照命令的字面意思，那就意味着英军轻骑旅将要在毫无掩护的情况下冲过这1.25英里的空旷地带，去夺取俄军火炮。其间除非俄国人无所作为，不然这些没有炮火支援、只装备佩剑和长矛的轻骑兵就是俄军火炮和步枪的靶子。而且轻骑旅无法侧向移动或Z字前行，必须以密集队形直冲。

死亡的冲锋和屠杀即将开场。就像传说中的那样，卡迪根调转马头离开时嘴里咕哝着：“最后一个布鲁德内尔来了。”他姓布鲁德内尔，全名詹姆斯·托马斯·布鲁德内尔，卡迪根伯爵这个封号到他这一代是第7代。他27岁才参军，得益于英军中那套买官卖官的体系，他仅用不到8年的时间就买到了第15轻骑兵团的指挥权。他因盛气凌人、脾气火爆和军纪严明著称。在彼时的英国人眼中，他傲慢、自私、狭隘、残酷、任性以及迂腐。他有个绰号：“英格兰最不受欢迎的人”。更有时人写道：“詹姆斯无疑是被宠坏了。英俊、性急且留着大胡子，在他的生命中，当兵、打猎和女人是他的三大爱好。”1834年，由于跟上级发生争吵，加之非法拘禁一名手下，他被军事法庭起诉，被迫放弃指挥权。1836年，他在家庭影响下重返军队，又买到了第11轻骑兵团指挥官的职务。这次买官引发抗议浪潮，最后却依然成功，他一直担任指挥官至1847年。由于继承了父亲的爵位和丰厚的财产，卡迪根花了一大笔钱整顿军容，使自己的部队成为英军中军装最华丽的骑兵团。他给骑兵们购买了全新的套装，颇受好评的制服，搭配上深红色的紧身裤，还有一件正面纽扣从上扣到下的羊毛织夹克，让第11轻骑兵团得到一个“樱桃游民”的绰号（有趣的是，他的宿敌卢肯伯爵同样是自己花钱，让自己从前指挥的第17枪骑兵团变成了穿着体面的团，这个团以绰号“宾汉姆的纨绔子弟”而广为人知）。此番在克里米亚，他实行的还是自己早已习惯的严苛纪律（更有趣的是，卢肯伯爵同样以纪律严苛出名。即便部下偶然对纪律有小的违反，卢肯也要严厉执行惩罚，鞭笞刑罚很常见）。他的判断力和直觉或许应受质疑，勇气却是有目共睹。明知前方是刀山火海，卡迪根伯爵还是要执行命令。也有人说，卡迪根这天一直在待命，正因无所事事而憋了一肚子气。所以接到卢肯荒谬的命令，他二话不说就执行了。

卡迪根下达决定命运的指令之前，卢肯命令第11轻骑兵团从前线后撤，以缩短攻击面的宽度。卡迪根宣布：“轻骑兵一定要前进！”他这样做的时候，脑袋里一定记得卢肯最后的忠告：“要从容而安静地推进。”不管怎样，英军骑兵都必须在俄军炮口前冲过1.25英里。按照军事常识，战斗接触中骑兵冲击敌军侧翼，跟骑兵中远距离冲锋到敌军阵地前，有着本质的区别。前者可以达成战术突然性，能有效冲散敌军队形，并予以杀伤；而后者，往往是自杀行为。英军骑兵会遭到来自三个方向的火力，还必须在冲锋中组成具有战术价值的密集队形。

英军第11轻骑兵团的骑兵

卡迪根伯爵骑马跑到第1道战线前10码处，领先于自己的参谋军官马克西、伍姆韦尔两个人5码距离。卡迪根身披自己原来在第11轻骑兵团时的旧军服，就像穿外套一样穿着金镶边皮上衣，而不是把衣服搭在肩头。他端坐在马鞍上，扛着剑。目睹了卡迪根接下来的行动之后，拉格伦称他“勇猛得像头狮子”。

1854年10月25日上午11点，卡迪根向下方的北谷地进发。英军轻骑兵呈三线队形紧随其后，向下推进。卡迪根本人骑马走在队伍最前列，山谷中静得有些诡异，唯有马辔发出叮当的轻响。第1道战线右侧是由约翰·奥尔德姆上尉指挥的第13轻龙骑兵团，左侧是由威廉·莫里斯上尉指挥的第17枪骑兵团。由约翰·道格拉斯中校指挥的第11轻骑兵团，在第17轻骑兵团后方组织起第2道战线。第3道战线左半部分是由中校乔治·佩吉特勋爵指挥的第4龙骑兵团，右半部分是由弗雷德里克·休厄尔中校指挥的第8轻骑兵团。该团留下1个骑兵连用于警卫赫尔松内斯高地上的联军指挥部。每个团都骑在马上排成2列横队。

英军轻骑兵并非单枪匹马。卢肯将这次进攻视为师级行动，他在两队骑兵之间骑马来回跑动。在他身后，苏格兰灰团在左侧，皇家近卫龙骑兵在右侧，组成重骑兵的第1道战线。恩尼斯基伦龙骑兵团就像第11轻骑兵团那样，独自组成第2道战线。在第3条战线上，第4近卫龙骑兵团在左边，第5近卫龙骑兵团在右侧。卢肯对卡迪根跑得太快有所顾忌，因为重骑兵不可能移动得太快，很难跟上。突然间，枪炮声响起，俄军的实心弹、葡萄弹和榴弹朝着英军轻骑兵倾泻而下。骑兵们只是将队伍排得更加紧凑，继续沿着死亡之路策马奔进，奔向死亡。虽然卢肯要求卡迪根控制速度，卡迪根却很快开始了纵马小跑。卡迪根深知自己面前的危险，各个团紧随其后，诺兰上尉和自己的朋友——第17枪骑兵团的莫里斯上尉也在中间。猝然之间，异常情况发生。英军骑兵向前推进超过100码之后，诺兰突然向前冲，超过了

英军第17枪骑兵团

卡迪根一马当先率英军轻骑兵发动冲锋

卡迪根。诺兰上尉在卡迪根伯爵眼前从左到右跑了一趟，在马鞍上转过头来大声叫喊，并将自己的剑举过头顶挥舞起来。目击者相信，诺兰上尉是要去3号棱堡。显然，他意识到卡迪根把进攻的方向搞错了。诺兰上尉一边喊叫一边挥剑，明显是要阻止英军轻骑兵继续前进。

在卡迪根伯爵向他喊话询问之前，一发俄军炮弹的弹片穿透了诺兰的胸膛。诺兰的剑顿时掉到地上，他变得僵硬的手臂还高举过头顶。马缰绳松开了，他那匹受惊的马掉转头冲过了正在前进的第17枪骑兵团队列。诺兰上尉发出最后的惨叫，尸体落马，掉在地上。

迎着俄军的炮火，英军轻骑旅举着垂直的长矛，以战马小跑速度前进，矛尖的三角小旗猎猎飘扬。这个兵种源自当年拿破仑军队中的波兰枪骑兵，全欧洲都乐于仿效。不论形制还是样式，轻骑兵确有令人激奋之处。此刻英军轻骑旅中已不断有士兵和战马被俄军炮火或流弹击中，攻击队形仍保持完整。卡迪根身后，重骑兵也在前进。然而，在轻骑兵加速之后，重骑兵无可避免地被落在后面。轻骑兵和重骑兵之间空出了一道极大的空隙，卢肯要作一个艰难的决定：是继续前进，还是暂停下来？

卢肯伯爵率重骑兵努力跟上，试图把轻骑兵留在自己的视线所及之内——前面的烟雾和灰尘越变越厚，这是不可能做到的。轻骑兵渐渐从他的视野中消失了。俄

英军轻骑兵的冲锋，他们高举长矛，矛尖的三角小旗猎猎飘扬

军火力之下，卢肯也受了轻伤，胯下坐骑连续被弹片击中两次。他明白，重骑兵正在俄军交叉火力下挣扎。俄军步兵和炮兵现在正屠杀着英军骑兵，卢肯认为继续前进会将轻重骑兵都毁掉。最好是让重骑兵暂停下来，等轻骑兵撤回来时提供掩护。卢肯对自己负伤的副官威廉·波莱勋爵说："他们让轻骑兵去送死。如果我可以帮得上忙的话，他们就不应该再牺牲重骑兵。"

卢肯下令给斯卡利特，要求斯卡利特暂停前进，将重骑兵撤回俄军火力覆盖范围以外。这是个明智的决定，仅仅皇家第1龙骑兵团就已经有21人被打死或者打残，指挥官约翰·约克中校艰难地拖着受伤的腿，另外3名军官严重受伤，还有1人的马被击中。卢肯可能已经意识到，这样做将招来对自己和英军重骑兵的诸多批评。不让其余部队再做无谓的牺牲，同样需要勇气。事实上，如果要重骑兵继续发起攻击，胸铠固然可以抵挡一下俄军弹片，但重骑兵相对缓慢的冲击速度和笨重的身形只会落得比轻骑兵更惨的境地。

英军重骑兵回撤的时候，卡迪根已经遭到俄军火力的三面夹击。向前推进的早期阶段，俄军火力并不集中。而且，卡迪根对自己的部队保持着严密的控制。随着卡迪根的命令，英军轻骑兵放平了长矛，战马开始加速，并至冲刺速度。俄军火炮以愈发紧密的速率拦阻射击，步兵做好齐射准备。卡迪根后来回忆，第17枪骑兵团的怀特上尉试图"加快速度……急于逃离致命的火力范围，赶紧冲进俄军炮兵阵

英军轻骑兵的冲锋，一路遭到俄军火力的严重杀伤

地”。卡迪根把剑横在怀特胸前以示警告，怀特很识相地后退了下去。

英军轻骑兵密集队形中开始出现裂缝，许多奔跑的马匹背上已经没有了人。马匹接连尖啸，又抽搐着倒下。卡迪根连续发出“收拢队列”的命令，下命令的喊话透过聚集的烟雾传下去。在距离俄军顿河炮兵连100码的地方，马克西受伤了，伍姆韦尔的战马也倒下了。身边没有了随员，卡迪根独自纵马前进。他孤立无援，动作僵硬，仍扛着剑。还剩下80码路程的时候，俄军炮兵发出了惊天动地的一次齐射。这几乎就是近距离平射的范围，英军轻骑兵第1道战线瞬间瓦解。第13龙骑兵团的奥尔德姆战死，第17枪骑兵团也在这次可怕的炮击中失去了几名军官，队列中出现了更多的裂缝。等轻骑兵第1道战线推进到俄军大炮的位置时，这批270多名轻骑兵只剩下50多人。

第1道战线后面，其他三个团甚至早在受到俄军火力打击之前就乱了队形。道格拉斯的第11轻骑兵团从左侧一直向前拥来，第3道战线被从中切断。他们听到卡迪根最后的命令：“我希望得到你最大力的支援；记住，乔治爵士，你最大力的支援！”佩吉特催促第4轻龙骑兵团跟上第13轻龙骑兵团，道格拉斯去支援莫里斯的第17枪骑兵团。冲锋开始前佩吉特点了根雪茄，冲锋中他一直在抽这根雪茄。佩吉特的右侧，第8轻骑兵团出于本能转向更偏向海堤高地的地方。休厄尔决定自始至终都要保持匀速前进，因此在第3条战线上这两个团之间的距离逐渐拉大。等英军骑兵抵达3号棱堡的时候，这三个团从左侧起排成了梯次队形：第11轻骑兵团，第4轻龙骑兵团，第8轻骑兵团。俄军火力密度渐渐扩大，步兵阵列不断齐射，一时间硝烟四起，子弹横飞，英军轻骑兵被大量杀伤在俄军阵地前，呻吟流血的死伤者和四处逃散的无主之马不断增加，三个团面临着更大的威胁。失去主人的马匹也让英军不安，这些马有的向西往回跑，有些甚至正面冲击这三个团。佩吉特一度陷入了四五匹无主马匹的包围。

英军第8轻骑兵团的骑兵

卡迪根率轻骑兵以17英里每小时的速度冲到了距离顿河炮兵连阵地只剩10码的地方。正在这时，极具破坏力的俄军最后一次齐射打响了。又一批轻骑兵坠马，卡迪根奇迹般得以幸免，游走在两发炮弹之间。他身后，部分第17枪骑兵团的骑兵冲进炮兵阵地，开始与俄军炮手近距离战斗，用长矛刺杀俄军。许多俄军炮兵英勇抵抗英军骑兵，用刺刀和步枪把他们挑落马下，也有炮手缩在大炮后面躲避。

莫里斯带自己团里的20名骑兵从左边绕过了俄军炮兵连阵地。烟雾散去后，这支小队吃惊地发现，足足几百名身穿灰色大衣的俄军骑兵就在他们眼前整齐列队。莫里斯毫不犹豫地发起了冲锋，从最近的俄军军官旁边穿插过去。他这一小队人马发疯般冲进了俄军队列之中。更让人吃惊的是，俄军动摇了，给这支小队让出了通路。但很快，附近的其他俄军骑兵和哥萨克们集中到一起，包围了过来。

莫里斯一剑刺死一名俄国军官，没想到这让他身处危险之中。他没能把剑从杀死的俄国军官身上拔下来。他被贯穿尸体的剑拽到地上，头上遭到2次重击，最终不省人事地倒下去。醒来之后，莫里斯发现自己的剑已经从尸体上脱离，周围却满是高举锋利长枪的俄军哥萨克。莫里斯拼命挥剑，让俄军长枪难以近身，身上却冷不防被刺了一枪。莫里斯决定向俄国军官投降，献出自己的剑。他的确很走运，哥萨克们在其他地方劫掠，忙着给受伤倒地的英军骑兵补刀。仅有几个失去马匹的英军骑兵有幸做了俘虏，保住性命。

卡迪根没有当俘虏，现在他不再是一名少将，只是一名冲锋陷阵的老骑兵。他从俄军炮兵的双轮弹药车中间钻出来，同样遇到了大股俄军骑兵。哥萨克们十分眼馋地看着他的华丽军服。在这狭路相逢的时刻，哥萨克指挥官拉齐维尔亲王一眼就认出卡迪根。拉齐维尔亲王在英国生活过，卡迪根伯爵是他参与社交活动时的老相识。拉齐维尔开出悬赏，看有谁能活捉这名英军轻骑兵指挥官。10名哥萨克围住了卡迪根，极力把长枪刺向卡迪根。卡迪根恼羞成怒，把剑扛在肩上，转过身骑马冲过了哥萨克那无效的围挡。他完成了自己的职责，把骑兵们带到了目标跟前。骑马往回赶的时候，卡迪根没有左顾右盼，他要活着回去控告那个无知的诺兰上尉。与斯卡利特碰面之后，卡迪根第一反应就是大骂诺兰上尉。斯卡利特打断了他的话，告诉他，自己的马刚刚踏过了诺兰上尉的尸体。

英军轻骑兵旅仍在浴血奋战，兵力已经所剩无几。副旅长乔治·梅奥和第17枪骑兵团的15个人集结在俄军大炮周围。像莫里斯那样，他也向东前进。就在眼看要到渡槽和车纳亚河交汇处的时候，乔治·梅奥发现面前有很多俄军预备队。莫里斯被俘后，梅奥带着剩下的人向左转，遇到了奥哈拉中士。奥哈拉带领他们转回到谷地中，从右翼方向去袭扰前进中的哥萨克。俄军顿河炮兵连阵地射程之外，索姆·杰宁斯上尉也集结起一小股第13龙骑兵团的士兵。第1道战线的情况就是如此。

俄军炮兵阵地附近，英军随后冲来的三个团情况同样糟糕。第11轻骑兵团在左翼和俄军炮兵打得不可开交，该团右翼的一个营则径直穿过了那些已经不再轰鸣的俄军大炮。道格拉斯看到眼前全是混乱，于是命令停止向俄军炮兵所在的方向前进。炮兵阵地上，一名俄军军官未做任何抵抗，弃剑投降。就在第11轻骑兵团继续前进时，道格拉斯也遇到了俄军预备队。他清楚获胜的希望很小，毕竟寡不敌众。然而，他毫不犹豫地重整队形，发起冲锋。占优势的俄军又让出了通路——他们被第11轻骑兵团一路追杀，撤进了通往车纳亚河的峡谷中。

英军第17枪骑兵团冲入俄军顿河炮兵连阵地

道格拉斯后方大约30码的地方，佩吉特带着第4龙骑兵团穿过了搅在一起的这团黑色漩涡。他一眼看到，俄军的骡马炮兵正要拖走大炮。随即，全团骑兵响应军官发出的“呔嘀” 声，发动了冲锋。这是源自捕猎狐狸时对猎狗发出的口令，英国人独有的特色。英军骑兵冲进这个炮兵阵地，将其一举掀翻，并穿过阵地前进。那些不能灵活挥动马刀的英军骑兵用手枪开火。等第4龙骑兵团再次继续前进的时候，已经落后道格拉斯很远。右翼，第8轻骑兵团进抵炮兵阵地时已经损失了大半人马。不过该团的队形保持得很好，还向前小跑冲刺了约300码。在那里，休厄尔暂停下来观察了一下自己所在的位置。暂停约5分钟之后，休厄尔下令继续前进，直至意外遇见第17枪骑兵团的梅奥，两人随即合兵一处。

战斗到这个阶段，北谷地远端尽头的俄军炮兵阵地上，能冒着三面火力成功冲过来的英军骑兵仅有200多人。英军骑兵和俄军基本混战成一团，没有成型的组织。战场中央，根本看不出有阵形存在；左翼前部，道格拉斯手下有约50名第11轻骑兵团士兵；他的右侧边缘，佩吉特也集合了约50名第4龙骑兵团士兵。右翼前部，休厄尔手下有70人，包括梅奥带领的一小撮第17枪骑兵团士兵。英军骑兵只剩下了这些兵力，几个团都是各自为战。

休厄尔回头往山下的谷地看去，发现俄军步兵组成了方队，毫发无损地待在海堤高地上。更重要的是，俄军枪骑兵正从海堤高地出发，意欲阻断英军的退路。休厄尔感到极度危险，下令：“向后转！”那天他首次跑得比其他人快，一马当先，身后跟着300人。俄军静候增援部队进入战线，却碰上了休厄尔的冲锋，第8轻骑兵团只付出很小的损失就将俄军冲开，迫使俄军向谷地两侧散去。从休厄尔创造的缝隙中，杰宁斯带着他第13龙骑兵团那一小群人穿了过去。

英国人还应该感谢法军骑兵。法军骑兵师长莫里斯将军从赫尔松内斯高地上骑马赶来，调动了非洲军团的两个团。正是这两个团组成了德·阿隆维尔下辖的第1旅。看到卡迪根、卢肯和斯卡利特向下方的北谷地发动冲锋，莫里斯派遣德·阿隆维尔和第4团也向费多乌金丘陵上的俄军发起进攻。法军踏着灌木林地和高高的林下植物，没费多大劲就把俄军打得落荒而逃。扎波里茨基少将亲自带着弗拉基米尔团试图切断法军退路，德·阿隆维尔反应迅速，将自己的人马从险境中撤出。法军非洲军团10人战死，28人受伤，此举却让英军轻骑兵重回谷地时免受来自费多乌金丘陵的炮火打击。

谷地的另一端尽头，第11轻骑兵团明白，对渡槽附近的俄军大部队不可能再有进展，开始撤退回转。看到敌人撤退，俄军欣喜若狂。很快第11轻骑兵团发现，自己反被俄军追击。佩吉特以及第4龙骑兵团幸存的骑兵们刚和第11轻骑兵团会合，就眼见俄军追兵快赶上来了。佩吉特接过了这支队伍的指挥权，他明白继续这样撤退就会全军覆没。佩吉特向70名幸存的英军骑兵发出号召：“小伙子们，如果我们不掉头迎敌，我们就全完了！”第11轻骑兵团和第4龙骑兵团掉转回头，震慑到了俄军。感到迷惑的俄军暂停下来，在那么几分钟时间里，两军都茫然地看着对方。

第11轻骑兵团的帕默中尉向西面下方的谷地瞟了一眼，看见大批枪骑兵列队穿过自己的撤退路线。道格拉斯一度将其误认为是英军，很快明白那是俄军骑兵。夹在一前一后这两队强大的俄军骑兵之间，英军骑兵咬牙坚持，没有被击溃。佩吉特大声地自言自语：“我们到底该他妈的怎么办？”他很快决定：“赌一把运气算了。”英军要杀出一条血路。由于收拢了散兵游勇，英军骑兵人数增加。2个团的残余部队匆忙向后转，组成松散队列，准备冲出俄军枪骑兵的堵截。

这一次，俄军没有犯准备不足的错。佩吉特没法像休厄尔那样逃出生天。俄军指挥官把手下的4个营分为2个部分，向后转半圈，创造出侧翼进攻的机会。随后，俄军骑兵开始迎着英军撤退路线推进，再一次，不知因为什么奇怪原因，俄军停了下来。俄军右翼缓慢地向前移动，对英军各营形成了夹击的角度。英军拼死作战，用剑打退了俄军的试探性进攻。一名英国军官后来写道：“这有且只有一种解释——上帝之手在我们这边。”

俄军顿河炮兵连阵地上的混战

俄军炮火不断，覆盖打击撤退中的英军各团，却同时也妨碍了俄军骑兵的追击。残存的英军骑兵朝萨波涅岭方向艰难又缓慢地逃窜，一路上马蹄踏过了许多战友的遗体。英军骑兵心中悲愤，也暗自庆幸这些人比自己倒霉。佩吉特的马速度最慢，率第4龙骑兵团的残兵最后一批抵达安全地带。劫后余生，几名英军指挥官还互相打趣了一下。

几个人有心情开玩笑，还有其他幸存的英国军官没能撤回来。卡迪根伯爵的副官伍姆韦尔中尉，在顿河炮兵连阵地附近摔下马，换了一匹游荡的无主马匹。这匹马又中弹倒下，伍姆韦尔中尉落马被哥萨克包围缴械，成了俘虏。他的额头遭到严重砍伤，流血不止。俄军把他跟莫里斯中尉押到一起看管。莫里斯刚被押过来，伍姆韦尔碰巧又看见一匹无主的马。伍姆韦尔当机立断，乘看守自己的俄军枪骑兵不备，骑上那匹马冲了出去，赶上了撤退中的英军第4龙骑兵团。

只剩莫里斯一个人了。负责看管的俄军军官刚骑马走开，哥萨克们就将莫里斯身上洗劫一空。莫里斯失血过多非常虚弱，但仍想像伍姆韦尔一样，利用烟雾和混乱的掩护设法突围而出。他也乘哥萨克不备抢了一匹无主的马，却神志不清地摔下马去。挣扎着醒过来，他发现哥萨克在四周逡巡，被找到就是死路一条。恐惧激发人的潜力，莫里斯拼命站起来，落荒而逃。烟雾和灰尘又一次救了他，而且他很幸运，又一匹无主的马出现在眼前。骑了很短一段路，这匹马又中弹倒下。倒霉的莫里斯再一次不省人事。恢复清醒之后，他发现死马压住了自己的腿，自己动弹不得。他拼尽全力才从死马底下抽出腿，蹒跚踉跄地向着谷地上方走去。突然间，他发现了诺兰上尉的尸体。那是他亲密的战友，这个发现对莫里斯上尉打击巨大。心中的悲伤，加上头部的3处严重伤口，右臂骨折，数根肋骨骨折，莫里斯再次昏迷过去。等到再一次醒来，他已经安全躺在英军帐篷里了。

克洛斯中尉就没那么幸运了。他被霰弹打伤，又失去了战马。幸好凭借着经验，他躲过了四处劫掠的哥萨克。这些哥萨克见到英军伤兵就补刀补枪，从克洛斯中尉身边经过却没有注意到他。可是他太过虚弱，没法骑上无主的战马，烟雾刚刚消散就被俄军发现，当了俘虏。菲利普中尉比克洛斯幸运，他同样失去了战马，一边忙于自卫，一边还要保护一名双手受伤的同袍。就在这时，俄军军号声响了，召回了哥萨克。菲利普中尉与战友拖着脚步，走回了安全地带。第8轻骑兵团的德·萨利斯少校是被回撤的英军骑兵发现的。他牵着马艰难往西走，马鞍上靠着一名受伤的骑兵。在战友们的帮助下，他们都活了下来。

巴拉克拉瓦之战至此结束。参加冲锋的英军轻骑兵共673人，只回来195人。113人战死，247人受重伤，损失战马457匹。第1道战线和卡迪根伯爵身边的参谋中，只有2名军官毫发无伤。卡迪根本人也受了伤，他的勇猛从未遭到质疑。率领第17枪骑兵团的莫里斯就跟在卡迪根身后，宣称："他（指卡迪根伯爵）已经做到最好了。他到了他该去的地方，就在我的右翼营的前面，勇猛向下冲去。"从萨波涅岭上俯瞰整个战场，法国将军博斯奎特亲眼看见英军轻骑兵的决死冲锋，说出了一句名言："这看上去很壮观，但并不是战争。"俄国人的评价与之相同："几乎难以重现这群疯狂骑兵们的功绩。"

几乎就在最后一名英军骑兵一瘸一拐回到萨波涅岭的同时，他们开始了互相责骂。谁来为轻骑兵遭受的这场屠杀负责？幸存的英军骑兵在南谷地的斜坡上排成队列，卡迪根伯爵愤然向他们训话："战士们！这是场鲁莽的欺骗，但这不是我的错。""别在意，我的伯爵大人，"队列中有人回答道，"我们已经准备好了再次出发。"拉格伦勋爵骑马赶来，愤怒指斥卡迪根："先生，你从正面去进攻一个炮兵连是什么意思？这违反了所有的战术和军旅习惯做法。"卡迪根顽固回应："我的勋爵大人，我希望您不要责怪我，因为我是在众目睽睽之下从我的上级军官那里接到进攻命令的。"卢肯也没有逃过总司令的责难："你葬送了轻骑兵！"拉格伦勋爵尖刻地大喊道。拉格伦强调，说自己的命令是向着“高地”前进，夺回“我们丢掉的英国大炮”。

至今没有人说得清，问题究竟出在哪里。

伦敦《泰晤士报》的战地记者威廉·拉塞尔同样在萨波涅岭上目睹了轻骑兵冲锋的全过程。如他所说，自己仿佛在戏院的包厢里目击了这一场灾难。拉塞尔如实记录了自己目睹的情景：

俄国近卫军中的哥萨克

现在发生了使我们感到极为忧伤和悲痛的灾难……堂吉诃德袭击过风车，但也没有像这些英勇的士兵那样鲁莽和轻率，他们连想都不想就向前猛冲，几乎肯定是白白送死……他们披着朝阳，在壮烈的战斗气氛中豪迈地向前冲锋。我们几乎不能相信自己的感官了！这寥寥无几的人决不会是在向掘壕据守的敌人冲锋吧？啊！千真万确是在冲锋……他们分两队前进，在接近敌人时加快了行进速度。

人们无力支援，亲眼看着英勇的同胞投向死亡的怀抱，再没有比这幅情景可怕的了。在1200码外，敌人突然全线开火，30门大炮泄出潮涌般的烟雾和火焰，从中穿梭着嘶嘶作响的致命的炮弹。

第一道战线被打垮了，第二道战线的人马又参加进去。他们一刻不停，也一刻不放慢速度。在俄国人设置的密度极高的30门大炮的轰击下，这支队伍的人数逐渐减少，他们中许多杰出的同伴临死时的呼叫声像是喝彩，于是他们飞快地冲进了枪林射出的硝烟中。但是，在他们尚未越出人们的视野以前，平原上已布满了人和马的尸体。他们除了面对滑膛枪的正面射击，还受到两边小山包上炮群的夹击。

透过烟云，我们可以看到他们骑马向枪口冲去，在其间左冲右突，马刀闪闪发光，砍倒了站立的射手。我们看到他们冲垮了俄国人的一个步兵纵队，把敌人像干草一样驱散，然后又返回的情形。此时小山包上的侧翼炮群的火力向他们泄下，他们又像早先那样溃不成军。伤兵和摔下马背的人向我们飞奔而来，讲述了这件令人悲痛的事——我们没有做到的事，换成神仙也是做不到的。就在他们即将撤退的那一刻，众多的骑兵持矛向他们冲来。

……

卡迪根伯爵不久之后回国治疗战伤，从此放弃了轻骑旅指挥权，永远离开了克里米亚战场。没想到，回国之后卡迪根伯爵居然以“巴拉克拉瓦的英雄”身份在报纸上被大篇幅报道，还谒见了维多利亚女王。卡迪根伯爵一跃成为英国的时代人物和国民英雄，他终生未能原谅诺兰。但无论如何，死者已矣，诺兰上尉永远无法为自己辩护。

对于死于此战的路易斯·爱德华·诺兰上尉，至今争议颇多。这个身材苗条纤细、深色头发、留着修剪过的小胡子的年轻下级军官，原本是英军一颗冉冉升起的新星。他能说五种欧洲国家的语言和几种印度方言，是一名出色的骑手，曾在外国军队中服役，出版过两本有关骑兵战术的书，自己为书中插图当模特，还亲自设计过一种马鞍，让剑桥公爵大为满意。诺兰1818年出生于加拿大，家中世代从军，为大英帝国效力。诺兰的父亲被任命为英国驻彼时奥地利帝国领土米兰的副领事，诺兰随之前往米兰，14岁进入了奥地利的军校，并入奥地利军队中的匈牙利轻骑兵团服役，辗转驻扎过匈牙利和波兰等地，因精湛的骑术和剑术获得上级军官的称赞。1838年他回到英国，参加了维多利亚女王的加冕典礼，没有再回奥地利，而是转入英军第15轻骑兵团服役。诺兰随部队被派往印度，担任过第15轻骑兵团的骑术教练。他因热心积极的工作受到前来检查的将军表扬，在社交场上更是以军事赛会中多才多艺的参赛者、宴会和舞会以及检阅中常客而闻名。他担任了总督的副官，到31岁时已经成名。

调回本土后，诺兰代表英国考察俄国、瑞典和普鲁士等国的骑兵训练，在威灵顿公爵的葬礼仪式上担任骑兵分遣队队长。他出版了《骑兵部队新马的训练：一个新系统》和《骑兵：历史与战术》两本书，获得了《伦敦新闻画报》的好评。英国远征军总司令拉格伦勋爵的副官，也是他的侄孙萨默塞特·卡尔索普指出：“公平地讲，诺兰是一名受到当权者高度重视的军官。”诺兰名气颇大，他被任命为总军需官理查德·艾利准将的副官，受命在英国远征军开拔前赶往土耳其和叙利亚地区，为英军骑兵部队买马。艾利将军作为总军需官，日常驻在拉格伦勋爵的远征军司令部，诺兰上尉也随同司令部一起行动。

联军从克里米亚登陆后，诺兰上尉在巴尔干涅克河亲历了第一场战斗。据说他的评价是："俄国人打得一点也不准。"阿尔马河之战中，诺兰带着情报和命令来回奔波，之后他曾愤怒地向《泰晤士报》战地记者拉塞尔指责卢肯勋爵在俄国人逃跑后没有派骑兵追击。侧翼行军包围塞瓦斯托波尔的行动中，诺兰上尉继续谴责对骑兵部队尤其是轻骑兵的刻板运用。他坚持认为，搜寻、战斗后追击挫败的敌军和开展侦察突袭的传统任务太过局限。多年后，曾在诺兰上尉身边待过的亨德森中士回忆道："我记得，也许看起来很奇怪，他曾经假设过骑兵在平原上攻击。诺兰上尉（当时是中尉）用粉笔在梅德斯通总部营房的墙上画了一幅草图，展现了俄军炮兵和英军轻骑兵在战斗中相应的位置，只有一件事不准确，那就是结果。他推测在那种情况下，骑兵可以俘获大炮。"

幸存的英军骑兵排成队列接受训话

诺兰上尉坚信，第一次开火后，炮兵重新装填炮弹的速度缓慢，使得进攻的骑兵完全可以冲到炮兵阵地上。卡迪根伯爵的副手乔治·佩吉特勋爵并不认同这一点，他被诺兰的指责激怒，傲慢回击道："他自以为写了书，成了杰出的人物，但他已经在跟骑兵部队唱反调上说得太多了。"

1854年10月25日上午，诺兰上尉在萨波涅岭上随拉格伦勋爵等人目睹了战斗前半段的全过程。后人评价，他容易激动的性格和不认可卢肯用兵之道的愤怒态度危险地结合在了一起。向卢肯勋爵传达完命令，诺兰加入了第17轻骑兵团，跟随在轻骑旅指挥官卡迪根伯爵后面冲锋。没冲多远，诺兰策马超过卡迪根，回头看着轻骑旅，大声叫喊，挥舞着手中的剑。就这样，轻骑兵冲锋伊始，诺兰就倒在俄军炮弹之下，他的真实意图再没人知晓。人们通常认为，诺兰上尉突然意识到卡迪根伯爵走错了方向。但是按照亨德森中士所说的，诺兰认为完全可以迅速攻下俄军炮兵阵地，夺回大炮。他死后，这也引起了人们的兴趣——诺兰不是试图改变轻骑旅前进的方向，而是想让没有实战经验、按照教科书上步骤慢慢提速的卡迪根伯爵冲得更快一点？

真相到底是什么，就像诺兰与卢肯之间的确切对话内容一样，再也没有人知道。卢肯勋爵将失败归咎于诺兰上尉，但毕竟诺兰上尉也有可能是对的。竖立在梅德斯通一处教堂里的纪念碑上铭刻着："在巴拉克拉瓦的进攻中，诺兰牺牲在轻骑旅的最前面。"或许，这才是对诺兰上尉最公允的评价。

真正让巴拉克拉瓦之战永垂不朽的，是英国著名诗人阿尔弗雷德·丁尼生。远在英国国内的丁尼生勋爵为这场决死冲锋所表现出的勇武精神所感动，写下了著名的长诗《轻骑兵冲锋》（*The Charge of the Light Brigade*）。这首诗堪为维多利亚时代英语文学的经典，为后人传诵至今，彻底赋予了巴拉克拉瓦之战在军事和历史层面之外最宏大的意义。该诗的英文原文如下：

Half a league, half a league,
Half a league onward,
All in the valley of Death.
Rode the six hundred,
"Forward, the Light Brigade!
"Charge for the guns!" he said:
Into the valley of Death Rode the six hundred.
"Forward, the Light Brigade!"
Was there a man dismay'd?
Not tho' the soldier knew
Someone had blunder'd:
Theirs not to make reply,
Theirs not to reason why,
Theirs but to do and die:
Into the valley of Death Rode the six hundred.
Cannon to right of them,

Cannon to left of them,
Cannon in front of them
Volley'd and thunder'd;
Storm'd at with shot and shell,
Boldly they rode and well,
Into the jaws of Death,
Into the mouth of Hell Rode the six hundred.
Flash'd all their sabres bare,
Flash'd as they turn'd in air,
Sabring the gunners there,
Charging an army, while
All the world wonder'd:
Plunged in the battery-smoke
Right thro' the line they broke;
Cossack and Russian Reel'd from the sabre stroke Shatter'd and sunder'd.
Then they rode back, but not Not the six hundred.
Cannon to right of them,
Cannon to left of them,
Cannon behind them
Volley'd and thunder'd;
Storm'd at with shot and shell,
While horse and hero fell,
They that had fought so well
Came thro' the jaws of Death Back from the mouth of Hell,
All that was left of them,
Left of six hundred.
When can their glory fade?
O the wild charge they made!

All the world wondered.

Honor the charge they made,

Honor the Light Brigade,

Noble six hundred.

本诗的中文译文如下：

半里格，半里格，前进半里格的路

六百名骑兵全部进入了死亡之谷

“前进，轻骑队！向炮位冲锋！”他命令；

六百名轻骑兵进入了死亡之谷。

“冲啊，轻骑队！”可有一人踌躇退后？

纵然士兵知道有人判断错了；

他们无话可说，

他们不问为什么

他们只知奉命去做，

六百名轻骑兵进入了死亡之谷。

炮在他们右边，炮在他们左边，

炮在他们前边，发出阵阵雷鸣；

炮弹碎片横飞，打不退他们整齐的骑队，

进入死神的大嘴，进入地狱的范围，

六百名骑兵。

他们抽出军刀一亮，在空中闪闪发光，

看见炮手就砍，直向大军进犯，

全世界为之震惊；

冲入炮火的硝烟，捣入敌军的阵线，
哥萨克人，俄罗斯人，
在军刀挥舞中间，被打得支离破碎。
然后他们策马归来，
可不再是，可不再是，六百。

炮在他们右边，炮在他们左边，
炮在他们后边，发出阵阵雷鸣；
炮弹碎片横飞，英雄堕地马倒颓，
奋战成功的骑兵队，
脱离了死亡的大嘴，从地狱门口回归，
那六百名中剩下的骑兵，
那六百名中剩下的骑兵。

他们的光荣能有消退的一天？
啊，他们那次冲锋好大胆！
全世界为之震惊。
赞美他们那次的冲锋！
赞美那一队轻骑兵，高贵的六百名！

尤为值得一提的是，我国新文化运动的倡导者胡适对此诗极为推崇，曾特意以古代格律诗的形式而非现代汉语将其另译为中文，即《六百男儿行》。中华古风之美，于其中颇有体现：

半里复半里，半里向前驰。
驰驱入死地，六百好男儿。
男儿前进耳，会须夺炮归。
驰驱入死地，六百好男儿。

男儿前进耳，岂复生恇惧。
军令即有失，吾曹岂复顾。
不敢复诘责，战死以为期。
偕来就死地，六百好男儿。

左右皆巨炮，巨炮当吾前。
炮声震天地，炸弹相蝉联。
男儿善磬控，驰驱入鬼谷。
六百好男儿，偕来临地狱。

刀光何熠爚，杀敌如犬羊。
孤军当大敌，声名天下煌。
蒙弹冒矢石，陷阵复冲坚。
怯哉哥萨克，逡巡不敢前。
敌阵乱且靡，男儿纵辔归。
归来非六百，六百好男儿。

左右皆巨炮，巨炮逼吾后。
炮声起四围，轰然若当吼。
炮弹相蝉联，马仆健儿死。
苦战得旋归，归自鬼伯齿。
鬼谷入复出，复出良不易。
悲彼战死者，朝出暮相弃。

英名何时坠，一战惊天下。
勖哉天下人，钦此专严者。

第七章

杀戮的山脊

Chapter 7

第七章 杀戮的山脊

回到克里米亚的战场。无论如何，对英军来说，战斗毕竟失败了。俄军在英军防线上打入了一颗钉子，依然控制着海堤高地。沃龙佐夫大道落入俄军之手，英军原本依赖这条路向北面的围城部队运输给养，现在英军后勤形势恶化。后人分析，联军的战前侦察显然很差，对于俄军可能发动的进攻没有足够的认识。战斗开始的时候，联军主力还在攻城阵地上，被匆忙召回的部队（英军第1师和第4师）到战斗结束也没有加入战斗。英军战场部队都表现得很英勇，但轻骑旅的失败抹杀了他们的努力。人们扼腕，如果英军轻骑旅随重骑旅参加战斗，海堤高地可以很快夺回。因为俄军骑兵已经溃败，步兵在高地上还立足未稳，特别是俄军大炮还没有拉上来。可惜，卢肯和卡迪根浪费了最宝贵的机会。俄军的有限成功在于进攻的突然性。最重要的海堤高地由土耳其军队把守，对俄军来说是个绝好的机会，俄军把握住了。俄军的战场表现依然问题很多，如果不是英军先是浪费机会后是自杀进攻的话，结果很难预料。更有人评价说，俄军的人数有相对优势，但骑兵进攻受挫后，就没有发动新的攻势，说明俄军进取心不强。

俄军显然在另找机会表现自己的“进取心”。巴拉克拉瓦战斗后的第二天，俄军在霍姆山脊向英军第2师发动了一次小规模进攻，目标在于打通从特拉克提尔桥到沃龙佐夫大道的驿道。霍姆山脊走势呈“L”形，距重要的谢尔山约1.1公里。

俄军上校费德罗夫率领6个营的部队突入英军一个次要阵地，被山脊上英军的炮火赶了回去。这场战斗被称为小因克尔曼之战——不久之后，这里还将有一场规模大许多的血战。英军伤亡100人，俄军损失270人。战斗中英军第2师指挥官埃文斯爵士不慎从马上摔了下来，受了重伤，指挥权被移交给第1旅的指挥官彭尼法瑟准将。后者将指挥第2师参加后来的战斗。

联军继续炮击塞瓦斯托波尔。孰料，联军造成的破坏越大，俄军的工事反而恢复得越强。联军已经感觉到冬天将至，狂风和大雨交加。有联军官兵形容，唯恐塞瓦斯托波尔都会被大风卷走。拉格伦勋爵非常勉强地走访了军营，试图稳定军心。不久，拉格伦勋爵不再出现，联军下层不断出现怨言。其实，拉格伦本人对于部下的困难和痛苦也束手无策。他是个意志坚定的人，部队却因战斗和疾病减员严重。拉格伦显然无法让伦敦方面知道自己的实际需要。他愤怒地表示，反倒是《泰晤士报》和其他报纸报道了大量军事机密，信息渠道比自己还要通畅。陆军大臣赫伯特试图阻止《泰晤士报》，根本无济于事。

小因克尔曼之战后，俄军在外围车纳亚河谷不断聚集力量。一周后，缅希科夫的野战部队增加到12万人，这是非常可观的力量。此时英军只有2.5万人，法军也不过4万人，联军兵力处于绝对劣势。小因克尔曼之战以后，英军的部署情况是这样的：第2师依然固守霍姆山脊，第1师的近卫旅驻扎在山脊磨坊附近的驿路上，第1师的高地旅则留守巴拉克拉瓦。第3师和第4师的营地展开于磨坊西面。轻骑旅的残余兵力支援近卫旅，重骑旅则用于保护拉格伦勋爵的司令部。

与巴拉克拉瓦的平原不同，下一场战斗即将在复杂的地形条件下打响。这里的地形多山，因克尔曼山（俄国人称之为“哥萨克山”）突兀于车纳亚河南岸，由森林覆盖，最高海拔636英尺，平均400英尺。该山位于联军占领的塞瓦斯托波尔城前平原东北角，东南方向即萨波涅岭，西南方是卡林那吉峡谷，峡谷的另一侧是由卡灵顿指挥的轻步兵师把守的维多利亚山脊。正对英军第2师霍姆山脊阵地的便是谢尔山。谢尔山位于塞瓦斯托波尔东南1.8公里，只有50多英尺高。这里即将成为血战的杀场。

由于克里米亚的冬季将至，天气变成了焦点。缅希科夫原计划在11月5日发动进攻，由于上个季节天气的缘故，俄国的道路状况让援军到来的速度变慢，一直

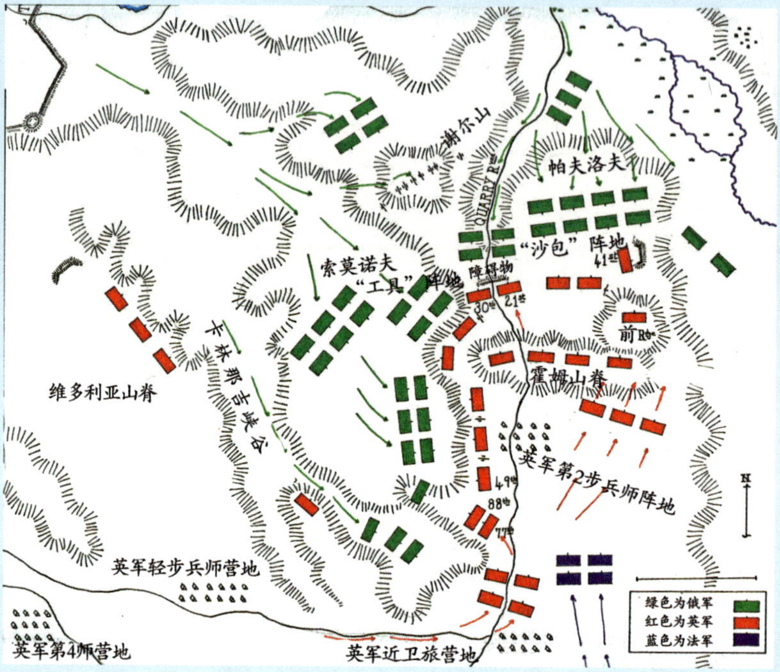

因克尔曼之战形势图

拖到11月4日才赶到。拉格伦勋爵知道俄国援军正在集结，但是没有料到俄军展开的速度如此之快，能在极短的时间内就发动进攻。俄军只有两天时间进行侦察和制订具体作战计划。各部队具体的责任归属来不及明确，俄国军官和士兵都没有受过专门的夜战和突袭训练。英国人认为，就俄国士兵而言，他们在俄国军官能看见他们，他们也能看见敌人的情况下，自然能英勇战斗；但如果心理上没有做好准备应对不测情况，俄国士兵恐怕就难以正常发挥了。

俄军认为英军战斗力弱于法军，因此决定将打击重点放在因克尔曼山和谢尔山的英军。俄军的计划是兵分两路，清晨行动。由索莫诺夫将军率领1.9万人从塞瓦斯托波尔出发，配备大炮38门，沿因克尔曼山脊前进，在谢尔山西部建立炮兵阵地；帕夫洛夫将军率领1.6万人共96门大炮，通过特拉克提尔桥，穿过峡谷，占领谢尔山的东半部。这又是一个分进合击的作战方案，俄军似乎“精于此道”。彼得·戈尔恰科夫亲王率领2.2万人，配备88门大炮，牵制英军右翼，阻止法军的行动。按照计划，索莫诺夫和帕夫洛夫的部队在谢尔山会合后，由俄军第4军司令官坦兰堡将军统一指挥进攻霍姆山脊。俄军最终的目标，正是磨坊、驿路与沃龙佐夫大道的交会处。等拿下那里，戈尔恰科夫亲王再从东面加入攻势，完成对英军的包围。俄军的计划雄心勃勃，一旦实现，英军将陷入灭顶之灾。目前只剩下最后一个问题：俄军的战术素养和技术水平能不能达到计划的要求？

俄军最高指挥部还希望将法军注意力吸引到对港口西侧俄军重要据点“旗杆”堡垒的进攻中。冯·莫勒中将负责指挥留守塞瓦斯托波尔的俄军城防部队，从全部炮台和棱堡向法军猛烈炮击，牵制法军增援因克尔曼山。果然，法军计划于11月7日向“旗杆”堡垒发动进攻。11月3日，联军指挥官发现俄军有大规模进攻的迹象。根据情报，俄国海军司令尼古拉耶维奇大公也来到塞瓦斯托波尔。后来联军才明白，尼古拉耶维奇大公来视察前方，是希望看到预期的胜利。

11月5日凌晨，俄军开始移动。对英军来说，幸运的是索莫诺夫和帕夫洛夫都未能达到预定计划的要求。通过特拉克提尔桥时发现桥在整修，帕夫洛夫耽搁了整整两个小时。索莫诺夫占据卡林那吉峡谷以西、扫清帕夫洛夫侧翼维多利亚山脊的目标也未能实现。戈尔恰科夫率军出发，倒是被法军的博斯奎特看在眼里。博斯奎特立刻意识到，自己其实只是被俄军牵制，面临的威胁并不算危险。这让他得以在后面的作战中出兵支援英军的彭尼法瑟准将。

从前一天晚上开始，一场大雨下了一夜。英军前哨放松了警惕，俄军牵引炮车发出的声音被忽视了。英军认为这是补给车队。谁会想到一场大进攻会选择在大雨中发动呢？火药受潮将严重影响火力发挥，俄军显然早有准备要打白刃战。到了黎明，大雨变小，浓雾笼罩战场。一般情况下，要调动4万人马而不被对方注意是不太可能的，但俄军的行动被浓雾遮挡，才能在英军密切注意却毫无知觉的情况下，悄悄向因克尔曼山前进。黎明之前，一名当值的英国军官眺望山谷，在记录中写道：“今晚显得异常宁静。”

英军轻步兵师的卡灵顿将军在黎明前骑马巡视前沿哨所。当沿维多利亚山脊前行时，他听见深沉的声音从对面山脊传来，那是俄军包裹的炮车轮子发出来的。突然轻步兵师阵地的左面传出一声枪响，卡灵顿立即策马返回营地，命令部队行动。英军前哨终于在浓雾中发现前进中的俄军纵队。索莫诺夫得到新命令：沿维多利亚山脊前进。他没有执行，仍然按原计划从因克尔曼山脊前进。另有一部分俄军沿两山脊之间的谷地前进。后世的研究认为，如果索莫诺夫按新命令行动，俄军有可能赢得当天的战斗。

早上7点30分，拉格伦勋爵赶到了霍姆山脊。他看出来，俄军是要向巴拉克拉瓦平原前进，将威胁整个因克尔曼山的英军阵地。拉格伦下令第3师警戒英军左翼，剑桥公爵和卡斯卡特迅速率部队来支援第2师。此时法军的博斯奎特将军赶到英军第2师阵地，问布朗将军是否需要增援。布朗谢绝了，因为浓雾使得战场形势不明。拉格伦却欢迎法军的支援，决定让法军随时待命，在需要的时候增援因克尔曼或者巴拉克拉瓦。

索莫诺夫已经将22门俄军火炮拉上谢尔山，开始准确轰击霍姆山脊的英军第2师营地。炮火掩护下，索莫诺夫命令俄军步兵向南进攻。浓雾使双方都不能准确评估战场形势，双方指挥官都无法下达适当的命令。战斗变成小规模的遭遇战。在英国人看来，当时就只是一阵雾而已，以及突然间如炮轰般的暴雨，然后俄军就出现在自己面前。原先帮助了俄军的大雾又变成了俄军的敌人，因为双方人马都只能看见周围几米的范围，所以都不可能用整齐的阵列进攻。双方士兵都被浓雾中莫名其妙飞来的子弹射杀。有英国军官回忆道："由于大雾，根本没有命令。我们所能做的一切，就是当他们（指俄军）出现在我们的视野中时，向他们发起冲锋。"英军弹药桶受潮，导致大量步枪无法射击。双方发生近距离白刃战，战斗成了一对一的刺刀肉搏。大雾使得英军不明白自己的人数远不及对方，也不知身边有多少战友倒下。因此，英军的士气依旧高昂，一直战斗到援军到达。上午8点，索莫诺夫的步兵全部退回谢尔山，帕夫洛夫的部队还没有出现。

八点半，帕夫洛夫的部队终于到达，激烈的战斗再度爆发。英军第2师指挥官彭尼法瑟准将用兵得当，他不断增援前沿哨所，使得俄军的进攻被割裂为许多分散的遭遇战。尽管如此，俄军还是不断取得进展。俄军炮兵无情地肆虐英军的营地，索莫诺夫和帕夫洛夫的军队已经快合流了。英军在各自阵地抵抗数倍俄军的进攻。英军表现相当英勇，打退了一部分俄军的进攻。但俄军的优势还是在取得进展，英军几处阵地上的弹药都开始紧张。索莫诺夫麾下几个受创的步兵团暂时后撤，帕夫洛夫麾下1万名新到的俄军又从谢尔山出发，向英军进攻。

霍姆山脊东北方有两个英军前哨阵地，"工具"和"沙包"阵地，战斗非常激烈。两处阵地是孤立的，英军近卫旅在这里拼死据守，保卫霍姆山脊。俄军数次被英军的子弹和刺刀挡回去，尤其是“沙包”阵地反复易手。拉格伦命令卡斯卡特马上率第4师去增援近卫旅，卡斯卡特将军却自作主张，向最右侧进军，准备攻击俄军左翼。率部队沿峡谷前进时，卡斯卡特将军被俄军子弹击中，伤重不治身亡。他死前留下的最后一句话是：“我怕我们现在身处窘境。”近卫旅还是得到了增援，霍姆山脊仍岌岌可危。

英军近卫旅进攻“沙包”阵地

卡斯卡特将军之死

上午9点，雨终于停了。雾渐渐散去，战场情况总算明朗。俄军炮兵开始轰击拉格伦勋爵的指挥部，拉格伦的幕僚斯特朗维将军被炮弹炸断一条腿。拉格伦的副官恳求拉格伦撤退到安全地带，拉格伦不为所动。战斗渐渐进入高潮，拉格伦勋爵安然无恙，俄军的索莫诺夫将军却在指挥战斗时中枪身亡。坦兰堡将军接过了指挥权，命令帕夫洛夫再派出6000俄军，排成梯队进攻霍姆山脊。而联军只能集合起3000人应对。更何况，俄军还有预备队。俄军终于拿下“工具”阵地，英军近卫旅被迫撤退，剑桥公爵的坐骑也被子弹击中。相比较阿尔马河之战，这次战斗剑桥公爵站在了一线。第2师、第4师和近卫旅都已投入战斗，英军再无后备力量可以派遣。前线部队筋疲力尽，彭尼法瑟准将策马于各阵地指挥，大声命令士兵坚守岗位。英军伤亡惨重，俄军还在源源不断开来，处处都是刺刀肉搏。有亲历者形容，战场上一层一层的尸体“厚得跟玉米地里一捆一捆的玉米似的”。

9点30分，英军2门18磅攻城重炮被拉上霍姆山脊，轰击谢尔山的俄军阵地。根据亲历战斗的英国编年史家金莱克记述，18磅重炮的威力堪称“残暴”，让坦

惨烈的因克尔曼之战

兰堡见识到了“敌人炮兵的凶残火力”。俄军阵地很快被摧毁，俄军炮火虚弱了很多。12门法军火炮加入进来继续轰击，俄军炮火终于沉寂。后人多评价，谢尔山俄军阵地被摧毁，对此战的结局具有极端重要甚至决定性的意义。

俄军步兵的进攻仍在继续。因克尔曼之战是俄军整场克里米亚战争期间第一次，也是最后一次以巨大优势兵力发动进攻。如同恩格斯的描述：“这一支拥有许多服役25年的老兵的出色军队，这个阅兵操练方面的模范，竟然如此笨拙、如此不善于散开队形和以小部队进行战斗，以致它的军官只能以这个笨拙的人群向敌人猛冲。一切战术机动的思想都放弃了。前进、前进、前进，这就是所能做的一切。这一个稠密的人群，由于非常密集，当然就成了炮兵求之不得的最理想的射击目标。与此同时，呈稀疏的横队卧倒在山顶后的英军，却遭不到敌人的射击，他们用球形炮弹向俄军大纵深的纵队猛烈射击，每次齐射都打死三四十人。来复枪的子弹则像雨点一样飞向敌人，几乎没有一发子弹不射中这样大的靶子。”俄军排成一波波密集的队列，向联军阵地冲去。英军炮火把成团成团的俄军士兵炸成一堆堆肉酱。即便如此，俄军队伍没有出现任何动摇。被炮火打散后，俄军的队伍竟然重新集结。英国人感叹：“若不亲眼见到，绝不会相信，世界上能有像俄罗斯人这样的英勇不退却的军队。”

俄军不顾重大伤亡，仗着优势兵力，还是冲上了霍姆山脊。气喘吁吁的俄军刚从山顶露出脑袋，迎接他们的便是英军的步枪齐射。俄军前仆后继拥上来与英军展开白刃战，一波俄军被赶下山，另一波又拥上来。双方短兵相接，用刺刀、枪托、拳头甚至牙齿混战在一起，枪炮完全失去作用。上午10点至11点间，望着英军阵地周围层层叠叠的尸体，法军的博斯奎特将军发出感叹：“简直是屠场！”

上午11点，拉格伦勋爵召唤法军立即支援。博斯奎特下令法军三个步兵营跑步前来增援。俄军的攻势变缓。英军近卫旅协同新到的法军，通过白刃战将俄军赶出“工具”阵地。俄军的坚持也终于到了极限，大批俄军步兵如潮水般从“工具”阵地和“沙包”阵地溃退下去。拉格伦命令英军夺回谢尔山，不能让俄军在山上挖掘堑壕据守。因克尔曼山的阵地全部被联军夺回，阵前尸横遍野，伤兵的哀号声此起彼伏。中午12点至1点之间，坦兰堡将军没有通知自己的上级缅希科夫亲王，自行下令俄军全军撤退。

法军祖阿夫团赶来增援英军近卫旅

俄军伤亡非常惨重，由瓦拉迪米尔团殿后，有组织地撤出战场。下午2点30分，俄军完全撤出谢尔山。半个小时之后，拉格伦勋爵与法军的卡洛波特将军一起，亲眼看见俄军撤回车纳亚河另一边。卡洛波特拒绝追击，因为他知道英军已经筋疲力尽。不过，他还是高度赞扬了彭尼法瑟将军的说法——如果得到增援，他的第2师能将俄军送进地狱。也有人说，彭尼法瑟将军的原话是：“我告诉你们，我们给了他们（指俄军）一顿地狱般的暴打。”

因克尔曼之战，双方都付出了惨重的代价。参战的4万多俄军伤亡10729人，其中包括6名将军和256名军官，索莫诺夫将军亦在其中。英军士兵死亡597人，1860人负伤；军官阵亡39名，750人受伤，死伤军官中包括2名将军。法军士兵死亡130人，750负伤；军官死亡13人，负伤91人。战场惨不忍睹，3天后掩埋尸体的工作仍在进行。从阵亡者的伤口和表情看，很多英军死于白刃战。按惯例，受伤的人战后被送到君士坦丁堡附近的斯库台，很多伤员死在路上和医院里。

大雾和泥泞使得这场战斗双方指挥都比较混乱，双方军队之间时常被切割成小的部分各自为战，由于战斗中爆发了众多的遭遇战和白刃战，此战被称作“士兵的战争”。英军乔治·达拉斯中校在给家人的信中写道：“……我们被突然袭

因克尔曼之战的英军阵亡者墓地

伤亡惨重的英军得胜回营

击，这要归结于指挥官该受谴责的粗心和无能……唯有我们的无比英勇和壮烈行为拯救了我们，我们根本不存在指挥官。”

联军对塞瓦斯托波尔的直接攻击又被推迟了。后人评价，因克尔曼之战是克里米亚战争中俄军最后一次大规模试图解围的战斗。俄军的作战计划很有雄心，选择大雨之夜开始进攻也出其不意。下雨给指挥和通信带来极多障碍，同时限制了联军的火力优势。但是俄军在技术上的差距最终导致战斗失利。俄军表现非常英勇，可这不足以抵消联军米涅步枪可怕的杀伤力。联军方面，英军承认法军的战斗能力高出自己。法军的增援部队只有几个营，却发挥了巨大作用。法军将在以后的战斗中承担大部分任务。因克尔曼战役同样让英法联军指挥官们真正见识到了对手的强悍，明白自己不可能轻易赢得这场战争。

因克尔曼之战还促成了另一位彪炳史册的重要人物参加这场战争，此人日后成为克里米亚战争最伟大的记录者。这便是俄罗斯文学不朽的丰碑，大文豪列夫·托尔斯泰。托尔斯泰出身贵族，有伯爵头衔，当时已经在文学界崭露头角，正以炮兵少尉的身份在俄军中服役。当初听到联军登陆克里米亚的消息，全体具有爱国主义精神的俄国军官，包括托尔斯泰在内，人人心情悲伤。托尔斯泰在日记中写道："塞瓦斯托波尔附近的登陆让我痛心。"彼时俄国进步军官的圈子里出现了一个建立"促进士兵文化教育协会"的方案，后来成立了倡议小组，少尉托尔斯泰即是小组的成员。后来，列夫·托尔斯泰、阿尔卡迪·斯托雷平(俄罗斯帝国末期著名改革家彼得·斯托雷平的父亲)等进步军官们决定不成立协会，而代之以出版名为《士兵通报》（后易名为《军事之页》）的俄罗斯首份军事杂志。这份杂志发表军事小说、通俗文章、士兵歌曲和反映俄罗斯士兵英雄业绩与勇敢精神的特写，托尔斯泰被推选为杂志主编之一。俄罗斯的托尔斯泰档案馆保存有详细的创刊方案，俄罗斯学者也曾对该方案做过详细研究："杂志栏目分为官方和非官方两大部分。官方部分将登载表彰通令，军事法庭针对逃跑等可耻行为的判决书以及来自各个战区的战报。非官方部分则刊登有关官兵生活、部队及个人事迹、讣闻、战场人文地理等方面的文章。除此之外，还计划长期登载有关正确驭马和操作武器以及新战技战法的文章。每期还会发表一些宗教训诫和士兵歌谣。"

出版资金的筹措，计划通过发行和个人捐款两种方式实现，托尔斯泰和斯托雷平两人是主要"投资方"。杂志社计划在圣彼得堡、莫斯科和其他大城市设立办事处，并向陆军和海军派出常驻记者。为了扩大发行和影响，杂志的定价非常低。为了出版资金，托尔斯泰不惜让管家卖掉自己的一栋房子，换来1500卢布。房子卖掉，杂志却未获批准，1854年10月，筹办者们将方案送呈克里米亚俄军总司令戈尔恰科夫，获得赞许。于是他们出版了一期试刊，其中编辑部文章由托尔斯泰亲自操刀。戈尔恰科夫将这本试刊发给圣彼得堡的军事部，由后者就创刊一事向沙皇尼古拉一世禀报。11月21日，军事部的批复下来了："陛下对出版该杂志的良好初衷表示赞许，但是鉴于有关我军军事行动的所有文章应先由《俄罗斯伤残者》刊发，然后由其他期刊转载，所以对出版新刊事不予批准。”出杂志不可能了，而托尔斯泰竟把这笔出版巨款在玩牌的赌桌上输掉了。他对此事十分懊悔，很久无法原谅自己。在俄罗斯严峻的日子里，为皇室成员来访而举办的大型喧闹的宴会也让托尔斯泰深为厌恶。他认为自己不该待在后方，应该身处塞瓦斯托波尔的保卫者中间。因克尔曼之战的消息更让他愤怒，托尔斯泰的挚友、军人杂志出版小组成员科姆斯塔季乌斯也牺牲于此战。托尔斯泰写道：“这是一场叛卖性和令人气愤的战役。”

克里米亚前线的俄军炮兵

这一切促使托尔斯泰更快调往塞瓦斯托波尔。一路上他听到了克里米亚战事的详情，了解到战事在俄罗斯人民中间引起的不满情绪。托尔斯泰在日记中写道：“我看到老人痛哭流涕，也看到年轻人发誓要杀掉坦兰堡。”托尔斯泰还看到了“俄罗斯人民崇高的道德力量。在俄罗斯处境艰难的时候，许多政治真相暴露无遗。从不幸的俄罗斯胸膛中，激发出的炽烈爱国热情将永远地在俄罗斯留下痕迹。那些现在愿为祖国献身的人们将成为俄罗斯公民，将不会忘记自己的牺牲者。他们将怀着强烈的自尊心和自豪感参与社会事业，而由战争点燃起来的热情将永远在他们身上留下高尚的品格。”

11月7日，托尔斯泰到达被包围的塞瓦斯托波尔。他暂时被派到第14炮兵旅第3轻炮连供职。开始几天，他前往距西费姆罗波尔6俄里的埃斯基-奥尔达鞑靼村的前沿阵地，了解防御工事，同士兵和军官们谈话。他看到了俄国士兵的英勇果敢和不怕牺牲的精神，托尔斯泰坚信塞瓦斯托波尔是不可战胜的，俄国士兵能够把它坚守到底。托尔斯泰写信给哥哥谢尔盖："部队的士气高得难以形容，在古希腊时代也见不到这般的英雄气概。科尔尼洛夫检阅军队的时候，他不说'弟兄们好'，却说：'弟兄们，假如我们必须战死，你们愿意战死吗？'部队高喊：'大人，我们愿意战死，乌拉！'这不是为造成强烈影响而装腔作势，从每个人脸上的表情都可以看出，这绝不是戏言，而是出自肺腑，何况已经有2.2万人履行了这一诺言。"

在目睹俄国士兵英勇果敢的同时，托尔斯泰也察觉到另一个方面，即俄国军队统帅的无能和国家制度的腐朽。他又一次在日记中写道："我在这次旅行中，比过去尤为深信不疑，俄国或者一定垮台，或者必须从根本上改造。"这是因为"所有都是倒行逆施"。同法国和英国俘虏的谈话使托尔斯泰知道，俄国军队的组织和装备都是落后的。托尔斯泰在鞑靼村阵地上待了两个月，1855年1月从第14炮兵旅第3炮兵连调往第11炮兵旅第3炮兵连，这个连队驻扎的山区，距塞瓦斯托波尔有10公里远。严冬降临了，土屋里非常冷，无法写作，没有书籍，没有朋友，作家的心情非常沉重，他只能细心地注视着来自圣彼得堡的俄军统帅部的调动和任命消息。困境之中，托尔斯泰致函俄国著名文学评论刊物《现代人》的主编尼古拉·涅克拉索夫，请求在《现代人》上开辟军事专版，承诺每月提供稿件。涅克拉索夫同意了，托尔斯泰在日记中写道："我不得不一个人包揽——既要写不同时期的塞瓦斯托波尔，又要写军官的日常生活。"关于克里米亚战争最伟大的战地真实记录——《塞瓦斯托波尔故事集》——由此诞生。

当时陷于困境的远不止大文豪托尔斯泰一人。因克尔曼之战后，英国国内鉴于伤亡巨大而反响强烈，政府成立了一个军事调查委员会来到克里米亚前线，考察前方情况并评估是否需要攻占塞瓦斯托波尔。委员会很快得出调查结论——联军不可能在冬天之前攻下塞瓦斯托波尔。委员会成员观点各异，有的主张立即进攻，有些则干脆主张放弃。开始有联军将领提出，不如减轻对塞瓦斯托波尔的包围，撤出克里米亚半岛。引发争议的关键是，俄军已经凿沉了黑海舰队，英国已经达到攻击塞瓦斯托波尔的目的，剩下不过是追求令人信服的胜利的问题。

拉格伦意识到，这是战争失败的信号，而再来一次克里米亚登陆那样成功的作战基本是不可能了。他说服质疑者，围城必须坚持下去。委员会最终决定，让英军在城外高地固守待援，度过1854年的冬天。对于前线英军来说，这意味着不管能否得到充分的补给，军队要靠自己的努力熬过冬天。拉格伦勋爵拼命向英国国内要求调拨更多建筑材料，为前线英军建造房舍，要求挖掘堑壕的工具、沙包、工兵和炮兵等等一切越多越好。英军舰队司令邓达斯同意短期内拆下射程较远的舰炮，搬到岸上当攻城炮用，还从马耳他为克里米亚前线调运重炮。尽管有争议又有质疑，因克尔曼之战还是为联军的胜利开辟了道路。而且，此战让拉格伦勋爵晋升为英国陆军元帅，法军的博斯奎特将军也被授予军团荣誉勋章。

第八章

恐怖的严冬

Chapter 8

第八章 恐怖的严冬

战局陷入僵持，联军最大的敌人变成了天气和疾病。1854年11月14日，一场大风暴袭击克里米亚。在给赫伯特的信中，拉格伦勋爵将这场风暴描述成“我所见过最猛烈的风暴，伴随着雷鸣、闪电、暴雨、冰雹以及当天稍后的大雪，它造成的损害非常可怕”。猝不及防的联军损失惨重，由于英军在巴拉克拉瓦的港口无法接纳运输船只进入，共有27艘舰船在暴风雨里沉没。英军损失11艘舰船，包括运输船“王子”号，船上装载的食品、医疗用品和冬季衣物等补给损失殆尽。法军损失16艘舰船，包括法国海军引以为豪的“亨利四世”号，该舰的沉没对法军的精神造成巨大打击。俄国舰队也遭重创，不过俄国舰艇都停泊在远离这场风暴中心的地方，因此损害没有联军那样大。有趣的是，这场风暴从水面下抬起了一艘俄国军舰。这艘船原本是俄军凿沉封堵塞瓦斯托波尔港入口的，谁知竟因为风暴而浮出了水面。

英军营地的帐篷被撕成了碎片，口粮、毯子、椅子和衣物都被吹得无影无踪，惊马随风跑出数英里远。补给品被刮得不知去向，部队饥寒交迫，地面变成了沼泽地，士兵们无法点燃营火。救护站的帐篷也被风吹掉了，留下伤兵躺在冰冷的水坑里。接下来的冻雨和大雪更将伤兵埋葬。由于暴露在外，一些伤兵当夜就死亡。法军司令官踏入冰冷的泥泞中与法军士兵共甘苦，提高了法军的士气。阶级意识强烈的英军则恰恰相反，拉格伦勋爵和幕僚们待在温暖而舒适的农舍司令部里，当然不清楚这场风暴给部队造成的实际损失。法军补给港的条件好于英军，而且法军前线离港口距离不远，风暴造成的损失较小。俄国沙皇尼古拉一世得知风暴的结果，特意写信给缅希科夫："感谢那场风暴，它帮了我们一个大忙，真希望风暴再来一次。"法国皇帝拿破仑三世则痛定思痛，要求巴黎天文台台长勒威耶拟订方案，避免未来再次遭受此类灾难。经过大规模调查，勒威耶断定，暴风雨是风围绕着某低气压核心所造成的环流，并沿着一条稳定且可预测的路线移动。他建立了一套天气站网络，开始发布历史上最早的天气预报。

1854—1855年克里米亚恐怖的冬天

没有补给品，联军对冬天又毫无准备。克里米亚的冬天在俄国境内算是最温和的，但绝不是热带天堂。而且仿佛命中注定，1854—1855年的冬天是欧洲有记录以来最寒冷的冬天。补给被延误了六周，英军真正的噩梦开始了。当时大英帝国军队遍布世界，负责世界各地英军后勤事务的军需局文官居然总共只有178个人。虽然派到克里米亚战场的已经是军需局总人数的四分之一（44个人），英军后勤保障工作仍然混乱到了令人发指的地步。仿佛军需局文官的一举一动都只是要对冗长的文书、报告和规章制度负责。至于士兵的死活，基本令他们无动于衷。后来英国人才意识到，这个军需局只是一个向英国政府财政部负责的民间组织。

克里米亚的英国士兵，每天的伙食是咸牛肉和饼干，待遇甚至不如英国国内的囚犯。在长期战争中，士兵们无法靠咸牛肉和饼干维持健康，更不用说士气。一天保证一顿热食是维持士气最好的办法，当然绝对不能是煮咸牛肉。那种可怕的咸牛肉不要说吃，闻一下恐怕都会令今天的人呕吐。按照一名英国皇家海军水手的说法，"它（指咸牛肉）一定是从天主创世之初就被放在木桶里了。当它被烧煮的时候，你所能闻到的那种味道，就像一具埃及木乃伊所散发的味道。"

咸牛肉的别名叫作“盐骨头”，因为它很咸，并且硬得像骨头一样。英军厨师们不得不用斧子和锯子来对付它。咸牛肉储藏的时间也长得超乎想象。1839年有人在英属阿松森岛的仓库中发现一批咸牛肉，竟然是1809年腌上的。这还不是最可怕的。1870年，有英国皇家海军水手发现，自己吃的咸牛肉赫然是1805年装进木桶里的。有一片咸牛肉实在太硬了，一名水手把它雕刻成一艘战舰的外形，用砂纸磨光，然后钉在战舰的横梁上。历经几十年，许多忽视这片咸牛肉存在的英国水手在它上面碰破了头，这片咸牛肉却发出红木般的光泽。很多士兵吃了咸牛肉后腹泻，大量的咸牛肉因此被扔掉，有的步兵团一天扔掉几百磅。即使有鲜肉，军需官也会用咸肉代替，因为“分发鲜肉太费事了”。对于军需部门来说，分发鲜肉比分发咸肉麻烦，烤制新鲜面包比分发成袋的饼干麻烦。军需部门为了省事起见，让大批英军士兵死于粗劣伙食。

饼干的可怕程度不亚于咸牛肉。英军士兵们每顿开饭，饼干里都会爬出虫子。有些饼干存放的年头比咸牛肉还长，所以饼干往往是几十代象鼻虫和蛆的巢穴家园。英国皇家海军的水手们曾想出一个清除虫子的消遣——把饼干放进袋子里，袋子里再放一条鱼。蛆会爬出饼干，爬到鱼身上。把鱼扔掉，饼干里的虫子就会少点。克里米亚的英国陆军士兵没有鱼，只能硬着头皮吃饼干。士兵们几乎完全是靠朗姆酒和饼干活下来的，因为咸牛肉会导致肠炎。英国人感叹，克里米亚有人能活下来真是个奇迹。

即使咸牛肉和饼干这样的食物，英国士兵们通常也只能得到半数，有时则根本得不到任何食物。后来英国调查委员会的报告显示，英国水兵日常口粮是28.5盎司，黑森雇佣兵是32.96盎司，克里米亚的英国陆军士兵只有23.52盎司。这食物量的确还比不上同期苏格兰监狱里的犯人，犯人每天得到25.16盎司，而且其中包括面包、蔬菜、鱼和牛奶。更重要的是，犯人不需要在那样恶劣的气候下露宿和作战。

与此同时，英军设在巴拉克拉瓦的军需仓库里就有大米、土豆、豌豆和大麦。这些食物远比咸牛肉和饼干更有益士兵的健康，却始终存储在那里，不发给士兵。军需部门甚至没有把仓库的具体信息告诉克里米亚的英国远征军司令部，因为“使总司令了解并掌握仓库里粮食的多少，并不是英军的习惯”。军需部门只告诉拉格伦勋爵，这些不在他们的条例上。

军需部门也有过给英国士兵提供蔬菜的尝试。1854年11月4日，“先驱”号货船运送150吨蔬菜到达巴拉克拉瓦。船离开博斯普鲁斯时没有弄好符合英军标准的文件，结果官员们为账单和标签争吵不休。最后150吨蔬菜全部腐烂，只能就地倾倒进大海，半点没有落到英国士兵手上。从1854年11月到1855年3月，英国士兵每个月只能得到两个土豆和一个洋葱。拉格伦勋爵命令给士兵们每天分发2盎司大米，对抗坏血病。军需部门宣称尽管有大米，但是没法分给士兵。因为士兵们没有容器携带这种非常规补给。

克里米亚英军中的坏血病越来越严重。1854年12月10日，“爱斯基摩人”号货船运来278箱近2万磅酸橙，这是治疗坏血病最好的药物。从12月10日到第二年2月的第一个星期，这些酸橙在“爱斯基摩人”号上一动未动。军需部门认为，告之军队酸橙到了，不是自己的职责。饼干对患有坏血病的士兵尤为残酷，他们只有忍着牙龈发炎的剧痛啃饼干。面包可以在巴拉克拉瓦当地的居民手里买到，但价格超过普通英国士兵的承受能力。

英国士兵遭受的痛苦远不止这些。军需部门将生咖啡豆运到克里米亚，因为生咖啡豆不容易在运输中受潮和发霉。士兵们怎么对付这些东西呢？英军第1燧发枪团的指挥官说：“定量配额的生咖啡豆被分发下来，全然只是不幸的笑柄。没有东西来烘烤咖啡豆，没有工具来研磨，更没有火，没有糖，除非我们像马吃大麦那样生吃它。除了他们已经做的，把咖啡豆扔到泥土里，我实在想象不出士兵们还能用咖啡豆做什么。”其实英国士兵已经发挥了各种创造力，他们用炮弹来碾碎咖啡，用咸牛肉做燃料烘烤。英军随军医生却说，那些粗糙加工的咖啡实际是一种对士兵身体有害的不洁混合物。另外，巴拉克拉瓦的仓库里还有2700磅茶叶，军需部门完全忘记了。牛群运抵巴拉克拉瓦，没有及时驱赶到急需牛肉的前方去，而是立即就地宰杀，之后却长时间无人安排运送。问题在于没有人负责运送物资，而且谁也无权干预。这样的消息传回英国之后，全国一片哗然，但是于事无补。根本没有时间对那些互相推诿的部门进行机构改革。

后勤的混乱与短缺还有一个原因：军需部门无力将补给物资运到前线的高地，因为没有足够的草料喂养运输用的牲口。连英军骑兵的马匹也缺乏草料，长期处于饥饿状态，病恹恹驮不动。马匹四处闲逛，啃吃毯子和帐篷的帆布，甚至相互吃尾

巴拉克拉瓦的轻型铁路

巴。等到马匹倒地断气，士兵们就用死马来充饥。这里唯一变胖的动物是秃鹰。

巴拉克拉瓦之战的失利，导致沃龙佐夫大道丢失。如果沃龙佐夫大道还在联军手里，补给问题将大大减轻。不过，联军根本没有能力去夺回沃龙佐夫大道。1.1万名联军士兵整日忙碌于从巴拉克拉瓦到营地之间的补给运输。他们没有工具，只能靠人力背负。有些夜里，整个英军阵地上只有300人参与警戒。直到1855年1月，一条7英里长的铁路建成，巴拉克拉瓦的补给品，特别是药品直接送到前线的高地上，补给危机终于有所减轻。

跟军需部门一样，英军运输船队的指挥官鲍瑟将军饱受指责。他坐镇君士坦丁堡，根本不知道前线需要什么。结果很多运输船返回君士坦丁堡时，货物还留在船上。巴拉克拉瓦的码头一片混乱，面粉从编织袋里散落出来，弹药箱、木头、火药桶和腐烂的肉制品胡乱混放在一起。一些英国军官在前线生活极尽奢华，士兵们生活却痛苦不堪，士气一落千丈。拉格伦勋爵不再露面于公开场合，他只在夜里会晤下属讨论重要事宜。12月14日，他也给内阁写过信："必须切实采取措施来提供军队的补给，多满足一点基本需求，否则将出现最坏的结局。"不过拉格伦的呼吁根本无济于事。

零度以下的天气里，英国士兵还穿着夏布上衣和灯笼裤子，他们甚至没有足够的帐篷，只能裹着一条毯子躺在泥泞的地面睡觉。因为士兵们在克里米亚登陆的时候，被告知将背包留在运输船上。结果士兵们登陆以后，运输船开走了，六个星期都没有再回来。于是，英国士兵们六个星期都没有换洗衣服。潮湿的环境中，士兵们整天穿着湿漉漉的衣服，裹着大衣躺在毯子上。毯子直接铺在潮湿的地面上，没有任何东西来阻止潮气对身体的侵害。几千张草垫运到克里米亚，没有干草填充。

4万件加厚大衣和靴子随着“王子”号在11月14日沉没。到11月底，有1.2万件大衣运到巴拉克拉瓦；到次年1月，仅仅发放了3000件。9000件军大衣待在仓库里，英国士兵们却在寒冷中挣扎。小块地毯倒是不断运到，到1月就有2.5万条，但是没有人把它发给部队。仅仅有800条供给了各指挥部门，因为那是给军官们用的。当时还流传着半真半假的笑话：冒着大西洋和地中海的狂风暴雨运去满满一船急需的靴子，结果全是左脚穿的。

从后方送来的靴子质量极差，一双只能穿一个礼拜，在潮湿泥泞的环境中甚至几天鞋底就会脱落。比如2月1日英军第55团接受检阅，他们在一片泥泞的黑土上走过后，所有的靴子底都被泥粘掉了，士兵们只能穿着袜子继续完成检阅。有些士兵的鞋子开裂，赤脚走在雪中，很快脚就被冻伤。克里米亚冬天太冷，士兵们都在自己脚上套上几双袜子，这就使原来的靴子显得小了。军需部门称，根据女王授权制定的服役条例规定，士兵每三年配发一次军大衣和靴子。刚开始英国士兵们看到土耳其士兵从俄军尸体上剥靴子甚至抢劫墓地里尸体，都吓得目瞪口呆。不久后，英国士兵为了穿不掉底的鞋，也加入其中。不少英军官兵想方设法去墓地捡俄国人的鞋子。英军用俄军尸体的军服和死马的皮革来遮风避雨。士兵们挖出尸体，取出下葬时包裹尸体的毯子。有文献记载，为了让嘴巴能够张开，有人用火给胡子解冻。破烂的军服让人很难分辨出是军官还是士兵，更分辨不出所属部队和兵种。“只有最耐寒的体质才能忍受这样的天气。”苏格兰高地旅的斯特林上校写道：“其他人不是死亡就是濒临死亡的边缘。我听到有人跪着哭喊疼痛。”

1854年12月的伦敦《泰晤士报》，接连登载了战地记者拉塞尔直接发自克里米亚的一组组现场报道：“军队遭受着巨大的苦难。通宵达旦地工作、在暴风雨中警戒、在战壕中辛苦劳作，使他们精疲力竭。忽然之间，他们发现自己的待遇被降到了最低点……除了偶尔会有例外，整整九天没有一点茶、咖啡或糖运送到部队里。”“很显然，无论是海上还是岸上，医务人员几乎都不充足。我就亲眼见过有的战士由于没有医疗救助而死在海滩上，死在前进的道路上，死在军营里；500人的舰队以及其指挥官只能眼睁睁地看着这一切发生。在舰队和陆军中，我们都需要更多的外科医生。医疗救助经常不能充分提供，并时常姗姗来迟。”

一位英军中校抱怨：“我们肯定是你所能见到的穿着最差、食物补给最差、居住条件最差的军队。”毫不意外，这导致疾病横行，可怕的霍乱重新在英军中肆虐。由于远离本土作战，加上管理无能，甚至出现了“伤员在巴拉克拉瓦，军医在君士坦丁堡，药库在斯库台”的情况。前线战地不知多少人因受冻或因感染了腐尸传播的疾病而死，拉格伦勋爵却在自己温暖的农舍司令部里舒适地卷起袖子，用从破船船体上取来的剩余木头烧柴取暖。拉格伦勋爵的食物供应正常，有法国厨师给他做饭。到1月21日，英军中只能找到290名健康的士兵配置到一条1.6公里长的堑壕线上。到了2月，让英国陆军引以为豪的近卫旅，人数从3000人减员至400人。“到目前为止，主要的胜利者是疾病。”根据英国调查委员会得出的结论，“1854年10 月1日至1855年4月30日，克里米亚英军死亡35%。这样大量的死亡并非是由于特别恶劣的天气，而是由于在寒冷的天气里劳累过度、暴露于潮湿和严寒中、不合理的食物、不充足的衣物……”战后医疗记录显示，克里米亚英军死亡总数为18058人，其中1761人死于敌人之手，其余16297人死于疾病。当时有英国军官干脆在家书中写道：“我们正急切等待拉格伦勋爵下令进攻塞瓦斯托波尔；虽然这样我们很多人会战死，但无论做什么都比眼睁睁看着我们的士兵一天天死去强。”

天气和后勤同样影响到俄军。如前揭文，俄罗斯境内，莫斯科以南没有铁路，军队和装备、物资只能沿着土路，靠徒步和借助畜力拉车，开赴克里米亚半岛。路况极差，一旦遇到下雨或积雪融化，道路便泥泞不堪，难以通行。一年中运输要中断数月之久，部队调动和补给都陷于停顿。情况最恶劣时，穿过乌克兰通往南方的道路成了一片荒原，只有乱葬的野坟和死马的残骸指引着道路的方向。由于曾牵涉进当年的“十二月党人案”，沙皇尼古拉一世一直不信任俄军总参谋部。加之帕斯科维奇元帅生性多疑，到克里米亚战争爆发时，俄军几乎没有合格的参谋军官堪用。就连克里米亚前线的缅希科夫亲王身边都没有完善的参谋机构，手下只有一名上校负责所有作战计划和后勤管理工作。俄国士兵衣服单薄，冻得要死。弹药匮乏，粮秣不能按时运到，受伤者由于缺医少药而死去。塞瓦斯托波尔的保卫者并没有因此丧失斗志和勇气，他们不顾种种困苦而继续英勇抗击。城市的街道上布满了障碍物，许多房屋变成了工事。俄国士兵进行英勇的夜袭和大胆出击，一到黑夜来临，便有成百成百的志愿者悄悄爬出工事，到低洼地点隐蔽，用突如其来的火力打击敌人。联军堑壕外经常发生激烈的白刃战。

英军的后勤灾难之中，医疗护理的极度落后最为突出。当初联军在耶夫帕托利亚登陆时，就有英国军医惊呼："天哪，既无医疗运输船，又没有担架、药品，没有车辆，一支大部队就这样在异国土地登陆了。"霍乱肆虐自不必说，英法联军取得阿尔马河之战的胜利，却让伤兵付出了惨重的代价：没有绷带，没有麻醉用的氯仿，没有吗啡，伤兵就躺在地上，或躺在农家院子里混杂着污泥、畜粪的稻草上。截肢在不用麻醉药的情况下进行，伤病员们就坐在木桶上，或是躺在旧门板上，让外科医生借着月光做手术，因为连照明用的灯具都没有。

斯库台原有一座大兵营，过去是土耳其军队炮兵司令部所在地。这所兵营和附设的医院已经移交给英军。兵营建筑不仅年久失修，空空荡荡，仅存的几间房屋肮脏得要命，而且根本没有医疗设备。先送来的千余名霍乱病人已经塞满了医院所有的病房。从阿尔马河之战中下来的伤员，忍受着黑海海面的狂涛恶浪，乘船向这所兵营医院集中。许多经过截肢手术的伤兵，横躺竖卧在甲板上呼痛惨叫。到达兵营医院后，没有床位，他们只好睡在地铺上，身上仍然裹着战场上下来时那些浸透了脓血、粪污的军毯。由于没有医生，根本没人过问他们。伦敦《泰晤士报》的特派战地记者威廉·拉塞尔就此向国内写去长篇报道，让英国国内第一次了解到这些难以置信的详情。拉塞尔在报道中指出："我相信前线战士由于没有健全的医疗设备，以致无法得到完善治疗而惨痛死去的消息传到后方，必定会引起一阵骚动或令人无法相信。但，这却是事实，不仅医护人员不足，就连包扎伤口的绷带也奇缺无比，我真不知该如何表达内心的愤怒和惨痛的事实。那些不忍目睹这种惨状的百姓们，纷纷捐出旧衣服和床单代替绷带使用……"

克里米亚战争初期，英军在伤病员救护上同法军有着显著差距。法军设在克里米亚前线与伊斯坦布尔的医院以整洁、秩序井然而闻名，英军官方刊物《武装部队联合杂志》在1854年12月刊登了如下内容："他们（指法军）的床更好，他们的安排更有序。通风状况非常好，据我们所知，这里不缺乏任何东西。一些较为危重的伤员主要由仁爱修女会看护……这些优秀妇女的勇气、活力与耐心超出一切褒扬之词。在（英军的）斯库台，一切无趣而沉寂，冷漠和可怕这样的形容词似乎都美化了那里的状况。而在这里，我看到的是生机与活力。"

法军不仅在战地急救、医疗组织上优于英军，在护理上也取得了领先。依靠天主教会圣樊尚·德·保罗慈善女子修会的有序组织，相当数量的优秀女护士在法军中服务。拉塞尔的战地报道中即写道："几天来，令人悲痛的景象使我对祖国军队医疗设备的贫乏感到悲愤与震惊。受伤和生病的士兵根本没有被当作人来看待。他们独自呻吟，却没有人照顾他们。法国军队的情况就比较好，他们不论是医疗技术或设备都很完善，又有足够的外科医生，以及50多位受过严格训练，具有服务、牺牲精神的修女会会员来协助医疗工作……"

除拉塞尔的前线新闻报道，一些随丈夫出征的英国军人妻子也向国内写去家书，内容引起整个英国社会的关注：

"多么悲惨的事！如果你也能目睹这些可怕的景象，相信你会和我一样哀痛欲绝。站在简陋而宽敞的临时医院里，却仍然可见外面街道上到处零乱地横躺着受伤和生病的士兵。

他们与我虽仅咫尺之隔，但我已无法再腾出分寸的空位容纳他们。眼看着这种惨状，我却爱莫能助，只有尽量不去想他们，以求片刻的安宁，因为我和另一位士官夫人都不懂医疗知识，我们唯一能尽力的就是炊事工作。这里太需要护士了，但却一位也没有。

法军里的50多位护士每天所要做的事是多么繁重，你应该可以想象得到……"

巨大的反差让英国国民无法接受，有读者给《泰晤士报》写来这样的信："为了斯库台的士兵，举国上下的妇女，难道没有一位具有服务、牺牲、仁慈的心肠吗？难道没有一个人愿意挺身而出，去做有意义的事吗？50多位法国特派修女，正在垂死和受伤的士兵身旁为他们服务，给他们鼓励和安慰。为什么英国妇女在献身救护的工作上要输给法国人呢？难道我们没有仁爱修女会吗？我相信，只要有一个健全的组织，身体健康、心地善良的英国妇女，必定会踊跃地加入救护行列。"

紧接着，《泰晤士报》发表社论《不要遗弃远征同胞》，向全体英国国民呼吁。这篇社论引起了英国民众的强烈反应，各地纷纷举办捐款活动，一天之内竟收到高达2000英镑的金额。"难道我们没有仁爱修女会吗？"这才是关键所在。因此组织英国女护士去克里米亚前线服务的事情，受到全体英国人的关注。

护理事业的创始人和现代护理教育的奠基人，19世纪乃至今日英国女性最杰出的代表之一，被称为"提灯女神"的弗洛伦斯·南丁格尔，就在此时出现了。

第九章

提灯的女神

Chapter 9

第九章 提灯的女神

1820年5月12日，弗洛伦斯·南丁格尔出生于意大利托斯卡纳大公国佛罗伦萨市的一个英国上流社会家庭，她的名字即取自出生地佛罗伦萨，当时父母正在意大利旅行。南丁格尔家境优裕，双亲均出身望族。父亲威廉·爱德华·南丁格尔毕业于剑桥大学，知识丰富，颇有修养，同许多社会名流过从甚密；母亲芬妮·史密斯，有英国王室血统，不但家境富裕，更是世代行善，名重乡里。由于家庭富有，南丁格尔的幼年生活极为优渥，与她的家庭往来的人士也都是上流社会成员，包括当时的政界人士、文艺作家、艺术家以及一些地方绅士。这使她充分享受了维多利亚时代的安逸生活。但在南丁格尔的小小心灵中，面对这种养尊处优的生活并不觉得快乐。

她腼腆害羞，不愿见到生人，常有一种莫名的寂寞感。到了12岁，她跟父亲学习希腊文、拉丁文、法文、德文、意大利语、历史、数学和哲学等。在父亲的循循善诱下，南丁格尔的学业大有长进。她常常跟父亲一起朗读，高谈阔论；遇父亲出外远游时，便以书信交流感受。1837年，南丁格尔全家到欧洲大陆旅行，父母带着女儿们在欧洲各地增长见识。这时南丁格尔已经17岁，已然成为一位美丽的大家闺秀。全家用一年半的时间，遍游法国、意大利和瑞士各地，沿途饱览湖光山色、艺术古迹，并到处考察社会人情。南丁格尔从小就养成记事与写日记

弗洛伦斯·南丁格尔

的习惯，所见所闻，均一一记录下来，成为她日后办学治事的重要资料。她在法国结识了一些知名人士，并与从事社会活动的著名女性交往。她对政治与民众甚有兴趣，对慈善机构更是特别关注。

1839年，南丁格尔全家返回英国。这时南丁格尔已出落得庄重大方，经常在家里会晤社会名流，很受社交界的注意和赞赏。她尤其喜欢结交社会工作者与从事革新工作的各界人士，这启发了她想去医院学习的念头。当时英国医院的病房多半都是一间大通房，病床紧密相连，十分拥挤；墙壁与地板上沾满了血迹和污渍，而且臭气难闻，令进去的人难以忍受。这种恶劣的状况在各地比比皆是，相差无几。

1844年，南丁格尔又从英国出发开始了欧洲大陆的旅行，足迹遍及法国、德意志、比利时、意大利等等，其间她对各国的医院进行了考察。南丁格尔通过比较，发现英国医院里的护理情况极为恶劣，认为英国也需要如法国一样由慈济院的修女来照顾病人。1849年10月，她再次跟友人远游埃及，渡海至希腊，次年4月到达雅典。南丁格尔每到一地，必定参观慈善机构，如养老院、孤儿院以及有关的医疗救济机构等。1850年5月12日，正好是她30岁生日，她在记事簿上写下了这样的生日感言："今天我三十岁了，正是耶稣基督开始献身布道的年龄，从此不应再有幼稚的举动，不应再有爱情与婚姻的念头。只有让我遵循上帝的旨意思索，依照他的安排去做。"她感到，投身护理事业，正是上帝赋予自己的责任。

她曾在当主妇、文学家、护士三者之中游移不定，如今公开表示自己无意于婚姻而要选择护理工作，在她母亲看来简直是不可思议的事。当时英国护士的形象是粗陋老化的女人，既愚昧酗酒，又无知粗鲁，未受过任何训练，更不能执行医疗任务。1850年，不顾家人的反对，南丁格尔毅然前往德意志的凯瑟沃兹医院接受4个月的短期护理训练。她亲身体验到护理工作是为病人解除痛苦，给予精神安慰，必须付出多方面的辛勤劳动。她的才智终于被发现了。南丁格尔的父亲决定支持她，每年给她500英镑年金，让她能在工作之余过舒适的生活。1853年，南丁格尔受聘担任伦敦患病妇女护理会的监督。

1853年8月12日，在慈善委员会的资助下，南丁格尔在伦敦哈雷街1号成立看护所，开始施展她的抱负。她采取了许多措施，令当时的人叹为观止，如采用病人拉铃召唤护士，在厨房设置绞盘以运送膳食给病人。她强调："任何妇女，不分信仰、贫富，只要生病，就可收容。"南丁格尔在工作中表现出非凡的能力，大家对她都言听计从。1854年8月，伦敦郊区贫民窟发生霍乱，南丁格尔不顾个人安危，志愿参加紧急救护工作。她在医院里照料垂死病人，终日奔忙，不少人在她怀抱中死去。时人描述："她（指南丁格尔）身材高挑，消瘦修长；一头棕色茂密的短发，肤色白皙，灰色的眼睛闪现着忧郁消沉的神色，但有时却流露出快乐的波光，真是令人难忘；她的牙齿美丽整齐，笑起来甜美无比。头上蒙着一条长的柔软发巾，沿着发角扎起来，使她白静的瓜子儿脸儿被衬托得更为美丽。她经常穿一件黑丝质料的长衫，外加一件黑色披肩，给人一种雍容高雅、落落大方的印象。”

34年漫长的岁月，南丁格尔所做的点点滴滴，似乎都是为了等待克里米亚战争的征召。1854年10月14日，她向自己的朋友，英国内阁陆军大臣西德尼·赫伯特及赫伯特夫人写了一封信，表示愿自费率领40名护士赴战地服务。赫伯特表示，愿意对南丁格尔全力支持，将对其由英国政府进行任命并提供经费支援。5天之后，南丁格尔被英国政府正式任命为“英国驻土耳其野战医院妇女护士队队长”，护士队的人数定为40人。她的权限也明令颁布，唯一的缺憾是“驻土耳其”名衔将她限制在土耳其，这成为日后南丁格尔一度被禁止进入克里米亚的理由。在当时保守的英国民风中，国家授予大权和重责给一位女性，派遣她前往战场，不能不说是一项重大的决定和改变。

南丁格尔用短短四天的时间征集了护士，完成了准备工作。应征者之中没有一个人是志愿的。护士队除了免费供应饮食、寝室和制服之外，每星期还有12－14先令的薪资，表现好的话还可增加到16－20先令。这对于当时薪水低廉的英国护士而言，的确是一份十分优厚的待遇。参加的每一位女性护士都必须在同意书上签字，表示绝对服从南丁格尔的领导，如果和当地军队的士兵发生冲突，立即开除。护士队的成员没有一个是年轻女性，几乎全是肥胖的中年妇女。她们之中只有14人有在医院工作的经验，其余24人是属于宗教团体。南丁格尔强调，护士队不属于任何特定的宗派。

南丁格尔规定，护士们除修女必须穿修道服外，其余一律穿统一制服。这套制服包括一件灰色苏格兰呢外衣，一件灰色的粗呢短外套，一顶白便帽和一件黑色呢料短斗篷。这套服装并不是为了美观，而是针对斯库台兵营医院的混乱状况而设计的。设计这套别致的服装，就是为了保护护士本人和全体护士们的名声。在全体英国民众的热情欢送下，南丁格尔率领着38位护士及牧师等一行人于10月21日离开伦敦。她们一路经法国布伦、巴黎和马赛，坐船前往君士坦丁堡。

一路风浪颠簸，11月4日上午，南丁格尔一行人安全抵达斯库台。斯库台有“博斯普鲁斯之珠”和“土耳其银城”之誉，不难想象其过去辉煌的景象。她们来得正是时候，这一天正是巴拉克拉瓦之战后第11天，也是在这场战役中受伤的

400名英军伤兵越过海洋来到斯库台的日子。“我并不完全相信《泰晤士报》的报道。”这是南丁格尔出发前写给赫伯特夫人信中的一句话。“国内各报对战地医院的描述和实际悲惨的状况，完全是两回事，这里简直比地狱还要凄惨。”这是南丁格尔到达当地后，立刻写给赫伯特的信中的一句话。

医院算是一栋古老而宽敞的建筑物，但这栋古老的建筑物一点儿也不适合作为医院用地。沿着房舍地基修筑的简陋下水道，不但无法流通，而且积满的脏物和污水，散发着恶臭。一阵风起，臭气弥漫走廊和病房的每一个角落，令人难以忍受。地板磨损剥落，千疮百孔。墙上积满了厚厚的尘埃，成为毒虫、微生物的最佳繁殖地。污秽的环境使老鼠到处横行。这些老鼠猖狂无比，经常在病人的枕边爬行。为了不惊动熟睡中的伤病员，后来南丁格尔练了一手很有效的捕鼠技巧。

由于伤病员过多，虽然医院很大却也显得拥挤不堪。每隔80厘米的病床排列方式，竟长达6公里多，每张单人病床上必须容纳四位伤员。无论是因受伤或手术失去手脚、因发高烧而不省人事，或因冻疮而伤口腐烂发臭，以及因赤痢、霍乱的侵袭，垂危旦夕的各种伤病员全部挤满医院的每一寸土地。

这样的医院，要供应足够的日常用品不是件容易的事，首先感到匮乏的就是病床和毛毯。在这种物资缺乏的环境下，只好用粗糙的帆布作为床单，用空的啤酒瓶或葡萄酒瓶来代替烛台。但是日常不可缺乏的浴盆、毛巾、肥皂、扫帚、抹布、脸盆、盘子、刀叉、汤匙等等生活基本物资却一样也没有。至于病人所需的医疗用品，例如担架、绷带、消毒燃料以及药品等更不用说了。当护士们跟着领路人登上海岸，然后爬上山坡，穿过医院的大门，南丁格尔说：“这道大门顶上应当写上：‘来到这里的人们，把你们的一切希望都抛弃吧！’”

南丁格尔首先发现，陆军大臣赫伯特曾提起的几吨医疗用品不翼而飞。由于出货与收货双方都没有密切联络，使得这些医疗用品随着枪和子弹，经由斯库台转达克里米亚半岛后，又被送回英国，或是存放在土耳其海关仓库，然后竟然不见了。医院对这些急需用品的运送行程也毫不知情。南丁格尔在给国内的信中写道：“1855年2月，伤病士兵死亡率高达50%。这便意味着，每送来10个伤病士兵，便要在医院里死去四至五个。死神，萦绕在医院上空。可悲的是人手不足！

医院里繁重的工作做也做不完，能帮忙的人少之又少，堆积如山的工作永远也做不完。这些事情常使人精疲力竭，心烦气躁，几乎天天都在晕头转向，不知何所适从。无论男女，能在医院中安然过日子的，如果不是天使便是畜生，这里拥有四位天使，两个畜生，他们可不像医疗部长官那么悠闲呀！助理人员简直丧尽天良，竟可以为了吃饭而丢下临终的病人！”

伤病员们都因南丁格尔的到来感到欣慰，有一个伤兵流着泪对她说：“当我看见你们的时候，我忍不住要流出喜悦的泪水，为了照顾我们，伟大的英国妇女不辞辛劳，经过长途跋涉来到此地，使我们如同回到自己的家里一样。”上面的将军和医疗部的长官却持着相反的态度，他们认为男人都难以立足的战地，女人们又能做什么呢？

南丁格尔发现，负责英军医疗事务的管理机构有三个，即补给站、调配处和军医站。这三个部门常年冲突不断，连陆军卫生部长史密斯后来都向调查委员会表示：“如果我向最高司令官提出几个有关士兵健康的提案，或许会因为多管闲事而弹劾我。”三个部门之间内斗，受害的却是战场上的英军士兵。补给站是管理军需品的单位，将买进的食品不论是执勤者或是住院者，一律配以士兵固定的分量。但对于病情严重的、不能吃一般食物的士兵，就不配给食物，由调配处插手管理这些人食物的配给。他们根本无视价格与品质是否对病人合适。调配处也无人做主，只要收到的东西能吃，就必须照单全收，不能有异议。医生与调配处的关系更为恶劣，医生虽然可以开出为患病者特制的调理食物，调配处却往往不能配合。纵然医生下达了命令，也无力促使其实行。从克里米亚送来的伤兵没有食具，也没有换洗衣物。如前揭文，他们在喀拉米塔湾登陆和阿尔马河作战时，被命令轻装前进，减轻负担。伤兵被送到斯库台的医院后，调配部拒绝补充这些必需品。当初军医站受命将土耳其军营改成医院，改建的准备工作却要由调配处负责。调配处以清扫人手不易召集、经费不足等理由，向补给站申请补给。由于补给站的不理不睬，终于使得改建工程不了了之。于是，随后送来的英军伤兵就这样住进这所一无所有、毫无准备的临时医院。他们一批又一批地到达了，一下子睡满了破陋不堪的兵营的里里外外，而且许多人没有衣裳可穿，赤身露体躺在泥巴地上。

按照南丁格尔的记述，在这个所谓的“医院”里，几乎任何设备都没有。不要说家具，就连最普通的日常生活用品也没有。一些铁面盆便成了“万用盆”。而且每天的用水量有限，每人每天一品脱，包括洗漱和饮用。没有床铺，护士们只能睡在屋子四周墙上的长凳上。跳蚤使屋子里面“充满活力”，老鼠整夜在长椅下窜行。

最初几天，军医们根本不理睬南丁格尔，有意冷落孤立她。只有一位军医接受了她提供的护士和医疗器材。军医们基于传统认识，主张没有医生指示，不许护士涉足病房。面对这种局面，南丁格尔首先着手进行改善伤兵的饮食，换洗肮脏的衣服，共同致力清理工作。这么多人的大医院，却只有一间简陋的厨房，烧水煮食全靠几个土耳其式的大铜锅。伤病员所吃的配给肉，煮食的过程教人触目惊心。配给各病房的肉均由看护兵负责领取。为了丢入大锅里捞起之后仍能辨认，看护兵各自在肉上绑着一些用过的绷带、纱布作为记号，一起丢进锅里煮。等到伤兵们拿到这些属于自己的肉时，早已冰凉得令人难以下咽了。至于那些只能进流质食物的人，就只能被分到一些剩余的肉汤和豆子，别无其他。而南丁格尔在法国马赛短暂停留时，购置了便携炉灶、牛肉精、葛粉、红酒等物资。南丁格尔征得军医同意，把滚热的葛粉粥、红酒等等成桶地抬出来，慰劳伤员。不出一个星期，南丁格尔的小屋立即成了小灶厨房。以后的五个多月里，这个小厨房便是唯一能够为伤病员提供合格病号饭的地方。

不过，这远远不够。第一批赤痢、坏血病患者到来之后，各种疾患的病员在饥寒交迫下，源源不断涌向斯库台医院，整整一个冬天没有中断。耶夫帕托利亚原是个小镇，环境未经任何卫生处理，进驻的英军全部染上了霍乱。小镇里唯一的一条小街臭气熏天，泥泞难行。在战伤临时处理中被截掉的胳膊、腿，连着衣袖、裤腿一起，成堆地丢弃在港湾里，在海水中时隐时现。整个小镇弥漫着尸体腐臭的气味。惨烈的因克尔曼之战后，运载首批伤员的运输船未经事先通知便抵达斯库台。军医们手忙脚乱，在一筹莫展、实在无计可施的情况下，开始向南丁格尔求援了。南丁格尔马上组织她的护士队，迅速抢着用干草塞满了一只只口袋，铺在病房里、走廊里，供病员们躺卧。枕头、毯子自然是没有的。几天后连布口袋也用完了，病员还在源源不断地拥来，只好睡在光板上。最后几英里长的走廊上全部密匝匝地躺满了病员。地板无法打扫、无法擦洗，爬满了各种害虫。害虫之多达到让人无法插足的程度。当随军牧师跪在地上俯身为快要死去的英军士兵记录遗言时，他的笔记本上竟密密麻麻地爬满了虱子。

英国军医们个个全力投入工作，但毕竟伤病员太多了，有的伤员入院两个星期还没见到外科医生。当时既没有手术台，又没有帷幕，截肢手术只好在病房里众目睽睽之下就地进行。南丁格尔的最早几项改革之一，就是从君士坦丁堡买到一幅帘幕，把手术操作遮蔽起来，使伤员们不致目睹这些他们自己迟早逃避不了的种种痛苦。

南丁格尔计算了一下，到此刻为止，医院内至少有1000多患急性腹泻的病人，而医院只有20只便盆。另外还有些大木桶整日整夜放在病房里、走廊里，供病人小便。值班员不尽职责，不愿清倒打扫。这些便桶就这样整天地放在那里。南丁格尔记述道："死亡率……令人胆战心惊……而这还只不过是开始。"伤员同病员分开管理，治疗的办法已无法继续，因为伤员们都开始感染发烧了。

更糟糕的事还在后面。又有几船病人接连运抵斯库台，新运到的病员是如此狼狈不堪，满身虱蚤，连他们自己也都向护士连连摆手，嘱咐护士不要走近他们。有的说："连我自己的母亲恐怕也不愿意碰我一下。"到11月底，医院的管理系统全部瘫痪，各部门都怕负责任，怕招惹非议，谁也不敢出来负责。混乱中，一筹莫展的英国官员们终于认识到，在斯库台当前的危难中，只有一个人有能力站出来力挽狂澜，这就是既有财力又有权力的南丁格尔。

当时，南丁格尔可以支配一笔3万英镑的巨款，其中有7000英镑是她个人筹集的，其余是各个基金会捐助的。虽然南丁格尔有权向英国政府申请生活及医疗用品，但每逢急需时，却都因形式或规则而阻碍难行。她经常感到厌恶而以解开私囊解决了许多问题。每天，她都要仔细了解军需部门缺乏哪些必需物品，然后派人从君士坦丁堡买来，再由她依据军医签字的领物单分发下去。所以没有多久，军医们的怀疑便彻底消除了。

由于医院物资短缺，英军伤病员大多光着上身，没有衣服可穿。于是南丁格尔向英国政府申请2.7万件衬衫。这一项要求很快就得到许可，并且分发下来。当士兵们看见一大包的衣服寄来时，大家都迫不及待想要取得自己的一份。但是，经手的官员说要把衣服打开，必须经过会议同意后才行，不可随便决定。任凭南丁格尔费尽口舌，仍然不得要领。直到两个星期后才通过这项议案，这时候却已经有许多士兵活活冻死。后来，再遇到类似的情形，南丁格尔只得采取强硬的态度，不再理会什么会议不会议，径自解开包裹。

伤兵们都始终穿着同一套衣服，且都因作战而破损或沾满血迹，或因流汗以及尘埃而结成厚重的污垢，到处可见跳蚤和小虫子。由于在战斗中遵照命令丢弃了背包，伤病员送到医院时已无替换衣服。南丁格尔在与官员们争执一番后，官员们不理睬她争取替换衣服的建议。于是，南丁格尔毫不犹豫地用自己的钱买了许多衣服、鞋袜及其他必需品，还做了很多的裤子和睡衣。她在给陆军大臣赫伯特的信中写道："现在的我，就像是给赤裸的、可怜的士兵穿衣服的保姆。"

在她购进的第一批物资中，包括200把洗衣刷和拖地板的墩布。她坚决让值班员按时把病房和走廊里的便桶倒掉。紧接着，她又组织人力为所有的伤病员洗衣服。到12月底，整个医院的给养实际上已经由南丁格尔负责了。

然而，塞瓦斯托波尔外围的情况在继续恶化。刚进12月，英国远征军司令官拉格伦勋爵宣布，又将有500名伤员启程来斯库台，而医院此时实在无法容纳更多的人了。唯一的办法就是扩建病房。南丁格尔深知如果向英国政府提出书面报告，等到批复下来，克里米亚战争不是早已结束，就是伤兵早已死光。

于是，南丁格尔直接与驻君士坦丁堡的英国大使夫人商量，向大使表明事态刻不容缓，请求他直接下达命令，果然如愿以偿。立刻，南丁格尔雇了125位工人进行扩建工作。但不知何故，这些工人竟中途罢工，而大使也怕招惹麻烦，不再理会。南丁格尔只好再度动用私款，雇用了200名工人加紧赶工，总算如期完成工作。同时，她还引进了不少医疗设备。而这一切，调配处根本不曾过问。

当500名伤兵从运输船上下来，受到南丁格尔及护士们以清洁的寝具和温暖的食物热切照顾时，人人感动地流下眼泪。其中一位士兵喃喃地说："我们是不是来到了天国？"

渐渐地，南丁格尔远近闻名。后来，她这项扩建工作被陆军部正式批准，她所垫付的款项也由国库偿还，南丁格尔的声望更高了。就南丁格尔本人来说，这一点点成就微不足道。她始终认为，她的使命在于向人们，尤其向当时的英国社会证明，妇女可以在护理工作中起重大作用。

12月中旬，英国维多利亚女王将一批慰问品委托南丁格尔代为分发，并且给她写了一封亲笔信："对于成千上万的伤兵与病员，你献出了爱心和苦心，是我一直深表感佩的。你甚至对病愈回家的伤病员们，都付出无比的耐心加以照顾。在此我除了向你致上最高的敬意与诚意之外，也请你告诉我，需要我配合帮忙的地方……"

在信中，维多利亚女王还向南丁格尔征询意见，自己应"如何表彰她的伤病员所表现出的英勇和牺牲精神？"这时南丁格尔正在催促陆军大臣赫伯特更改规定。当时英军的规定是，病员即使因公务患病住院，每日都扣除津贴9便士（约0.36美元），作为住院医疗费，而伤员只扣4个半便士。南丁格尔复信给维多利亚女王，请求她批准更改住院费规定，对伤员和病员一视同仁。维多利亚女王很快批准了这一请求。

1855年1月，塞瓦斯托波尔城下英军所受的痛苦可说到达了顶点。英军在塞瓦斯托波尔前线只有1.1万名兵员，而在各战地医院中的伤病员已高达1.2万人。"灾难，真是灾难史上空前的灾难。"南丁格尔后来写道。她写信告诉赫伯特："照顾病人的工作，反倒是我许多非做不可的工作中最轻松的。"南丁格尔遇事沉着冷静、果断，有才干，大家对她报以"女神"般的尊敬。英军士兵们说："如果由南丁格尔小姐做司令官带领我们的话，下个星期，我们一定会把塞瓦斯托波尔攻下来。"军医们也完全信赖南丁格尔，一名英军士兵在家书中写道："南丁格尔小姐是拥有绝对权力的女王。"一个女性受到这样的欢迎，或许的确是战争史上的奇迹。

阿伯丁内阁辞职，也导致陆军大臣赫伯特离开政界，南丁格尔的地位并未因此削弱。新首相帕麦斯顿是南丁格尔的老朋友，帕麦斯顿经常将她的提议和报告呈给维多利亚女王。潘默尔继任陆军大臣，更是奉命听取南丁格尔的意见并认真考虑她的要求。2月，潘默尔派出一个调查团，调查前方医院和战地营房的卫生状况。正如南丁格尔后来所记述的："这个代表团拯救了英国军队。"

他们发现的问题令人发指。调查报告中描述野战医院卫生条件之差，所用的措辞为"简直是谋杀"。在堂皇的建筑物底下，是最破败塌陷的阴沟，这些建筑

巡视病房的“提灯女神”南丁格尔

物就处在一片腐烂污秽的海水包围之中。灰泥脱落、百孔千疮的围墙半截被浸泡在海水中。数不清的露天厕所，一股股腥臭气直扑病房。护士们发现，有些铺位出奇的危险，病员一睡到这些铺位上，不久就会死掉。后来才发现，这类铺位都是离厕所最近，空气最污浊的。供水不仅不足，而且污染严重。调查团让人把医院的供水管道打开，发现水篦子上卧着一具死马的尸骨。检查团立即组织人手清理医院的环境，清除的垃圾竟有556车，还有26具死牲畜。阴沟全部冲洗干净，墙壁重新粉刷以杜绝害虫。固定在墙上的椅、柜都拆下来，以免躲藏老鼠。这些措施立即见效了，死亡率一度下降到2%。

1855年的初春，南丁格尔原本就不太健康的身体，因为过度的操劳、忧心，加上饮食不良，环境不良，体力开始走下坡路。她付出了巨大的心血和精力，每天往往工作20多个小时。南丁格尔还建立了护士巡视制度，每天夜晚她总是提着油灯巡视病房。夜幕降临时，她提着油灯，沿着崎岖的小路，在4英里之遥的营区里，在病房的长廊上轻步走动，逐床查看伤病员。一位和南丁格尔一起巡视的护士回忆说："我们似乎走在一条漫长而永无止境的路上，身旁是孤独和寂寥，偶尔听得见一些重伤员的呻吟。四处都是微弱的灯光，更显得周围一片晦暗死寂……南丁格尔把手上的油灯轻放在地上，再悄悄地走到伤兵的病床边，弯着身子观察，她的脸上充满着慈光与祥和，教人深受感动……"

有英军伤病员写道："灯光摇曳着飘过来了，寒夜似乎也充满了温暖……我们几百个伤员躺在那，当她来临时，我们挣扎着亲吻她那浮动在墙壁上的修长身影，然后再满足地躺回枕头上。"这就是所谓的"壁影之吻"。士兵们称她为"提灯女神""克里米亚的天使"。有英国议员特意从伦敦去斯库台考察，回国后在发表的谈话中说："当我在简陋的医院中看见弗洛伦斯（指南丁格尔）后，我才领悟到历史上所记载的古代圣人的威仪是怎么一回事。如果你当众向士兵们宣布，刚才天空中出现一道裂缝，南丁格尔小姐登天为神，我相信没有一个人会感到惊讶或怀疑，因为这正是隐埋在人们心目中的弗洛伦斯。士兵们都深信，无论何时何地，她都会在他们的身边，这也正是弗洛伦斯在这个医院中所造成的力量，人们迫切地需要她。"

南丁格尔的影响之深远，并不局限在医疗护理和医院管理。南丁格尔看到普通英军士兵缺乏教育和照顾，所得薪饷往往都花费在酗酒上，并不寄回去赡养家庭。她认为普通士兵是可教育的，并相信士兵发生酗酒、嫖娼等不良行为应归罪于其所处的环境而非士兵的本性。她写道：“我从没有加入对士兵鲁莽、淫荡、无可救药的吼叫者之中，尽管这种吼叫是广受欢迎的。恰恰相反，我该说的是我从没有见过总体上如军队这样可教养、可帮助的一群人。要是给他们快速、安全地往家寄钱的机会，他们就会利用这个机会；要是给他们建所学校，他们就会来听课；要是给他们一本书、一种娱乐游戏、一个魔幻灯笼，他们就会远离酗酒。”

她不让伤病员再喝酒，鼓励他们多给在故乡的妻子写信。南丁格尔制订了建立和充实阅览室和教室的计划，得到了英国社会各界迅速而慷慨的回应。英国民众向她捐赠了大量的图书、写字本、书写文具、挂图、地图、象棋、足球、魔幻灯笼、立体照相镜等文体用品。此后她不顾别人的反对，在兵营医院开了一间小阅览室，并放置了图书、报纸、手写材料、印刷品和休闲游戏，许多士兵常去那间阅览室。在那里，他们的举止变得有教养了。自此以后，英国军官都感觉到士兵的兴趣发生了转变，阅读取代了喝酒，当地很多卖酒商店因无人买酒而关门。

1855年9月，南丁格尔还建了一间“因克尔曼”咖啡屋。1856年1月，她在兵营医院外的一栋楼里为养伤士兵建立了一间阅览室和一所驻军学校，并提供了书籍、地图、休闲游戏和报纸。驻军学校则派了两名教师晚上给士兵做讲座、上课，让士兵参加讲演、音乐课、业余戏剧活动。第二所学校建在斯库台两所医院之间的简陋小屋里，士兵在那里都能保持安静，且举止有教养。这些士兵得体的举止给南丁格尔留下了难以磨灭的印象。南丁格尔还了解到，士兵之所以将钱全用在酗酒上，是因为他们不愿意通过当时的工资主管给家寄钱，认为会遭贪污克扣。于是她又想办法替士兵们给家里汇款，不到6个月的时间里就汇了几千英镑。

斯库台医院的一切状况有改进之后，南丁格尔决定前往克里米亚半岛的两所野战医院。就在此时她才得知，自己的权力是受到限制的。她是“驻土耳其英国野战医院妇女护士队”队长，而克里米亚在权限之外。1855年5月1日，不畏阻碍的南丁格尔登船从博斯普鲁斯海峡北上，渡过黑海，前往克里米亚。同行的还有420名病愈的伤兵，他们是要到前线归队作战的。5月5日，即南丁格尔在斯库台登

南丁格尔改进完善后的斯库台医院

南丁格尔与她的护士照料临终的伤员

陆整整六个月的日子，她渡海到了巴拉克拉瓦。

这天下午，南丁格尔一行到塞瓦斯托波尔外围的炮台参观。阵地上立刻欢腾起来，消息像野火般迅速传开，英军士兵们从帐篷里跑出来，向她高呼万岁。南丁格尔坐在废弃的炮台上，接受士兵们热情的欢迎，以及他们献上的百合与野花做成的花束。

第二天一早，南丁格尔便开始了她的医务巡察，发现问题照样成堆。然而还没来得及解决问题，她就病倒了。军医检查诊断后宣布：南丁格尔小姐患了“克里米亚热病”。整个巴拉克拉瓦骚动了，很多英军士兵都像服丧一样的悲伤。这个消息传到斯库台，许多伤兵不断跪地祈祷，愿南丁格尔早日康复。两个星期中，南丁格尔一直在死亡线上徘徊。因为天气太热，南丁格尔的精神始终不稳定。她的手始终像握着笔一样，不停在空中做写字的动作。发高烧的时候，南丁格尔的头发全被剃光了。5月20日，英国远征军司令拉格伦勋爵来探视南丁格尔，两人原本即是社交界的朋友。恰逢南丁格尔病情好转，拉格伦事后亲自宣布——南丁格尔小姐已度过危机。维多利亚女王亲自致信陆军大臣潘默尔：“我听说伟大、高贵的南丁格尔小姐已脱离险境，为了这件事我必须向神圣的上帝致最高的谢忱。”

7月，南丁格尔基本痊愈。医生告诉她，这场热病恰恰救了她的命，因为她可以借患病而被迫好好休息一下。随着9月塞瓦斯托波尔要塞陷落，战事基本结束，从前线回国的英军士兵越来越多，他们把南丁格尔和战地医院的传说带回到英国。赞扬和勉励的信件如雪片般飞到南丁格尔在英国国内的家中，南丁格尔的姐姐忙得一刻也不得安宁。市面上开始大量销售各种版本的南丁格尔传以及画像，新闻杂志上时常可以看到南丁格尔的大名，以及歌颂她的诗篇，连诗歌征文比赛也以南丁格尔为主题。有人索性用她的肖像做信纸的背景，甚至瓷器上的花纹。至于各种以南丁格尔命名的道路、船只、公共建筑之类，更是数不胜数。英国人甚至将她描绘为手执油灯与柳叶刀的不列颠尼亚女神。

战争结束，南丁格尔一直留守在克里米亚。直到全体英军士兵都撤离回国后，她自己才于1856年11月悄然回国。英国人为她举行了连威灵顿公爵都未曾享受过的隆重欢迎仪式，她却化名“史密斯小姐”悄悄返回家里。她说：“我不要奉承，只要人民理解我。”她成了维多利亚女王巴尔默拉庄园的常客，英国人将南丁格尔看作新的圣女贞德。英国舆论提出：“给她准备一份礼物吧，让她按照自己的意愿去处理。”于是，伦敦社会名流共同发起成立“南丁格尔基金会”。一经呼吁，英国人捐款源源不断，单是克里米亚的老兵一天就捐献9000英镑。维多利亚女王捐献了一幅威灵顿公爵的画像。她为表示个人对南丁格尔的嘉许与感谢，特地送给南丁格尔一个金质钻石胸针，胸针上镌刻着《圣经》里的名言：“怜恤他人的人有福了。”南丁格尔将基金用于开办护士学校，发展她所热爱的事业。她因此成为现代护理事业的创始人和现代护理教育的奠基人，给以后的护理发展打下了基础。国际红十字会将南丁格尔奖章作为护士最高荣誉，她的生日则成为国际通行的护士节。

克里米亚前线的拉塞尔

与南丁格尔相似，那位伦敦《泰晤士报》特派战地记者威廉·拉塞尔同样也是在克里米亚战争中开风气之先的人物。他是严格意义上的第一位职业战地记者。新闻史学家认为，他的出现象征着专业记者的成熟：“记者作为某种民间英雄开始出现，在事发现场无所畏惧地发掘事实真相。”正因如此，拉塞尔在克里米亚前线屡遭英国军方驱逐，有时既无住所又无口粮证，还被拒绝进入战斗现场。尽管如此，他仍然单枪匹马地在战场上四处奔走，亲历了种种骇人听闻的战地真相，从前线发回了大量震惊英国朝野的报道。

1820年威廉·霍华德·拉塞尔出生于爱尔兰的都柏林，年轻时他几度想从军都被祖父阻止。21岁的拉塞尔在都柏林一所学院学习法律时，他有个在《泰晤士报》当记者的堂兄，雇他协助报道爱尔兰大选，这让他与《泰晤士报》结缘。后来拉塞尔正式进入《泰晤士报》担任议会报道记者，后又一度离开《泰晤士报》回去继续攻读法学。在《泰晤士报》新任主编约翰·德莱恩的力邀下，拉塞尔重回《泰晤士报》，于1850年赴北欧报道丹麦与石勒苏益格-荷尔斯泰因的战争。拉塞尔从此开始了亲历炮火的战地记者生涯，并在战斗中负了轻伤。

当1853年克里米亚战争的端倪初现时，作为“英国社会忠实记录者”的《泰晤士报》当然不能无视这场颇得英国民心的战争。1854年2月的一天，当主编约翰·德莱恩告诉拉塞尔，要派他随英军开拔去马耳他时，拉塞尔说自己没有什么兴趣，因为他不想离开老婆和孩子。德莱恩说，只要去两个月，而且奖金丰厚，拉塞尔同意了。随军踏上征程的拉塞尔，两个月后从马耳他又去了君士坦丁堡，最后辗转到了克里米亚半岛。这一路的报道下来，时间已是两年后。

在拉塞尔作为随军记者对战争进行报道之前，欧洲的报纸主要是依靠军队中的下级军官或少数军中通讯员来获取战争的进程战况，显然效果不令人满意。毕竟下层军官无法鸟瞰战争全貌，也没有受过专门的新闻写作训练。而且军队严格的保密制度也极大限制了战争新闻的采写和发表。所以才说，拉塞尔是严格意义上的第一位职业战地记者。随军报道的途中，拉塞尔并不受英军的欢迎。随军到了马耳他，迎接他的是大多数英军官兵怀疑的目光。他只好又登上一艘运兵船，前往加里波利。到了那里部队已经出发，一路拉塞尔就像被人遗弃的孤儿。后来拉塞尔赶上了向斯库台进发的英军，好不容易才搞到一顶栖身的帐篷。英军旅长发现帐篷里住着一名记者，便命令部下扯掉帐篷，扔出营地。这样的遭遇一直伴随着拉塞尔的随军报道。随后在瓦尔纳的随军报道中，拉塞尔的遭遇更加狼狈。英国远征军总司令拉格伦勋爵不但不向拉塞尔这样的记者提供食宿，而且还令人将他赶出随军人员的队伍。拉塞尔就在没有住处、没有口粮证的情况下，一路坚持下来投入采访。他用马鞍或者用两只木桶架起一块木板，在上面写下发自战场第一线的报道。

初上战场时，拉塞尔的报道与其他报道在内容和风格上没有什么不同，主要是渲染胜利的气氛。不久，拉塞尔发现了更为重要的东西，他开始报道战争中不光彩的一面。拉塞尔的战地报道往往采用给主编德莱恩写信的形式，侧重于报道战场的全景，向国内的观察家提供战役胜败的论述。如前揭义，他没有过分渲染令人陶醉的胜利，随军过程的真实感受以及讲真话揭露事实真相的责任感，使他将笔墨重点放在披露联军的阴暗面上，如英军严重的后勤灾难和医疗问题。在拉塞尔报道的感召下，南丁格尔才率护士队来到前线。对巴拉克拉瓦之战中轻骑兵的死亡冲锋，拉塞尔也做了现场目击式的报道。随后拉塞尔更加翔实地报道了英军在克里米亚严冬中的种种惨况，令英伦三岛上下震惊。

写这些报道时，拉塞尔也曾动摇过。拉塞尔在写给主编德莱恩的信中问："我是讲述这些事情，还是装聋作哑？"在国内尽管德莱恩因刊登拉塞尔的文章而备受指责谩骂，但他总是回信告诉拉塞尔："实话实说，继续干下去，尽你所能揭示事实的真相，把可能会招致的危险留给我们。"于是，拉塞尔坚定信念，继续报道英军士兵在战场上的不幸，为主编的社论提供切实的内容。拉塞尔被英国政界和舆论界的一些人认为是"叛国者"，理由是他的报道不仅动摇了军心民心，还为俄国提供了情报。因为拉塞尔的报道中时有联军部队位置、兵力数量、被俄军占领的军事目标以及进攻手段等内容出现。他们要求英国政府应当对战争中的战事报道实施严格的检查。拉塞尔则坚信："传播事实可能是为俄国人服务，这也许是危险的。但向英国人民掩盖真相，这肯定是危险的。"

《泰晤士报》源源不断抛出的"重磅炸弹"开始让维多利亚女王和英国政府有些招架不住了。虽然频频声称要将拉塞尔"逐出上流社会"，结果却是1855年1月，英国下院决定成立专门委员会，调查英军的部队状况及相关部门的失职行为。不久，在《泰晤士报》的责难声中，阿伯丁内阁辞职。1856年，英国军方也开始对新闻界的报道进行限制审核。新任陆军大臣潘默尔对拉塞尔说："是你推翻了政府。"

彼时的英国政客这样评价拉塞尔的贡献："他虽然招来不少敌意，但凡是参加过克里米亚战争的公正之士，几乎没有人怀疑这样的事实：他唤醒了英国人的良心，使他们同情英军所遭受的苦难，从而拯救了我们在（1854年）9月间送去的那些伟大部队的残余。"

拉塞尔自嘲为"倒霉部落的伤感守护者"，后来相继采访报道了1857—1858

英军第4轻龙骑兵团军官们的战地合影

英军第13轻龙骑兵团官兵的战地合影

年的印度民族大起义、1859年的法奥战争、美国南北战争（采访期间还受到美国总统林肯接见）、1864年的丹麦战争、1866年的普奥战争直至普法战争和巴黎公社起义等等。当他于1883—1884年在埃及报道自己经历的第10场战争时，已是64岁高龄。来自前线战场夹杂着硝烟味的报道让拉塞尔获得了众多的荣誉。他不畏艰难进行报道的精神和敢于揭露事实的勇气，更使他成为英国公众心目中的偶像，也是无数后来者效仿的榜样。拉塞尔被英国维多利亚女王授予爵位，是几位最早获此殊荣的记者之一。最重要的是，拉塞尔逝世后，墓志铭称他为“最早同时也是最伟大的战地记者”。

与威廉·拉塞尔从事的工作相似，克里米亚战争中另一位具有开创性的人物罗杰·芬顿，一般被认为是严格意义上第一位战地摄影师。不过，他在克里米亚战争中的境遇与拉塞尔截然不同。

罗杰·芬顿生于英国兰开夏郡一个富裕家庭，毕业于牛津大学，先后学过艺术、法学和绘画，而后又转向彼时新兴的艺术门类——摄影。1852年他成了俄国皇室雇用的第一位摄影师，1853年又得到大英博物馆的邀请拍摄写实照片。他主持创建了英国皇家摄影协会的前身，还涉足风景和建筑摄影领域，与英国上流社会保持着良好关系，很快引起了维多利亚女王和阿尔伯特亲王的注意。1854年秋，随着克里米亚战争日益吸引英国公众的关注，阿尔伯特亲王与陆军大臣赫伯特提出，请罗杰·芬顿前往克里米亚去记录战地实况，军方愿意提供便利。经过考虑，芬顿接受了邀请。

具体雇用芬顿的是《伦敦新闻画报》和英国陆军部，他们给这位一直从事风光摄影的艺术家签署了通行证，将他派往了战场。阿尔伯特亲王与陆军大臣赫伯特要求他拍摄一些积极的画面回来安抚国内的不安情绪，抵消威廉·拉塞尔发表的战地报道。在芬顿之前，报刊只能雇用画家和插画师来描述战争。正是拍惯了风景的芬顿第一次把摄影镜头瞄准了战争。芬顿在克里米亚只待了几个月，从1855年3月8日至6月26日。据美国国会图书馆资料显示，“芬顿在极端条件下共拍摄了360幅作品”。他当时用的是一架“大玻璃底片的相机……这也意味着需要很长的曝光时间，有时甚至在20秒以上”。

除了大而笨重的相机，为了能及时处理照片，芬顿的装备还包括一辆巨大的照相马车——这原本是一辆商人运酒用的厢式货运马车，经特别改装设计用来作为摄影师的移动暗房。在这座移动工作室里面，芬顿对拍摄的照片进行显影冲洗等操作。当时技术手段落后，他必须在10分钟内将极不稳定的湿版照片冲成负片。

人们说，一方面由于芬顿得到的命令，另外一方面也是由于笨重且落后的摄影器材限制，使得芬顿的照片里没有真正的战争。他的大部分克里米亚战争照片都是有关静态的场面，更多是一些谨慎摆拍的官兵集体照，但这却是摄影这一新兴技术在战地的第一次“在场”。士兵们都在镜头前摆出英雄一样的姿势，战场也被拍成了优美的风景画。美国国家图书馆介绍说：“他的作品没有记录实时战况，也没有记录战争对当地造成的毁灭性打击。”照片被转刻为木版画发表在《伦敦新闻画报》上，一位英国军官看到后发出感慨：“与现实完全不一样，一切都很平静，很温和的态度，没有烟，没有尘。”也有人说，芬顿对待“战地摄影”的态度和现代人不一样，他是以从事风光摄影的态度拍摄战争，摄影记录目的单纯。更有人说，他的照片并未全然服从英国官方的命令，集体照中的人物在炮火和恐惧蹂躏下的苍白脸色令人印象深刻。就连威廉·拉塞尔也出现在芬顿的镜头中。芬顿的战地摄影经典之作《死亡的幽谷》，则将这场旷日持久、异常惨烈的克里米亚战争以一种安静诡异的姿态展现在世人面前。不过至今依然有人在争论，《死亡的幽谷》是芬顿对战场风景的刻意摆拍。但无论如何，芬顿作为严格意义上第一位战地摄影师，这一身份当之无愧。

第 十 章

沙 皇 的 陨 落

Chapter 10

第十章 沙皇的陨落

因克尔曼之战后，克里米亚前线只发生了一些小规模的战斗。在黑海的严冬中，俄国沙皇尼古拉一世重病不起。他念念不忘克里米亚战局，急于打破联军对塞瓦斯托波尔的包围。重病的沙皇更加暴躁易怒，不顾天寒地冻，强令缅希科夫继续发动进攻。1855年1月10日，俄军对巴拉克拉瓦发动了一次小规模进攻。1月17日，2万俄军攻击了由土耳其军队把守的耶夫帕托利亚，那里是联军最初登陆的地方。缅希科夫之所以选择这个进攻目标，是因为他感觉土军比较好对付一点。可惜，土军在防守耶夫帕托利亚的表现上并不比英法联军差。据说土耳其军队司令官阿尔马尔·帕夏下令将所有俄军可能进攻的地段都浇注成冰道。俄军先是全线炮击，然后步兵冲锋，背着沉重背囊的俄军士兵在冰道上踉踉跄跄勉强挣扎到土军阵地前，大批遭到射杀，冲锋成了土军对俄军的冰上屠杀。缅希科夫强迫俄军继续进攻，结果部队开始骚动，号称最能忍耐的俄军士兵，现在也无法忍受"军中屠夫"缅希科夫的宰割。冒着上军事法庭的风险，军官拒不执行命令，士兵消极避战，甚至当逃兵。缅希科夫只得在没有取得成果的情况下停止进攻。

战场上的杀戮丝毫没有停息，外交的战场上亦然。在争取其他中立国加入同盟方面，英国最终在瑞典和撒丁王国收到了一定成效。瑞典害怕俄国的扩张会威胁到自己国家的安全，又担心如果加入英法的行列却又得不到英法的保护，势必得不偿失。因此，英国争取瑞典方面参战并不容易。即使英国以芬兰为诱饵鼓励瑞典参战，瑞典仍提出了很多在英国看来过分的要求。直到英法攻克塞瓦斯托波尔后的1855年11月，英法才与瑞典达成一个同盟条约。意大利方面，英国一直想争取撒丁王国加入自己一方。英国迫切感受到军队数量的不足，想尽力拉拢撒丁王国参战来平衡法国。撒丁王国首相加富尔希望未来在意大利的统一问题上得到英法的支持，同时加富尔也谋求未来的意大利能够成为地中海的强国，希望赢得英法的好感。不过，在此时的英国人眼中，不能因为撒丁王国而得罪奥地利。奥地利在意大利北部的利益是无可动摇的，英国不能给撒丁王国明确承诺。

最终，撒丁王国在经过国内无休止的争论之后，下定决心参战。1855年1月10日，撒丁王国首相加富尔与英法签订军事与财政条约，决定无附加条件地加入英法联盟，派兵1.5万人赴克里米亚协助英法作战。撒丁王国参战可说是加富尔的一个赌博行动——奥地利对撒丁王国的行动充满疑虑，认为撒丁王国可能与法国签有秘密协定，这也是后来奥地利急切希望结束战争的重要原因之一。

此时英国国内对阿伯丁政府批评加剧，导致阿伯丁政府于1月31日垮台。公众的宠儿成为新首相呼声最高的人。于是，2月5日，影响了英国外交政策数十年之久的帕麦斯顿第一次出任英国首相，组阁上台。当军事战场和外交战场同时陷入泥潭之后，英国内阁中再度出现了主张和谈的声音，认为即使攻不下塞瓦斯托波尔也应该和平。法国国内也出现了一些要求和解的声音，甚至认为法国是为了英国的利益而战。

不过帕麦斯顿本人毕竟是主战派的代表，连原先的陆军大臣赫伯特也被主战派的潘默尔取代。在他们看来，战争必须继续，克里米亚前线的问题只是指挥不力。潘默尔在给拉格伦公爵的信中写道："我看不到任何理由……改变在本地（指伦敦）受到普遍赞同的观点，即您的参谋部效率低下。"同样在伦敦的骑兵禁卫军总司令哈丁勋爵则记录下了"军官阶层"的抱怨和《泰晤士报》的威胁："他们（指英军）的贵族将军和同样的贵族阶层带着一股绅士般的气定神闲去观察那遍地尸骸和毁灭的景象……（将军们）会带着自己的马匹、盘碟、瓷器、德意志厨师和几吨重的公文回国，一切都是这个阶层的特权，还要宣布最后一名英国士兵已经战死沙场。"于是，原本派驻君士坦丁堡的伯戈因将军被派去克里米亚担任拉格伦的幕僚，然后又被当作替罪羊召回国，于3月20日离开克里米亚。在没有事先征求拉格伦意见的情况下，英国政府又将陆军中将詹姆斯·辛普森爵士派去克里米亚，担任拉格伦的参谋长，确保英国内阁的政策能在前线得到执行。潘默尔向拉格伦勋爵写信恳求："我必须做些什么来满足下议院。"无奈之下，拉格伦只得硬着头皮接受。

同样值得一提，英国与中立国美国出现外交摩擦，也是克里米亚战争中一段独特的插曲。英美之间的募兵危机使英国陷入与美国外交争端的泥潭之中，险些将美国拖入战争。

由于仅在国内征兵无法满足战场的需求，英国议会在1854年12月通过《境外征兵法》，批准提供资金，允许英国政府从境外征召雇佣兵，组建外籍兵团以扩充作战部队。从国外招募雇佣兵在英国有着悠久的历史，18世纪乃至拿破仑战争期间，英国都曾招募过大量外籍雇佣兵。《境外征兵法》便是以拿破仑战争期间通过的类似立法为基础。此次从海外募兵依然延续传统方式，例如主要从瑞士和德意志地区募兵。考虑到战争的艰巨，英国想要更大范围尽快募集更多士兵，于是将征兵范围扩展到了对英国充满敌意又在这场战争中保持中立的美国。

英国人十分清楚，在美国境内直接募兵会违反美国的《1818年中立法》。根据该法案第二部分相关规定，在美国境内任何个人主动加入外国雇佣军是违法行为，雇主同样违法。英国人精心筹划，打算通过中立法条款的漏洞来招募"志愿者"。英国人的具体做法是这样：计划招募对象为1848年革命后移民美国的德意志人和在美国处于失业状态的英格兰青壮年移民。英国官方人员不直接出面，由代理人进行具体操作，向愿意为英国效劳的志愿者支付一定费用，给其指明到加拿大哈利法克斯的路，让他们到加拿大加入雇佣兵团进行集中训练。最后转送到克里米亚半岛，加入英军作战。这样的话，这些志愿者在美国境内没有形成实质性的雇佣，则不违反美国的中立法。

开始行动之前，募兵代理人向英国国内汇报情况时夸下海口，声称由于美国辛辛那提等地存在相当数量的失业人口，不少居住于此、出生于英国本土的人想报效祖国，招募到2.5万名甚至更多的志愿者不成问题。募兵代理人忽略了最重要的问题——如果真能招募到这么多人，是绝对无法瞒过美国当地舆论和当地政府的。

果然，随着募兵活动的展开，美国舆论开始对英国不利。美国政府介入其中进行调查，越来越多证据显示英国官方在招募行动中难脱干系。面对美国的强硬态度，加之在美秘密募兵开销远高于欧洲，英国于1855年6月放弃了在美国的招募计划。

这次募兵活动持续了五个月，只招募到135人，远少于预期的上万人，而且这些人未能赶赴战场。这次募兵活动未能减轻英国兵源匮乏的压力，反而引发了英美外交上的拉锯战。后人分析，俄美间密切的关系是美国反对英国在其境内募兵的重要因素。英法对俄国宣战后，美国虽宣布严守中立，但长期对英国的敌意，以及与俄国的友好关系，使俄美之间关系在战时较为亲密。英国在战时对俄国进行经济封锁，对俄美贸易产生不利影响，更引发美国的不满。战争开始后不久，英国被迫承认美国提出的自由航行问题，即中立国船只除运载违禁品外一律享有自由航行的权利。这意味着战争期间美国可以利用中立国身份与俄国进行正常的贸易往来，无疑有助于俄国战时的经济运转。俄国为了拉拢美国，不失时机地放出风声，表示不反对美国在恰当的时候获取夏威夷群岛。

美国在克里米亚战争期间利用中立国的身份加强与俄国的贸易往来，扩大在俄国的市场占有，甚至出现了短暂的"战争繁荣"。美国还在俄国的合作之下，扩展在波斯和远东阿穆尔河（即黑龙江）流域以及萨哈林岛（库页岛）的商业利益。具有讽刺意义的是，面对美俄在远东的渗透，利益攸关的英国甚至向清政府建议，建立一个英中同盟来加以对抗。当时清朝自身处在太平天国的内乱之中，没有精力理睬这类建议。

募兵危机和中美洲危机交叉出现，导致英美两国关系在1855—1856年持续紧张。以至于后世有历史学家夸张地评论道，如果克里米亚战争继续下去，美国很可能与俄国并肩作战，对抗英法；战争很可能会由局部战争升级为全面战争，甚至第一次世界大战提前爆发。

至于俄国方面，沙皇尼古拉一世无法忍受俄军在前线屡屡失败的耻辱。夏天在彼得戈夫，俄国人从地势高的地方已经可以看到停泊在喀琅施塔得附近封锁俄国海军的英法联军舰队。这种对于避暑者和居民显得新奇的景象，却让俄国沙皇难以忍受。此前整个欧洲都会在他面前战战兢兢，如今实力占优势的敌军舰队却在自己面前为所欲为，仿佛在对他发出嘲笑。喀琅施塔得遭到封锁是一种可悲的象征，表明尼古拉一世停滞不前的保守政策全部归于失败破产。1854年8月末，宫中女官秋特切娃在教堂中看到沙皇尼古拉一世："我站在他近旁，对他身上最近期间所发生的巨大变化感到吃惊。他神情沮丧，内心的折磨让他的脸布满皱纹……瞧着他祈祷时那副痛苦而专注的面容，不能不体验到对这位高傲而威严的皇帝满怀敬意、令人悲痛的同情，他正卑躬屈节地在上帝面前五体投地。"

3月2日，沙皇尼古拉一世神秘死去。一般认为，尼古拉一世是对克里米亚战事感到绝望，服毒自尽。人们说，他等不及战争结束，他的最后一道圣旨是解除缅希科夫的职务，承认自己的军队失败。尼古拉一世在位30年，是个虔诚的东正教徒，严格遵守东正教教规，很能约束自己，从不错过任何一场宗教活动。他不吸烟，也讨厌周围吸烟的人；从不饮用烈性酒，每天都坚持散步，从事锻炼。尼古拉一世每天的生活就像一架有规律的时钟，崇尚严明的纪律，反复强调法律和秩序，每天的工作时间都达到16小时至18小时。

然而，多年来尼古拉一世为之殚精竭虑的俄罗斯帝国一直是个烂摊子：农民暴动，士兵暴动，社会秩序极端混乱，经济状况恶化，贵族阶层和官僚机构贪污腐败成风，挥霍无度、侵吞公款和偷盗国库成了尼古拉一世在位时期的典型社会风气。这种情况严重到连尼古拉一世本人都感到无能为力。由于崇尚武力和战争，在俄罗斯的国土上大修堡垒和军事要塞成了尼古拉一世的主要政绩之一。他从国库里拨了许多钱，那些堡垒和军事要塞却依然久久不能如他所愿地拔地而起。尼古拉一世在视察布列斯特要塞的修建工地时，问身边的一位侍从："您知道这砖块是用什么做成的吗？"侍从回答："我想是用土做成的吧，我的陛下。"尼古拉一世摇着头说："不是，这是用黄金做成的。至少我是用黄金买这些砖块的！"尼古拉一世身边那些受到宠信的将军和大臣们摸透了沙皇陛下的脾气和爱好，大肆鼓吹和想方设法参与或包揽要塞和军事工程的建设，以便从中渔利。为了推行自己的尚武政策，尼古拉一世所任用的大臣多为将军和侍从武官。曾有俄国学者统计，尼古拉一世在位期间，将军的人数在大臣中占55.5%，在国务会议中占49%，在参议院中占30.5%，在省长中占51.7%。然而，俄罗斯帝国的腐败和劣迹很大程度上都是由于这些将军们的所作所为造成的。尼古拉一世身边一位参政员后来如是说："他（指沙皇尼古拉一世）的不幸就在于用人上。他任命本肯道夫为宪兵头子，但本肯道夫是个轻举妄动的人。陛下信任这些人，而这些人是如何报答陛下的信任呢？本肯道夫因为轻举妄动而不顾一切，奥尔洛夫卷入了肮脏的投机买卖，帕宁所干的一切就是贬低参议院，缅希科夫虽不欺骗陛下，但也从不敢不顾一切地讲一句真话……”这就是尼古拉一世身边的高官重臣。尼古拉一世派自己的侍从武官检查第聂伯河大桥的建设情况，大桥的负责工程师居然将虚假的工程进度报告和一大笔贿赂款一起交给这位侍从武官。尼古拉一世不禁万般无奈地对皇储亚历山大说：“我看，全俄罗斯大概只有你和我不偷。”

除了国政的腐败，连年战争也让俄罗斯国内政局动荡不安，民不聊生。因战争和生活状况恶化而凶猛传染开来的鼠疫和霍乱更是火上浇油，让俄罗斯国内群情沸腾，不满和愤怒发展成一触即发的危险局势，尤其是在军队和农村。即便在眼下血战中的塞瓦斯托波尔，1830年6月也曾爆发过水兵暴动。暴动水兵击毙了督军，一度控制了城市。尼古拉一世被迫在将起义镇压下去后，对军队做出某些让步。他颁发圣旨，盛赞俄国士兵的英勇和对国家的忠诚，对俄国士兵表示“特别的、衷心的和诚挚的感谢”，声言“我现在和将来都会因能指挥这样光荣的军队而感到自豪”。俄罗斯农民的骚动更是风起云涌。尼古拉一世在位时期，俄罗斯全国总数6000万的居民中，国家农民和地主农奴有4800万。地主农奴大都集中在俄罗斯中部和西部地区，所以这些地区的农奴暴动特别频繁。本肯道夫在给尼古拉一世的报告中写道：“在地主农奴中间，渴求自由的念头与日俱增。”“农奴的状况是国家脚下的火药库。”尼古拉一世深知农民反抗和骚动的可怕后果，他对大臣们说：“毫无疑问，在我国当前的形势下，农奴制对大家来说确实是可以感受到的和显而易见的祸害。”他提出过“解放农民”的问题，颁布过十几道相关的圣旨，在接见斯摩棱斯克贵族代表团时曾直言：“现在，我不是以皇帝，而是以帝国第一贵族的身份和你们谈话。按照法律，土地属于我们这些贵族，因为我们为国家流了血，我们是用我们的鲜血得到了这些土地；但是我无法理解人怎么会变成了物件的，也许一方面是狡诈和欺骗，另一方面是举止无礼。这一切该结束了。与其被人们从我们这里剥夺掉，不如我们自愿交出去。”后人评价，尼古拉一世“解放农民”的措施为俄罗斯1861年改革废除农奴制奠定了基础。

对于困扰俄罗斯帝国几十年之久的北高加索问题，沙皇尼古拉一世全面诉诸武力。当初任命帕斯科维奇为高加索方面俄军总司令，给他的旨意就是：“一劳永逸征服各族山民，彻底消灭一切不臣服者。”塞瓦斯托波尔前线的大文豪列夫·托尔斯泰最早就是从高加索山区开始了自己的军旅生涯。文豪们对尼古拉一世更是印象深刻，正是他颁布了新的出版检查制度，设立了掌管秘密警察事务的内务部第三厅，任命自己的侍从武官本肯道夫为第三厅厅长兼宪兵司令。由于所谓“铸铁般的书报检查制度”，文豪们必须将自己的文稿首先送给本肯道夫本人去审查。著名的作家和思想家如赫尔岑、车尔尼雪夫斯基、杜勃留波夫等人都曾因文章的思想和内容而遭惩处，一般是先经过弗拉基米尔，再经过诺夫哥罗德，被流放到遥远的省份去。而对于普希金这样名重一时的大家，送审文章都由尼古拉一世本人来看。正如本肯道夫对普希金所说：“您的作品谁也不会看，对于它们没有任何的审查。皇帝陛下是您的作品的第一位评判者和检查者。”尼古拉一世深知，来自人民深处的俄国天才都是经过被何等苦难挤压的缝隙才达到自己光辉的顶峰。他说，他不想在自己的治理下有“政治上被放逐的天才”。所以，本肯道夫用告密和检举等一系列手段来控制人们的思想，尼古拉一世对这些告密和检举的结果很满意，但对告密者和检举者不屑一顾。曾有一名密告了一个秘密社团的贵族想借此机会晋见尼古拉一世，尼古拉一世对本肯道夫说：“去问问他需要什么样的奖赏，尽可能满足他的要求，但我本人不想见他。我承认告密是对的，但我蔑视告密者。”

当然，尼古拉一世也竭尽全力为俄罗斯带来了发展。人们统计，1825年俄国有5000多家工厂，20多万名工人；到1855年，增长到1万多家工厂，50多万名工人；乌拉尔的冶金工业获得大发展，铁产量居欧洲第一位，棉纺工业生产的面纱超过德意志全部邦国的总和。后人评价，比起他的哥哥亚历山大一世，尼古拉一世在统治的铁腕政策方面并没有什么重大区别，只不过亚历山大一世打着“自由”和“自治”的旗帜，尼古拉一世则侧重于军队、宪兵和暴力。他以自己的手段做到了亚历山大一世未能做到的事，但仍有许多事情他未能做到。恩格斯则将尼古拉一世揶揄为“一个自我陶醉的庸人，他的眼界永远超不过一个连级军官的眼界，他错误地把残酷当作毅力的表现，把任性执拗当作力量的表示”。无论如何，尼古拉一世毕竟还是俄罗斯帝国罗曼诺夫王朝一位举足轻重的帝王。有人指出，任何君主都有得意的岁月，也有不幸的时刻。尼古拉一世的不幸就在于，他至死未能明白一个道理：无论是国家还是民心，都不是军队和宪兵、暴力和战争所能征服的。克里米亚战争的前线局势和俄罗斯国内的混乱不堪使他难以为继，他无法承受巨大的压力。尼古拉一世梦寐以求将所有泛斯拉夫民族统一到自己的大旗下，建立起大斯拉夫帝国，他最终没能实现这一梦想。尼古拉一世无限感慨地对自己的继承人，未来的沙皇亚历山大二世说："为俄罗斯服务吧。我本想把最困难、最沉重的担子担起来，把一个和平的、一切安排就绪的、幸福的王国留给你，但上帝却做了另一种安排。"2月18日午夜，尼古拉一世命令给莫斯科、基辅和华沙分别发去如下文字的电报："皇帝正在死去，并向所有人道永别。"

当年尼古拉一世就是在哥哥亚历山大一世突然去世的情况下继承皇位的，这一场景又在他自己和他的儿子亚历山大身上再现了。已经当了36年皇位继承人的亚历山大匆匆被枢密院宣布为新沙皇。从前尼古拉一世在圣旨中不止一次表扬过皇太子亚历山大"热心于军队的精神"。克里米亚战争爆发后，当1854年2月21日英法联合舰队在喀琅施塔得附近出现时，亚历山大接受父皇的指派，统一指挥保卫圣彼得堡的所有俄国军队。美国外交官曾描述过这位俄国皇位继承人的面貌："他像罗曼诺夫家族其他人一样，身材很高，长相很英俊，并且极有自尊心，但是他的身上缺少点大丈夫的伟岸，还缺少点他父亲的威严。"更重要的是，亚历山大二世几乎是在没有任何准备的情况下登上俄国皇位的。

新沙皇亚历山大二世召回了缅希科夫亲王，代之以米哈伊尔·戈尔恰科夫亲王，后者在多瑙河前线失败后显然又得到新沙皇的重用。亚历山大二世似乎有意想结束战争，这为和平提供了契机。他开始了积极的外交活动，授权驻奥地利维也纳的俄国大使亚历山大·戈尔恰科夫亲王考虑和平的可能性。戈尔恰科夫家族的第三号人物出场了。亚历山大·戈尔恰科夫是前面两位戈尔恰科夫兄弟的堂兄，他取得的成就远远高于两位堂兄弟，今天俄罗斯联邦的"公共外交援助基金会"仍以他的名字命名。年轻时代他是诗人普希金的同学，普希金在诗里预见亚历山大·戈尔恰科夫将来必成大器。这位戈尔恰科夫曾准确预测了1848年奥地利维也纳的革命、费迪南皇帝的退位和弗兰茨·约瑟夫一世的登基。1850年，戈尔恰科夫在处理普奥争端的时候第一次与俾斯麦交手，日后两人将打20年的交道。人们评价，亚历山大·戈尔恰科夫是俾斯麦时代唯一能和俾斯麦抗衡的外交家。俾斯麦的"蜘蛛网大陆体系"，戈尔恰科夫是少数领会的人。据说以致英国首相一听到要跟俾斯麦和戈尔恰科夫见面，就头皮发麻，无比厌恶。1854年，戈尔恰科夫被派往维也纳担任俄国大使。他早早预见到英法将参加战争，遂劝告沙皇尼古拉一世不要做无谓的牺牲，显然意见没有得到采纳。新沙皇亚历山大二世重启外交努力，戈尔恰科夫理所当然担任起谈判重任。

3月15日，新一轮维也纳和会开幕。各国争论的要点集中在“维也纳四点”的第三点上。英国人提出，修订《海峡条约》的条款太过空洞，希望把它的具体细节定义更加明确，即摧毁塞瓦斯托波尔及黑海沿岸其他俄国海军设施，严格限制俄国军舰的数量，保持在四艘。英国代表约翰·罗素认为，摧毁俄国黑海舰队是实现和平的先决条件，只有英国在军事上取得胜利才能迫使俄国在黑海做出退让。法国代表德鲁安提出折中方案，即黑海中立化，戈尔恰科夫表示俄国同样无法接受。奥地利外交大臣鲍尔向各国提出进一步折中的方案，俄国在黑海的军舰数量不得超过1853年战前水平，这回英法拒绝接受，认为这是有利于俄国。英法两国最终明确，俄国在没有战败的情况下不会接受限制自己的苛刻条件，一切还需要等待战场来决定。法国外交大臣图费内尔说：“事实上，在巴黎和伦敦一样，人们都相信和平是不可能的；除非攻下塞瓦斯托波尔，否则人们不会想要和平。”英国财政大臣乔治·路易斯也有言：“只要我们的军队还在战壕里，任何政府都不可能稳定。我们的国内政治完全取决于要塞（指塞瓦斯托波尔）里每天发生的事情。”对英国政府而言，来自舆论的压力和议会的抗议声或许比俄国军队的威胁更大，刚上台不久的帕麦斯顿也试图以对俄国的军事外交胜利来巩固和加强自己在国内的政治地位。4月26日谈判结束，没有取得任何进展。

克里米亚前线方面，联军的情况到了3月得到根本改观。铁路投入使用，土耳其劳工到达，西班牙骡子作为运输工具也运到战场。军中的不法承包商和小贩被赶走。联军随着春天的到来而雄心勃勃，准备再次攻击塞瓦斯托波尔。其实塞瓦斯托波尔自开战以来从未被完全包围过，从北方和东方俄军可以自由进出。现在，联军计划再度通过大规模炮击来削弱塞瓦斯托波尔要塞的防御。

到了2月，大批法国援军到达战场。法军增加到9万人，共有8个步兵师，编成两个军，分别由佩里西埃和博斯奎特指挥。英军却只有1.1万名情况良好的军人，另外2.3万人不是负伤就是生病。土耳其军队则有2万人和30门大炮。法军现在是攻击主力。此外，联军中还有一些雇佣军，包括9000人的德意志军团、3000人的瑞士军团和1500人的波兰军团，这些都是英国花钱雇来的军队。可以说，英国将常备陆军的全部力量都投入了克里米亚。到3月，撒丁王国1.5万军队抵达克里米亚战场。

博斯奎特将军画像

尽管联军现在兵力可观，发动进攻仍然艰难。俄军的防御体系很完备，塞瓦斯托波尔要塞的石墙并不连续，马拉霍夫冈是唯一的石构堡垒。俄军的办法是用削尖的树枝做成栅栏，然后是深沟，再后面是由树枝和泥土构成的阵地。阵地后面是又一层树干构成的障碍，地上还有陷阱，里面是削尖的树枝，此外还有大量地雷。俄军在夜里发动突袭，攻击联军战壕里毫无戒备的士兵，让联军不胜其扰。

马米隆高地在2月22日夜间被俄军占领，俄军随即构筑了坚固的工事。马米隆高地位于塞瓦斯托波尔要塞和法军战线之间。攻占马米隆成为联军的首要任务，因为从马米隆出发，英军可以攻击大凸角堡，法军可以攻击马拉霍夫冈。3月6日，得知尼古拉一世逝世，拉格伦勋爵敦促卡洛波特立即对马米隆发起进攻。他认为俄军因为沙皇逝世士气低落，正是进攻的绝佳时机。卡洛波特却拒绝了。后世猜测，这可能是因为拿破仑三世皇帝的心腹尼尔将军来到克里米亚前线督战。而尼尔来的目的是征求卡洛波特的建议，拿破仑三世打算直接指挥战斗。拿破仑三世认为除非从各个方向同时进攻，否则塞瓦斯托波尔无法拿下。卡洛波特接受了拿破仑三世的看法。此外，卡洛波特不想冒险仓促进攻。

4月，黑海漫长的严冬彻底过去，到处一片春光明媚，连被鲜血浸透的战地也

英军猛烈地炮击

繁花似锦。换上了春装的联军又恢复了积极的军事行动。4月9日，联军开始第2轮大规模炮击。联军参加炮击的共计520门大炮。联军发射了16.5万发炮弹，作为回应，俄军998门大炮发射了9万发炮弹。炮击进行了10天，造成俄军6131人、法军1587人、英军263人的伤亡。俄军放弃了损坏严重的“旗杆”堡垒，但在夜里修复了其他工事。法军前进了100码，进一步行动却被拿破仑三世否决。英军和法军各自提出一个个作战计划，相继被对方否决。反复不断的争论之下，英法联军的关系渐渐受到这些夭折计划的困扰。

彼时的大文豪托尔斯泰正在塞瓦斯托波尔城中。3月初沙皇尼古拉一世逝世的消息传来，托尔斯泰在日记中写道：“俄罗斯正面临着巨变，在这一关键时刻，要参加到俄国生活中去，需要工作和振奋精神。”他想草拟一份改编俄国军队的方案，一边忍着联军的炮击一边着手这项工作。托尔斯泰对导致无谓牺牲的现存俄国军队制度提出了强烈的批评，揭露了俄国士兵无权又艰苦的处境，以及遭受的野蛮待遇。他建议在军队中采取一整套必要的措施：改善士兵的物质生活状况，提高士兵的文化水平，取消体罚，等等。他的方案并没有写完，4月初他的炮兵连被调到塞瓦斯托波尔城外的4号棱堡。这里是保卫战中一个危险的防御点，时常炮声隆隆，亲眼可见炮火将城市的上空映得一片火红。托尔斯泰忠实的仆人阿列克塞每天去4号棱堡给他送饭，他在棱堡中昼夜轮值4天，然后在塞瓦斯托波尔城内的营房里休息8天。城里也不平静，托尔斯泰在4月7日的日记中写道："军舰从远处向城里射击。昨天，一颗炮弹落到正在街上玩游戏的一个男孩和一个女孩的附近，他们抱在一起一块儿倒下去了。小姑娘是水手的女儿，她每天到炮火袭击下的营房来。"关于4号棱堡，托尔斯泰写道："（这里）经常遇到令人不安的危险，观察同我生活在一起的士兵、水兵们以及战争本身，使我感到十分惬意，我不想离开这儿，并且我还想在强攻的时刻在场，倘若敌人发动强攻的话。"

大文豪在塞瓦斯托波尔前沿危险的防御点里也没有失去文学创作的兴致。他在4号棱堡里坚持写作，炮弹就在不远的地方爆炸，仿佛四面八方都传来子弹的呼啸声，有的像蜜蜂那样嗡嗡掠过，有的就像琴弦那样吱吱作响。枪炮声惊天动地，令人十分恐惧。就在这样的环境里，托尔斯泰继续进行创作，完成了不朽名作《十二月的塞瓦斯托波尔》。他对战争做了如实的描写，没有把它描绘成一幅军旗招展的美丽图画，而是揭示它实际存在的景象：流血、痛苦和死亡。托尔斯泰既引导读者去注视士兵们的丰功伟绩，又关注士兵们的日常活动，伤员的呻吟，琐碎而又怯懦的感情与痛苦。托尔斯泰没有用任何华丽的辞藻去描绘俄国士兵对祖国的无限忠诚和义务感："在这张晒得黝黑、颧骨突出的脸上的每一条皱纹里，在每一块肌肉中，在宽阔的肩膀上，在穿着大靴子的厚实的脚上，都显示出构成俄罗斯人力量的主要特点——淳朴和倔强。"托尔斯泰发表了这样一种看法：普普通通的人是最热爱祖国的真正英雄人物。为了自己祖国的土地，为了自己的人民，他们不加任何显示，心平气和地去面对死亡。

托尔斯泰笔下，朝霞映红了塞瓦斯托波尔郊外萨彭山远处的天陲。此刻，这里燃烧着战火，但人们却毫不理会枪炮声，依然为日常的生机忙碌着，只有在战壕里才能感受到紧张的战斗气氛：

在塞瓦斯托波尔的北部，白天的活动逐渐取代了夜间的宁静：这儿有一小队换哨的士兵走过，把步枪弄得铿锵作响；那儿有个医生赶着到医院里去；这儿有个士兵从掩体里爬出来，用冰水洗那晒黑了的脸，然后，转身对着闪耀着红霞的东方，迅速地画着十字，祷告上帝；那儿一辆骆驼拉的又高又笨的玛扎拉（乌克兰南部一种四轮大车），装着差不多堆到顶的血迹斑斑的尸体，轧轧响着运到墓地去埋葬……您要是走近码头，就可以闻到煤、粪肥、潮湿和牛肉发出的一股怪味儿；成千样不同种类的东西——木柴、肉、土筐、面粉、铁等等——都堆在码头附近；各团的士兵，有的背着背包和枪，有的没背背包和枪，都挤在那儿抽烟、骂街，把笨重的东西搬运到一条停泊在浮桥旁的冒烟的轮船上；私人的渡船载满了各种各样的人——士兵、水手、商人和妇女，有的正在靠拢码头，有的正从码头上开走。

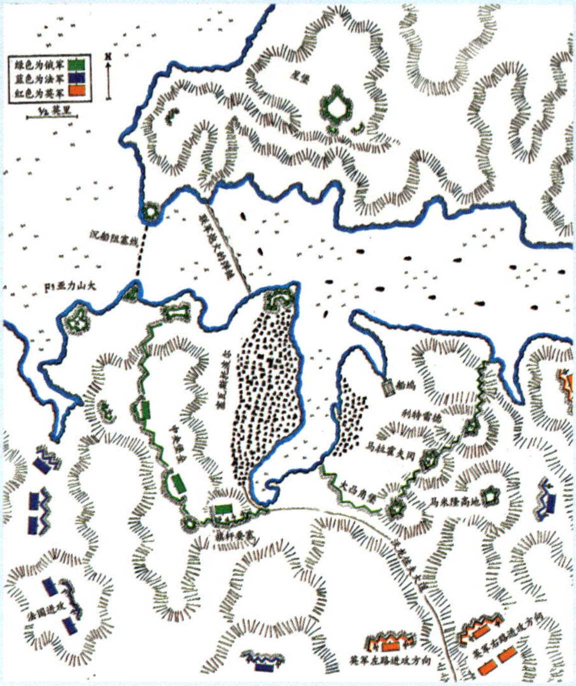

塞瓦斯托波尔围城战形势图

……

“你看，在那边爆炸了！”小伙子在长久的沉默以后说，他瞧着突然在南湾的高空出现的一片正在扩散的白色的烟云，随之而起的是榴弹爆炸的剧烈的响声。

“这是他（俄国士兵代指敌人）今天在新炮台上开炮。”老水兵加了一句，同时漠不关心地在手上吐了口唾沫……

……

滨海大街上，成群结队的穿灰军服的士兵、穿黑军服的水兵和穿得花花绿绿的妇女熙熙攘攘。村妇们在卖面包，俄罗斯的庄稼汉们站在茶炊后面大声吆喝着卖热蜜水；也就在这儿，在码头的头几个石级上，乱堆着生锈的炮弹、榴弹、霰弹和各种口径的铁炮。再往前一点，有一大片空地，空地上乱放着巨大的方木和炮架，躺着睡着了的士兵；有马匹、车辆、绿色的大炮、弹药箱、步兵的架着的步枪；步兵、水兵、军官、妇女、孩子、商人不断地来来往往；装着干草、麻袋和大桶的大车络绎不绝；在某处，有一个哥萨克和一位军官骑着马跑过来或是一位将军坐着马车驶过去。街的右边筑了一道防寨，防寨的炮眼里安放着几门小炮，有个水兵坐在旁边吸烟斗。左边有一座华丽的大厦，山墙上写着罗马数字，墙根下有几名士兵和几副血迹斑斑的担架，——到处您都可以看见军营的令人不愉快的痕迹。您的最初的印象一定是极不快的：军营生活和都市生活、美丽的城市和肮脏的野营的奇怪的混合物，不但不美，而且显得令人可憎地杂乱无章；您甚至会觉得大家都惊恐万状，东奔西跑，不知所措。可是，要是您更近地瞧瞧那些在您周围来来往往的人们的脸，您就会看到完全是另一回事。譬如，就拿这个辎重兵说吧，他一面牵着三匹枣红马去饮水，一面那么安详地哼着一支小曲。显然，他不会在这个乱哄哄的人群中迷路，对他说来，这人群是不存在的，而且，他无论执行什么勤务——饮马或是拖运大炮——都是那么从容不迫，那么自信，那么冷漠，就像这一切都是发生在图拉或是萨兰斯克的什么地方似的。在那位戴着一尘不染的白手套的过路的军官的脸上，在坐在防寨上抽烟的水兵的脸上，在守着担架、在过去的议会大厅的台阶上守候着的担架兵的脸上，在那穿过街道、从这块石头跳到那块石头上，以免弄湿自己的粉红色衣裙的姑娘的脸上，您都可以看到同样的表情。

托尔斯泰文中塞瓦斯托波尔的战地医院里，伤员各自讲述着自己的经历，医生护士忙着给伤者包扎手术。

不幸的人喜欢看到人们同情的脸，喜欢讲讲自己的痛苦，还喜欢听爱护和同情的话。您可以从病床之间穿过去，找个面色比较不那么严厉、不那么痛苦、您可以放心走近前去和他交谈的人。

“你哪儿受伤了？”您犹豫不决、畏畏缩缩地问一个瘦骨嶙峋的老兵，他正坐在病床上，用和善的眼光盯着您，好像在邀请您到他跟前去似的……

“腿上。”士兵答道。但是就在这时候，您自己从被子的褶皱上也看得出，他的一条腿从膝盖上面起都没有了。“现在谢谢上帝，”他接着说，“我想出院了。”

“你早就受伤了吗？”

“已经第六个星期了，先生！”

“怎么样，你现在还疼吗？”

“不，现在不疼了，没什么；只是在阴天下雨的时候，小腿肚好像有点儿疼，平时倒没什么。”

“你是怎么受伤的？”

“那是在第五棱堡，先生，第一次炮击的时候。我把炮瞄准了，刚要到另一个炮眼去的时候，他就打中了我的腿，我好像一脚踩空掉进坑里去似的。再一瞧，我的腿没了。”

“难道你在最初的一刹那不觉得疼吗？”

“那倒没什么，只好像有什么热乎乎的东西使劲捅了一下我的腿。”

“那么，后来呢？”

“后来也没什么，只是在他们把我的皮肤绷紧的时候，好像火辣辣地有点儿疼。主要的是，先生，别想得太多；你不想，它就没什么。这痛苦多半是因为人想的缘故。”

这时候，有个系着黑头巾、身穿灰条子连衣裙的女人向您走过来，她加入了您和水兵的谈话。她开始谈起他，谈起他的痛苦，谈起四个星期来他那伤势险恶的情形，又说他受了伤还要担架停下，让他瞧瞧我们的炮台发射排炮。她又说，亲王们如何跟他谈话，并且赏给他25卢布，而他又是如何告诉他们，要是他不能再去作战的话，他就要求回棱堡去教练年轻士兵。这个女人一口气叙说着这一切，她一会儿瞧瞧您，一会儿瞧瞧水兵；水兵把脸转过去，好像不愿听她说话，在那儿扯枕头上的一个棉线团。她的眼睛里露出一种特别高兴的光芒。

“先生，她是我的老伴！”水兵跟您说这句话时的表情好像是说，“您得原谅她。谁都知道，娘们儿爱说废话。”

您开始了解塞瓦斯托波尔的保卫者们了。不知道因为什么，您在这个人面前开始为自己感到羞愧，为了对他表示您的同情和赞叹，您要对他说的话真是太多了；可是您找不出话来，而头脑里想的那些话呢，又词不达意。——所以，在这个沉默寡言的、不自觉的伟大面前，在这种坚强的精神面前，在这种对自身的崇高品德感到羞涩的心情面前，您就会俯首无言。

……

在对面的一张病床上，您看见一张女人的苍白、娇嫩、充满痛苦的脸，面颊烧得通红。

“她是我们这儿一个水兵的老婆，五号那天被一颗炮弹把腿给打伤了，”您的那位女向导这样告诉您，“她是到棱堡里去给丈夫送饭的。”

“怎么，把腿截除了吗？”

“从膝盖上面截除的。”

……

您也许会迎面碰上一个军官的殡葬行列从教堂里出来：人们抬着粉红色的棺材，奏着哀乐，打着飘扬的神幡；也许从棱堡发出的炮声会传到您的耳边，但并不会唤起您刚才的想法；在您看来，出殡的行列是个非常美丽雄壮的场面，炮声是一种非常美丽雄壮的音乐。因此，您并不会把您刚才在卫生救护站所联想到的有关痛苦与死亡的明确的思想，和这种场面与这种炮声连在一起。

在托尔斯泰的观察中，年轻的军官刚刚结束战斗，他们谈论的不是头顶飞过的子弹和炮弹，而是战壕的污秽不堪。“一看见明朗的天空、灿烂的阳光、美丽的城市、洞开的教堂、熙来攘去的军人，就马上会使你的心情恢复它那轻率、斤斤计较和只顾眼前的常态。”可见面对战争，俄国军人还是很从容镇定。

走过教堂和防寨，您就到了城市中最热闹的地方。街道两边全是小铺和饭馆的招牌。商人、戴着帽子或是包着头巾的女人、服装讲究的军官——一切都向您说明居民精神上的坚定、自信和安全感。

如果您想听听水兵和军官们的闲谈，就请您走进右边那家饭铺去吧。那儿，他们想必又在谈论昨夜的情况，谈芬妮卡，谈二十四日的血战，谈肉丸子又贵又不好吃，谈伙伴中谁跟谁被打死了。

“他妈的，我们那边眼下真是糟透了。”一个围着绿色毛围巾、淡黄头发、没有胡子的年轻的海军军官用低沉的声音说。

“你们是哪儿？”另一个军官问他。

“第四棱堡。”年轻的军官答道……您还是想，他一定跟您谈谈第四棱堡由于炮火袭击怎么糟糕的情形。其实满不是那回事！他所说的糟乃是因为泥泞。“你就没法走近炮台。”他一面说一面指着从小腿肚以上满是烂泥的长筒靴。“我的一个最好的炮长今天被打死了，恰好被打中了脑门。”另一个军官说。“谁？是米秋欣吗？”“不……喂，你们打算给我小牛肉不给？混账东西！”后面的话是他对饭铺堂倌说的，“不是米秋欣，是阿布拉西莫夫。这小子真棒——参加过六次出击。”

在餐桌的另一角，坐着两位步兵军官，他们面前摆着几盘肉丸子配青豆和一瓶所谓“波尔多”的克里米亚酸酒。那位红领子军大衣上佩着两颗星的年轻军官，正在向另一位黑领子军大衣上没有佩星章的老年军官讲述着阿尔马河战事。前者已经有几分醉意……

前往4号棱堡的路上，不少平民和抬有伤员的担架来回穿梭。战壕里，托尔斯泰表现十分平静。他记录下了自己的部队是如何在只剩下少量弹药的情况下重新发起攻击的。托尔斯泰写道，从士兵们身上可以看到俄罗斯伟大力量的所在，这就是单纯和执着。

再过一道防寨，您从右首的门穿出去，就走上了大街。这道防寨的对面，街道两边的房屋都无人居住，没有招牌，门上钉着木板，窗子被打坏了，这儿的墙角被打塌了，那儿的屋顶被打穿了。这些建筑物好像是上了年岁、饱经忧患的老兵，似乎在骄傲地、有几分蔑视地瞧着您。在路上，您常常会在遍地的炮弹上和被榴弹在石头地上炸开的水坑里磕磕绊绊。在街上，您会遇到或是超过一队队的士兵。哥萨克步兵和军官；有时还会遇见一个女人或是一个小孩，可是那已不是戴帽子的女人，而是穿着旧皮袄和军靴的水兵的老婆。在街上再往前去。然后走下一个小山坡，您就再也看不见您周围有什么房屋了，只看见奇形怪状的一堆堆的碎砖、木板、黏土和原木；在您前面一座陡峭的山坡上，您会看见一片黑魆魆的、泥泞的、挖满壕沟的空地，而这个在您前面的地方，就是第四棱堡……在这儿，您遇见的人就更少了，根本看不见女人，士兵们急急忙忙地走着，路上到处有血滴，而且您准会碰上四个士兵抬着一副担架，担架上准有一张蜡黄的脸和一件血污的军大衣。如果您问："他哪儿受了伤？"假如这人是轻伤的话，担架员们就会对您不屑一顾地、气冲冲地回答说：腿上或是手上；或者，要是担架上看不见脑袋，这人已经死了或是受了重伤的话，那他们就会板着脸一声不吭。

……您变得不太注意周围的一切了，一种令人不快的踌躇的情绪就会突然支配着您。虽然在看见危险的时候，您心里会突然冒出一种卑鄙的声音，可是特别是在您一眼瞥见一个士兵挥动着胳膊滑下山来，在烂泥浆里迈着快步，笑着打您身边跑过时，您就会把这种声音压下去，您就会不由得挺起胸膛，把头昂得更高，去继续攀登那座又湿又黏的小山。您刚爬了没几步，来复枪的子弹就开始从您的左右两边嗖嗖地掠过，您也许会考虑，您是不是下到和道路平行的堑壕里去走的好；可是那条堑壕里充满没膝的发臭的黄泥浆，所以您一定得选择这条山路，何况您又看见大家都走这条路。走了二百来步时，您便走进了一片坎坷不平的泥泞的空地，周围到处是土筐、土堤、炮弹库、平板车和土屋，在这上面安放着几门铁铸的大炮和一堆堆码得很整齐的炮弹。您会觉得这一切都是毫无目的、没有联系和秩序地乱堆在一起的。这儿，有一群水兵坐在炮台上；那儿，在空地中央有一门被击毁的大炮半截被埋在烂泥里；这儿，有一个工兵扛着一支步枪，正费劲地从烂泥地里拔出脚来，一步步地过炮台。但是到处，从四面八方，在所有地方，您都可以看见碎瓦片、没有爆炸的榴弹、炮弹和营地留下的痕迹，这一切都陷在烂泥浆里……

"原来这就是第四棱堡，这就是那个可怕的、确实非常恐怖的地方！"……在这条堑壕里，您也许又会遇见担架、水兵和拿着铁锹的士兵；您会看见地雷的导火索、只有两个人弯着腰能钻进去的那座在泥泞中的隐蔽部；在那儿，您会看见黑海大队的哥萨克步兵在换靴子、吃东西、抽烟斗以及生活起居等事。接着，您又在各处看见那同样臭气难闻的泥泞、军营留下的痕迹和各色各样的废铁，再走三百来步，您又来到了一座炮台——在这块挖满坑洼的空地上，周围都是装满了土的土筐、架在板车上的大炮和土壁垒。在这儿，您也许会看见四五个水兵在胸墙下打纸牌，您还会遇到一位海军军官，他看出您是个好奇的新来者时，就会欣然把他的军事设施和一切可能使您感兴趣的东西指给您看。这位坐在炮身上的军官是那么镇静地用黄纸卷着烟卷，那么镇静地从这个炮眼走到那个炮眼，那么镇静地而又毫不装腔作势地跟您说话，因此，虽然子弹比以前越来越密集地在您头上嗖嗖地飞过，可是您自己却变得冷静下来，仔细地向这位军官问长问短，又用心地听他讲述。这位军官会跟您谈起（但只有在您问起他的时候）5号那天炮击的情形，说他的炮台上只有一门炮能打，在所有的炮手中只剩下了8个人，可是，第二天，即6号的早晨，他还是让所有的炮都开炮了；他还会给您说，5号那天有一颗榴弹打中了水兵的隐蔽部，打死了11个人；他还会从炮台的一个炮眼里把离我军三四百俄丈的敌军的炮台和堑壕指给您看。我只担心一件事，当您从炮眼里伸出头去瞭望敌军时，在嗖嗖飞过的子弹的影响下，您会什么也看不见，就算看见了，您也会非常诧异：原来那座白色的石头壁垒离您那么近，而且在它上面还迸出一阵阵白烟——原来那个白色的壁垒就是敌军——就是步兵和水兵们所说的“他”。

甚至很可能，这位海军军官出于虚荣心，或者干脆是为了让自己痛快一下，要当着您的面开上几炮。“叫炮长和炮手到大炮跟前去。”——于是大约14名水兵就迅速地、高高兴兴地走出来，有的把烟斗塞进衣袋，有的把嘴里的面包干嚼完，钉了铁掌的皮靴咔嗒咔嗒地响着走上炮位，走到大炮跟前，装上炮弹……

突然，一声极其可怕的巨响，不仅震动了您的耳膜，而且震动了您的全身，使您不禁浑身哆嗦。接着您就听见炮弹远去的呼啸声，于是一股火药的浓烟就把您、炮位和在炮位上走动着的水兵们的黑影都给笼罩住了。对于我们的这一发炮，您会听见水兵们纷纷发出不同的议论，还会看见他们的兴奋和您或许不曾预料到的感情的流露，——这种感情就是藏在每个人的灵魂深处的向敌人报仇雪恨的感情。“正好打中了炮眼；好像打死了俩……瞧，抬走了。”您会听见这样的兴高采烈的叫声。“瞧，他急了，说话就要向咱们开炮了！”有人这么说。果然，接着您就会看见您前面有火光一闪和一缕白烟；站在胸墙上的哨兵喊道：“大——大炮！”接着一颗炮弹嗖的一声从您身边飞过，扑通一声钻进土里，在您四周激起的泥土和石块像旋涡般向上飞溅。这发炮弹把炮台指挥官惹火了，便下令给第二门炮和第三门炮都装上炮弹，敌人也开始对咱们进行还击，于是您就会体验到一种有趣的感情，会听到和看到一些有趣的事物。哨兵又喊道：“大炮！”于是您又听见那同样的响声和爆炸声，同样的泥石和激溅声。他或者会喊：“白炮！”于是您就会听见榴弹的均匀的、相当悦耳的呼啸声，一种难以和任何恐怖的事物发生联想的呼啸声。这种呼啸声以更快的速度逼近您，然后您就看见一个黑球落在地上，发出一声震耳欲聋的紧张的爆炸声。然后弹片带着尖利的呼啸声向四处飞溅，石块嗖嗖嗖地飞入天空，泥土溅满了您的全身……和这些声响混成一片，一个人的呻吟声使您吃了一惊。您和担架同时走近那个伤员，他躺在血泊和泥泞中，现出奇怪的、不像人的模样。这个水兵的胸部有一部分被炸飞了。在最初几分钟，他那溅满污泥的脸上，只现出惊慌和一个人处在这样的境地所常有的一种佯装的稍嫌过早的痛苦表情；可是，当担架抬过来，他自己把没有受伤的半边身体躺下去时，您就会看到他的这种表情被一种昂扬的和难以表达的崇高思想的表情所替代。他的眼睛更亮了，牙齿咬得更紧了，头使劲昂得更高；当他被抬起来时，他叫担架停下，吃力地、声音发抖地对战友们说："弟兄们，再见！"他还想说点什么，显然是想说点什么感人的话，可是他只是再次重复："弟兄们，再见！"这时，一个水兵战友走近他，把军帽戴在这位伤员支起来的头上。然后，这个水兵就挥一挥手，沉着冷静地回到自己的大炮跟前。"每天就这样，七八个人。"海军军官为了回答您脸上现出的恐怖的表情，跟您说道。接着，他一面打着呵欠，一面用黄纸卷着烟卷……

托尔斯泰从俄国士兵们的脸上还可以看出恐惧、仇恨和对战争的痛恨，但这一切都被他们隐藏了起来，连同对敌人的复仇之心。他们表现英勇，从不退缩；他们坚信，塞瓦斯托波尔是不可战胜的，因为他们背后是整个俄罗斯人民。"这就是塞瓦斯托波尔不可能被占领的信念，不但塞瓦斯托波尔不可能被占领，而且在任何地方想要动摇俄国人民的力量也是不可能的——这种不可能，您不是在无数的遮弹墙、胸墙、纵横交错的堑壕、地雷和重重叠叠的大炮上看到的，在这些东西上您什么也看不出，而是在人们的眼睛里、在言谈举止上、在被叫作塞瓦斯托波尔保卫者的精神上看到的。"托尔斯泰最后断言："您会清楚地了解到和想象出，您刚才所看见的那些人乃是一些在那样艰苦的岁月里并不气馁，而是壮志凌云，不是为了一座城市，而是为了祖国视死如归的英雄们。这篇塞瓦斯托波尔的史诗，会使它的丰功伟绩在俄国万古长存，而这篇史诗的英雄就是俄国人民……"相应地，托尔斯泰也用文学的方式忠实记录下了面对战斗时心路历程复杂的自己：

"说不定我只会受点伤，"上尉带着连队在黄昏走近棱堡时私下这样推想，

“但伤了哪儿？伤势怎么样？伤在这儿或是这儿？”他心里指着腹部和胸部想到。“要是伤在这儿，”他想到大腿部分，“擦着点边过去就好了。要是弹片从这儿过去，那就完蛋了！”

然而，上尉还是猫着腰沿着壕沟平安地到达了阵地。天色已经全黑了，他跟工兵军官一起把士兵安排到各个工事里，便在胸墙根下的一个小坑里坐了下来。炮火减弱了；只是偶尔在我们这边，或在他那边闪现一下。榴弹发光的信管在黑黝黝的星空里划出一道弧光。但每颗榴弹都落在战壕的后面和右面，离上尉所处的避弹坑还很远，所以他有些定心了，于是就喝了点伏特加，吃了些肥皂块似的干酪，抽上根烟，然后向上帝祈祷了一会儿，想睡上片刻。

托尔斯泰在4号棱堡中经历了一轮轮炮击和战斗，作战勇敢，表现优异。俄军总司令戈尔恰科夫显然是想保护托尔斯泰，下令将他调离4号棱堡。5月中旬，托尔斯泰依依不舍地与4号棱堡的战友告别，离开了那里。由于在棱堡中表现突出，托尔斯泰被授予四级安娜勋章、保卫塞瓦斯托波尔奖章和1853—1856东方战争纪念章。他还被申报授予圣乔治十字勋章，但上司不喜欢这个爱惹事的军官，托尔斯泰也不喜欢向上司逢迎邀功，而是将结交知心朋友视为至关重要的事。托尔斯泰的战友如此回忆说：“托尔斯泰讲的故事和谱写的歌词，在艰苦战斗的时刻鼓舞了每一个人。他是棱堡的名副其实的灵魂。他跟我们在一起的时候，时间不知不觉地就飞逝过去了，大家都很快活……他不在的时候，比如到辛菲罗波尔去了，我们都觉得生活乏味。一天，两天，三天过去了……他终于回来了。……我们一瞧，他恰似一个浪子：脸色阴沉，两颊消瘦，露出负疚的神情。……他把我引到一边，表示后悔不已。他把自己怎样酗酒、怎样赌钱、在哪儿度过白天黑夜，统统和盘托出。这时，您想不到，他就跟一个真正罪犯一样悔恨不已，难过极了。他显得那么悲痛，叫人瞅着都不忍心。……您瞧，他就是这么一个人。”

托尔斯泰回到塞瓦斯托波尔，从事后勤管理工作，诸如储备军粮和饲料，经理财务，而这一切都不是作家擅长的。他在日记中写道：“我根本没有做事务工作的能力，倘若说能够做，也得付出艰苦的努力，而这时不必要花费力气的，因为我的前程不在这种事务性工作上面。”不管怎样，他毕竟回到了平静的环境中。

第 十 一 章

文 豪 的 战 争

Chapter 11

第十一章 文豪的战争

托尔斯泰在新的岗位上继续写《五月的塞瓦斯托波尔》，这个月的局势对俄军则愈发严峻。5月2日，英军策划组织英法联合舰队，由乔治·布朗将军指挥，对亚速海的刻赤进行远征。刻赤是俄军的后勤中心，俄国内陆运来的补给物资都堆放在这里。作战计划通过电报发往伦敦和巴黎，结果在巴黎引起轩然大波。舰队出发2小时后，拿破仑三世皇帝的电报来了。他命令舰队返航，任何削弱塞瓦斯托波尔围城部队的做法都不允许。舰队中的法国军舰只好奉命返航。英军舰队失去法国军舰的支援，力量单薄，也只好尾随法国舰队返航。几天后，卡洛波特向拿破仑三世建议，成立一个联合军事委员会，未被拿破仑三世接受。卡洛波特随即向拿破仑三世提出辞职，并要求重新当自己的师长。5月16日，佩里西埃受命担任法国远征军司令官，卡洛波特果然改为指挥法军第4师。

俄军依然拼死守卫着塞瓦斯托波尔。经常出现在4号棱堡中的人不只下级军官列夫·托尔斯泰，还有塞瓦斯托波尔保卫者的灵魂纳希莫夫将军。纳希莫夫少年成名，年轻时代起即是俄国海军中的明星。1833年担任巡洋舰舰长时，他曾从一次严重的航海事故中挽救了军舰，为此不惜让军舰离开编队，破坏航行序列。纳希莫夫当时因自己的主动精神非但没有受到处罚，反而大获沙皇尼古拉一世赞赏：“我将为您保留一支舰队，感谢您，我永远不会忘记这件事。”此后纳希莫夫不断升迁，直至成为锡诺普海战获胜的关键，如今更是塞瓦斯托波尔的象征。

他每天都要到各个工事去巡视一番，特别是离联军阵地最近的4号棱堡。在塞瓦斯托波尔被围的头几天里，这个棱堡就像一个没有什么掩护的大坑，工事已被炮弹摧毁。看来由于法军炮兵的一系列炮击，要修复这个棱堡恐怕难以做到。但在纳希莫夫的坚持下，俄军在原址上修建了几个隐蔽部，海军官兵们可以到这里躲避敌人的炮火。当隐蔽部最后建成、棱堡周围的法国炮弹也被清理干净时，纳希莫夫说道：“现在我看来，对黑海舰队的人来说，没有什么办不到的事情。”

按照俄国人的记载，到4号棱堡来的时候，纳希莫夫不止一次给表现突出的士兵和水兵们带来勋章。他在军舰上和水兵之间形成的那种关系已经被转移到塞瓦斯托波尔的工事里来。对于俄国水兵来说，纳希莫夫将军就是“帕维尔·斯捷潘诺维奇”（纳希莫夫的名字，称呼名字是亲昵的表示）。为了让自己更像那些水兵，纳希莫夫还把自己的姓改了一下，叫作“纳希明科·别什沙巴什内伊”，意即“满不在乎的纳希明科”。对俄国水兵们来说，最可怕的惩罚就是看见纳希莫夫将军那不满意的眼神。纳希莫夫把自己的指挥部变成了医治伤兵的小医院，他自己的钱也多半用于帮助水兵的家里。

纳希莫夫常常出现在防御最危险的地方，城防司令奥斯滕-萨肯男爵批评纳希莫夫不珍惜自己，告诉他——国家需要他活着。纳希莫夫的回答是：“哎呀，男爵大人，您不必说这些话了。塞瓦斯托波尔值得珍惜，而我和您被打死算不上大事！”不过，纳希莫夫严格禁止俄国水兵中许多人常常表现出来的不必要的大胆举动。在他任港口司令官和省总督后发布的命令中说：“要预先做好安排，以使敌人炮兵开火时，在我方暴露地面上不仅没有一个多余的人、无事可做的人，就是操炮手也要根据炮的不同型号而把人数压到最低限度。一个关心士兵的军官，利用不同的环境，总能找到办法节省人力，从而减少遇险的人数……他们每个人的生命都属于国家……不是豪勇，而是真正的英勇精神才能给他带来好处，给善于在自己的行动中把真正的英勇精神和豪勇区别开来的人带来荣誉。”

为加强同塞瓦斯托波尔防御的两个关键地区——马拉霍夫冈和造船厂的联系，纳希莫夫命令用大桶搭成浮桥，从而大大缩短了向那里运送增援部队和弹药的时间。纳希莫夫深入防御的每个环节，关心医院搭帐篷，给各处的防守部队和文官送粮食和服装——文官根据纳希莫夫的建议也享受军人待遇。另外，还是根据纳希莫夫的提议，俄国军人在被包围的塞瓦斯托波尔要塞服役一个月，军龄可以按一年计算。

由于组织防御出色，1855年3月纳希莫夫被晋升为俄罗斯帝国海军上将。俄国海军司令康斯坦丁·尼古拉耶维奇大公在写给纳希莫夫的信中说："这里我表示我个人和海军的感激之情。我们为您的英勇而尊敬您，我们为您和您以自己的荣誉为海军增光而感骄傲。我们爱您——一位受人尊敬的伙伴，您眷恋海洋，把水兵当作自己的朋友。海军的历史将把您的功绩告诉我们的孩子，但它还要说，水兵们，当代人，都十分珍视和理解您。"

整个1855年上半年，联军将进攻的主要矛头对准马拉霍夫冈，俄军堪察加多面堡就设在这里。联军明白，不拿下堪察加多面堡就无法攻下马拉霍夫冈，从而不可能攻下塞瓦斯托波尔。相应地，俄国水兵多次组织夜袭，破坏联军为进攻堪察加多面堡而修建的工事。为观察法军的进攻准备，纳希莫夫总是选派最优秀的军官去完成此项任务。纳希莫夫不止一次说，观察敌人在堑壕里对堪察加多面堡搞些什么动作，是一项"光荣使命"。

5月25日，法军司令官佩里西埃又在中央堡垒和海湾之间发动了一场残酷的夜间攻击。首先是塞瓦斯托波尔的外围棱堡又遭到联军一轮炮击。俄军很快查明，联军炮击的主要目标是堪察加多面堡，共集中48门大炮。到傍晚时分，堪察加多面堡的俄军大炮多数被毁坏，炮手死伤殆尽，已经无人对敌还击。联军的炮弹落点已经到达马拉霍夫冈。堪察加多面堡的守军只有600人，与法军相差悬殊。纳希莫夫晚上刚刚得知法军开始进攻堪察加多面堡，立即赶到那里。登顶层一望，他发现法军正从三个方向进攻。纳希莫夫亲自指挥反击，俄国水兵们用刺刀和短枪同法军展开了搏斗。几个营的法军迂回到多面堡后方，俄国守军面临被包围的危险。活下来的水兵和其他部队的士兵一面保护着纳希莫夫，一面用刺刀开路，向马拉霍夫冈退去。这时纳希莫夫得知，马拉霍夫冈的其他外围防御据点——谢连金和沃伦多面堡也已被法军攻克。法军把大炮安放在那几个攻克的据点中，近距离向马拉霍夫冈射击。

俄军预备队及时赶来，短时间内发动突袭，夺回了堪察加多面堡。争夺堪察加多面堡时，纳希莫夫受了震伤。“我们不是像糖块和苹果那样被扔到那里去的。”纳希莫夫说，“我今天差一点就被炮弹炸死，没把我的背给炸开了，这就没什么大不了的。谢谢上帝，我没有倒下。”但是，面对完全被炮弹摧毁的堪察加多面堡工事，纳希莫夫深知这里已经无法继续防守。第二天，纳希莫夫带伤召开军事会议，提出一个问题：是要尽一切努力从法军手里夺回堪察加多面堡、沃伦和谢连金多面堡，还是让它们留在敌人手里？多数俄国军官主张放弃——可想而知，联军对塞瓦斯托波尔发动新的攻势不可避免，没有必要花费人力再去做值得怀疑的尝试，去夺回已经被彻底破坏的工事。纳希莫夫同意了大家的意见。

那个晚上，俄军和法军各自付出了惨重的代价。佩里西埃与法国皇帝拿破仑三世素来意见相左，争执不断。就连这次佩里西埃提出强攻，大多数法国将军都表示反对。事后法国人承认，如果没能攻克这几个多面堡，法军总司令佩里西埃的处境将十分难堪。无论如何，塞瓦斯托波尔依然在坚持，列夫·托尔斯泰用文学家的语言在《五月的塞瓦斯托波尔》中如此描绘：

自从塞瓦斯托波尔的棱堡里打响第一炮，将敌方工事炸得泥石横飞以来，已经过去半年时光了。打那时候以来，数以万计的榴弹、炮弹和枪弹从棱堡到堑壕，从堑壕到棱堡不停地飞来飞去，而死神也在双方阵地上空不停地翱翔。

成千上万人的自尊心蒙受了羞辱，也有成千上万人的自尊心得到了满足，从而显得踌躇满志，还有成千上万人则倒入了死神的怀抱。多少人挂上了星章，多少人则被摘掉了星章。有多少颗安娜勋章、弗拉基米尔勋章啊，可也有多少具玫瑰色的棺材，多少幅亚麻料的裹尸布。而棱堡里依然发出隆隆的炮声，那些禁不住打哆嗦、怀着迷信的恐惧的法国佬在明朗的夜晚依然从自己的营地上窥望着塞瓦斯托波尔棱堡所在的处处弹坑、一片焦黄的土地，窥望着我方水兵在棱堡附近走动的黑影，数着由里面愤怒地伸出炮筒的炮眼；我方的军士信号员也依然从信号塔上用望远镜瞭望着穿褐色军服的法国兵的身影，观察着他们的炮台、帐篷、在绿山上移动的纵队和堑壕里燃起的硝烟；各种各样的人怀着各种各样的愿望，依然从世界的五洲四海，依然壮怀激烈地奔向这个玩命的地方。

坚守的代价是惨重的伤亡，进攻方亦是如此。托尔斯泰倾尽笔墨记录下法军这场残酷的夜间攻击，星星与榴弹已经很难区分开来，“刚才以为那是颗星星，可是它掉了下来，一下就爆炸了。”“我对这些榴弹已经十分习惯了，所以我相信，将来回到俄罗斯，在夜晚看到满天星斗，还会以为那是榴弹呢。”托尔斯泰不只记录下：“空中交叉而过的榴弹火线……那顷刻间照亮了深蓝色天空的炮击的火光和白色的硝烟……越来越激烈的射击声。” 更令人紧张的是短兵相接的时刻：“在一阵大炮的轰鸣之后，又响起了噼噼啪啪的枪声，整条战线上不断迸发出无数的火花，亮光闪闪。”“那儿有喊‘乌拉’声……远处响起千百人拖长的呐喊声：‘啊——啊——啊——啊’，这些声音是从棱堡那边传来的……可见是在拼刺刀了，因为听不到枪声了。”

托尔斯泰在街上亲眼所见：“一群群士兵，有的抬着担架，有的搀着伤员走着。街上已漆黑一片；只有医院里或尚未就寝的军官宿舍的窗口里依然稀稀落落地亮着灯光。从棱堡里仍传来同样的炮击声和步枪的对射声，在黑压压的天空里闪着同样的火光。偶尔可听到传令官骑马奔驰的马蹄声、伤员的呻吟声、抬担架人的脚步声和说话声，还有到台阶上观看炮战的惊恐居民中女人的话音。”

托尔斯泰从伤兵们口中得知了真实的战况：

“他们攻得真猛呀，哥们儿，”一个肩上背着两支步枪的高个子士兵用低沉的语调说，“他们攻得真猛呀，还起劲地喊着：‘阿拉！阿拉！’（托尔斯泰原注：我们的士兵跟土耳其人作战时，便听惯了敌人的这种喊声，所以如今他们老说法国兵也喊‘阿拉！’）接着就争先恐后地冲上来了。打死了一批，另一批又冲上来——简直让你没办法。他们的人海了去啦……”

……

……这时候一副担架抬过他们身旁，躺在担架上的伤员说，“他（俄国士兵用来代指敌人）差不多把咱们的人全打死了，怎么会不丢呢？要是咱们兵力够的话，怎么也不会丢的。要不你怎么办？我捅死了一个，马上就挨了一枪……哎哟，轻点儿，弟兄们，抬稳点儿，弟兄们，走稳点儿……哎——呀——呀！”伤员呻吟道。

……

那士兵的右胳膊露在袖口外，胳膊肘以上都在淌血。

“挂彩了，大人！”

“伤在哪儿？”

“想必是这儿挨了子弹，”那士兵指指胳膊说，“还有这儿，脑袋不知道被什么砸了一下。”他说着低下头，让长官看他后脑上被鲜血黏糊着的头发。

“这支枪是谁的？”

“是夺来的一支法国枪。若不是送这位弟兄，我是不想下来的，要是没人搀着，他会摔倒的。”他指着走在稍稍前面的伤兵说，那伤兵拄着枪，挪动左腿，很吃力地一瘸一拐地走着。

正像托尔斯泰所说，人类的尊严受到了严峻的挑战。“外交家们未解决得了的问题，诉诸火药和鲜血，那就更难解决了。”战争本身就是荒谬的，或者说发动战争的人没有理智。“战争，或者说是一种疯狂，或者说是人们制造这种疯狂，这些人们根本不是我们不知所以地认为的那种有理性的造物。”他眼中塞瓦斯托波尔俄军战地急救所的惨景，堪为对自己观点最有力的支撑，同时也是对5月这场夜袭之战最真实也最残酷的记录：

这个高大而幽暗的厅里只有四五支蜡烛照明，大夫们就是靠这些微弱的烛光来给伤员们做检查的——厅里的人已经挤得很满了。担架兵们仍不断把伤员抬进来，把他们一个一个地挨放在地上，地上已经躺满人。那些不幸的伤员只得被挤来挤去，浸在彼此流出的血泊里，担架兵们还要去抬新的伤员来。在还没有躺着人的地上可看到一泓泓的鲜血，几百个发热的伤员呼出的气和担架兵的汗气，形成了一种异常难闻的强烈的臭气。大厅的四角里有四支蜡烛就在这种臭气里阴惨惨地发着亮。整个大厅里处处都响着各种各样的呻吟声、叹息声、嘶哑的喊声，这些声音有时被一种刺耳的狂喊声所打断。护士小姐们脸色平和，没有那种没用的女性病态般哭哭啼啼的怜悯表情，而是表现出务实有效的关心。她们拿着药，拿着水、绷带、棉线团跨过伤员的身子，在血迹斑斑的军大衣和衬衣之间闪来闪去。大夫们脸色阴沉，挽着衣袖，蹲在伤员面前（医助们在旁边端着蜡烛给他们照亮）。他们用手指伸进被子弹打穿的伤口里摸索着，不顾那些痛苦不堪的伤员可怕的呻吟和哀求，把被打断而还挂着的四肢翻来倒去……一位坐在门口小桌旁的大夫，已经登记下532号伤员了。

“伊万·博加耶夫，C团三连列兵，fractura femoris complicate（拉丁语：大腿粉碎性骨折，有并发症），”另一个大夫在大厅的另一侧喊道，他正在探摸一只被打坏的腿，“把他翻过身来。”

“哎呀，我的老爹，我的老爹！”一个士兵叫嚷着，求他别触摸自己。

“Perforatio capitis（拉丁语：颅骨穿孔）。”

“谢苗·涅费尔多夫，H步兵团中校。您稍微忍着点儿，中校，这样子没法办，要不我就不管了。”第三个大夫一面说，一面用一种小钩子在那不幸的中校的脑瓜里探找。

“天哪，不要找了！唉，看在上帝的分上，快点，快点吧，看在……啊——啊——啊——啊！”

“Perforatio pectoris（拉丁语：胸腔穿孔）……塞瓦斯季扬·谢列达，列兵……哪个团的？……不过，不用写了，moritur（拉丁语：快死了）。把他抬走吧。”大夫说，随即离开了这个翻着眼珠、奄奄待毙的士兵……

约有四十来个担架兵默默地站在门口，瞧着这里的景象，偶尔深深地叹气，他们等着把包扎好了伤员抬往医院，把死了的人抬往小教堂……

……

法军总司令佩里西埃批准刻赤远征计划，命令英法联合舰队继续出航，拿下刻赤。5月25日，刻赤被联军占领。第二天，联军舰队驶进亚速海。联军缴获了100多门俄军大炮，俄军储存的数千吨谷物和面粉被销毁。俄军的运输船、兵工厂、仓库都受到巨大的破坏。最重要的是，俄军彻底失去了可供10万人食用近4个月的军粮，损失惨重。不过，佩里西埃同拿破仑三世的争执始终不停。他屡屡拒绝皇帝的命令，有一次甚至切断了电报联系，不肯再受拿破仑三世的影响。6月初，佩里西埃在收到拿破仑三世“禁止行动”命令的情况下，仍坚持计划与英军对马米隆高地发动联合进攻。

法军占领马米隆高地

6月6日，塞瓦斯托波尔围城战中联军的第3轮大规模炮击开始，主要炮击目标是马米隆高地。目击者形容，“这是人生中所见最壮丽和最触动灵魂的场面之一。”炮击持续到第二天黎明，联军开始大举进攻。当法军已经冲到马拉霍夫冈的入口处时，纳希莫夫和两名副官亲率士兵们同法军展开白刃战，将法军赶了出去。法军对造船厂方向的攻势同样猛烈，纳希莫夫搭建的浮桥为输送增援部队发挥了不小的作用。由于亲自参加这场白刃反击，沙皇亚历山大二世赐予纳希莫夫年金。“我要年金干什么用？他们最好给我送炮弹来！”纳希莫夫开始时说。当他很快安静下来之后，想到可以把这些钱用于加强塞瓦斯托波尔防御，或者帮助牺牲水兵的家人，也就同意接受了。

联军的重型臼炮

6月9日，法军占领了马米隆高地，英军也推进到大凸角堡的面前。俄军组织了一次大规模反突击，可惜失败。佩里西埃声称，自己是在马米隆高地被拿下后才收到皇帝的电报。拿破仑三世命令佩里西埃：发动野战，打击外围的俄军。佩里西埃答复拿破仑三世：这是不可能的。他要求，拿破仑三世必须允许自己采取符合战场实际的行动，否则他将辞职。佩里西埃在等待拿破仑三世答复的同时，又在计划新的攻势。此战法军伤亡5444人，与俄军基本相同。英军伤亡671人，其中包括47名军官。联军攻下了马米隆，却未能拿下马拉霍夫冈。

联军准备6月18日对塞瓦斯托波尔发起大规模进攻。这一天是滑铁卢战役40周年纪念日，拿破仑三世早就在法国议会宣布，要以胜利隆重纪念滑铁卢战役，为他伟大的伯父，为波拿巴家族，为法兰西雪耻。志在必得的法军甚至为近卫军准备好了华丽的阅兵服装，准备在塞瓦斯托波尔庆祝胜利。前线的另一个问题同样严重——佩里西埃担任法军总司令后，与博斯奎特意见始终无法统一。最后，他得到其他法军将领的支持，解除了博斯奎特的指挥权。

6月17日，联军第4次炮击开始。英军计划攻占大凸角堡，法军的目标是马拉霍夫冈。600门联军大炮从东向西全线开火，持续半个白天。晚上炮击暂停，计划凌晨3点炮击再度开始，强度更进一步增加，为三小时后的步兵进攻做准备。谁知，这次进攻的指挥混乱，朝令夕改——原定于18日晨先施行炮火准备，后又改为静默出击，于凌晨时分出其不意发起总攻。俄军事先知道了这次进攻，甚至知道佩里西埃和博斯奎特的争吵，以及佩里西埃将进攻提前到凌晨3点。佩里西埃决定提前进攻，拉格伦随之修改了英军的作战命令。法军进攻时组织不力，右路将爆破弹错看成了信号弹，率先发起进攻。这导致各部行动不统一，中路和左路没有随右路进攻，而是等到明确信号后才发起进攻。结果，法军在进攻发起后伤亡惨重，俄军严阵以待的猛烈炮击让法国人死伤累累，整个进攻行动一片混乱。8点30分，佩里西埃下令撤退。

英军同样糟糕，部队在穿越1/4英里的开阔地时被俄军的葡萄弹和滑膛枪子弹严重杀伤。英军伤亡1500千人，法军伤亡3500人，俄军伤亡约3950人。得意扬扬的俄军军官在第二天休战时揶揄联军："昨天你们的将军在指挥进攻时是不是喝醉了？"

联军方面对这次的失败愤愤不平，不少英国军官在日记和书信中大骂法军。比如英国军官C.F.康拜尔上尉写道："这场灾难证明，双方之间的默契谅解一文不值。"军需官亨利·迪克森更是写道："好像几乎每个人都给惊呆了——这真是我们第一次经历如此彻底的失败。"这次行动失败对拉格伦勋爵精神上是一个沉重打击，他已经感到筋疲力尽。霍乱再次光临军营。6月14日，埃斯考特将军宣布拉格伦勋爵患上了严重的痢疾。6月28日，拉格伦勋爵在睡梦中平静地去世。当初选择拉格伦，实际上反映了英军中有经验的将领缺乏。“提灯女神”南丁格尔在拉格伦勋爵去世后评价道，拉格伦是一个好人，但不是一个伟大的将军。至此，开战时英法两军最高指挥官先后因病去世，联军军营震动很大。

谁也没有想到，即将死去的司令官还不只联军这边。俄国人记述道，对于塞瓦斯托波尔的保卫者来说，这座城市或迟或早总要放弃，这是没有疑问的。但是老战友们都知道，纳希莫夫将军并不为塞瓦斯托波尔注定陷落的命运感到难过。他似乎有意出现在最危险的地方，站在棱堡的顶上，穿着带穗肩章的军服，闪闪发光，吸引着联军狙击兵的注意。为了对联军炮兵进行观察，纳希莫夫从不在堑壕里走，而是从联军可以四面射击的广场上穿行。“咱们不能离开这里，”纳希莫夫说，“我已经给自己选好了坟墓，我已经把坟墓准备好了。我就躺在我的上级米哈伊尔·彼得罗维奇·拉扎列夫旁边，科尔尼洛夫和伊斯托明已经躺在那里了。他们已经完成了自己的任务，我们也要完成任务！”他得知总司令戈尔恰科夫亲王命令修建浮桥，以供从塞瓦斯托波尔南部向北部转移时使用，当即高声大叫：“你们见过卑鄙的事情吗？要修一座穿过海湾的桥！不管是死是活，我都不离开这里！”纳希莫夫说，即使塞瓦斯托波尔投降了，他和水兵还可以在马拉霍夫冈坚持一个月，直到全部战死为止。

1855年6月28日天刚亮，纳希莫夫将军和副官科尔托夫斯基骑马向3号棱堡驰去。因为他接到报告，那里遭到英军方面的猛烈炮击。纳希莫夫来到3号棱堡，就坐在棱堡指挥官、海军中将潘菲洛夫的避弹所旁边，同周围的军官们谈起来。突然，人们听到信号兵大喊：“炮弹！”军官们立刻跑进避弹所，只剩下纳希莫夫一个人坐在那里。他甚至还没来得及从板凳上站起来，爆炸的弹片正好落在刚才军官们站的地方，纳希莫夫毫发无损。

视察完3号棱堡，又去4号棱堡看过，纳希莫夫和副官科尔托夫斯基来到马拉霍夫冈的科尔尼洛夫棱堡。海军上校凯恩和科尔托夫斯基都建议纳希莫夫到棱堡里去，里面正在为圣徒彼得的命名日进行祈祷仪式。纳希莫夫拒绝了，这天其实也是他的命名日。他来到棱堡的踏垛处，登上了棱堡顶端，从信号员手中接过单筒望远镜，向法军阵地方向瞭望。凯恩和科尔托夫斯基都劝纳希莫夫将身子放低一些，或者站在沙袋后面向外看。纳希莫夫没有回答，继续瞭望。看完法军阵地之后，纳希莫夫提醒俄国军官们，要注意敌军的狙击兵，这些人枪法很准。就在这个瞬间，法军狙击兵的子弹击中了纳希莫夫的头部。

纳希莫夫被火速送到塞瓦斯托波尔北区的医院。医生看过伤势后认为纳希莫夫已无生存希望。纳希莫夫上将被送回自己家里，又活了一天。6月30日早晨，纳希莫夫继续处于昏迷状态。到11点左右，他的呼吸居然显得有力了一些。屋子里的人都静了下来，医生宣告：死亡已经来到。几分钟之后，纳希莫夫海军上将离开了人世。

纳希莫夫的遗体被送到塞瓦斯托波尔市区，停放在一座他曾住过多年的房子里。他的棺材上覆盖着两面海军上将的旗帜和一面曾经悬挂在“玛丽女皇”号战列舰上的旗帜，这是锡诺普海战中纳希莫夫乘坐的旗舰。塞瓦斯托波尔全城的人都来向海军上将告别。纳希莫夫的棺材从房子里抬出，在教堂的钟声、鼓声和礼炮声中被送入圣弗拉基米尔大教堂。那里的墓地中已经埋葬着海军上将拉扎列夫，之后又有了科尔尼洛夫和伊斯托明。现在终于轮到纳希莫夫本人。这一天据说联军没有炮击。还有人说，几艘俄国军舰下半旗，成十字架形状，向纳希莫夫海军上将致以最后的敬意。后人评价，纳希莫夫的死代表着俄国海军光辉时代的落幕。几代人培养出来的经验和传统都随着他的死和黑海舰队的灭亡而化为流水。近百年之后，苏联最高苏维埃主席团于1944年3月3日发布命令，决定颁发一级、二级纳希莫夫勋章和纳希莫夫奖章，并建立了纳希莫夫海军学校。苏联海军“纳希莫夫海军上将”号核动力巡洋舰和一所高级海军学校均以纳希莫夫的名字命名。1959年，塞瓦斯托波尔建立了一座纳希莫夫纪念碑。不过人们似乎更愿意回忆20世纪初建在塞瓦斯托波尔中心广场附近、如今已经不复存在的第一座纳希

英军向大凸角堡发动进攻

塞瓦斯托波尔围城战中的英军防线全景图

俄军水兵与纳希莫夫将军（右坐者）

莫夫纪念碑——纳希莫夫的形象是双手举着单筒望远镜，腰间挂一柄土耳其大弯刀，脚下是一面绘有新月图案的旗帜，代表着锡诺普海战的辉煌。

联军方面，7月1日，拉格伦勋爵的参谋长、63岁的詹姆斯·辛普森将军继任英国远征军总司令。这位辛普森爵士虽然也参加过半岛战争、英国在印度的殖民战争，可谓实战经验丰富，然而却并非一个称职的将军，后来果然被当作指挥不力的替罪羊而遭解职。后世军事史学家评论："多年的经验对于辛普森平庸的资质没有任何改进。"面对困难，他显得束手无策。克里米亚战场之外，联军同样战况不佳。土耳其军队在高加索战场摇摇欲坠，阿尔马尔·帕夏的土耳其军队准备撤离克里米亚，去解救高加索战场上的亚美尼亚重镇卡尔斯。拿破仑三世十分不满，但围攻还在继续。

沙皇亚历山大二世不断向戈尔恰科夫施压，要求其赶在联军的援兵到来之前发动进攻。塞瓦斯托波尔城中，俄军每天死亡达250多人，这个数字让亚历山大二世无法接受。8月3日，他写信给戈尔恰科夫：“为了终结这场骇人听闻的大屠杀，有必要采取决定性的措施。”经历了相对沉寂的7月之后，戈尔恰科夫为吸引围攻塞瓦斯托波尔要塞的联军，减轻要塞守军的压力，有意再度发动攻势。

法军攻打马拉霍夫

戈尔恰科夫打算率军渡过车纳亚河，夺取费多乌金丘陵。为防守费多乌金丘陵，法军在穿越巴拉克拉瓦平原的道路两侧部署了1.8万人，48门大炮。法军右侧的高地能够俯瞰车纳亚河，高地上部署着9000撒丁王国军队，配属36门大炮。费多乌金丘陵到卡德柯伊村之间有50个英军和法军的骑兵中队，另有1万土耳其军队配属36门大炮充任预备队。戈尔恰科夫部署了左右两翼，

车纳亚河之战1

右翼是列阿德将军指挥的两个步兵师，将奉命“在炮火掩护下夺取费多乌金高地，并准备强渡车纳亚河”。左翼则是利普兰季将军的两个师。8月15日，俄军炮兵开始在车纳亚河对岸进行准备，这让法军对俄军的行动有所觉察。

8月16日，戈尔恰科夫集中左右两翼4个步兵师，渡过车纳亚河，向联军发动了进攻。这一天拂晓前，在戈尔恰科夫的亲自指挥下，从梅肯集高地开来的俄军于车纳亚河边占据了一些山冈。这里车纳亚河河水从东南向西北流去，对岸就是联军阵地。俄军遥望，那里有两群小山冈，分别由法军和撒丁王国军队防守。联军前沿有两道障碍，第一道是车纳亚河，只有浅水地段才能徒涉；第二道是水渠，几乎全是从陡峭的山岩中开出。山顶上，联军构筑了若干胸墙，有效加强了防御。

早上5点，利普兰季的俄军第6师趁着清晨大雾弥漫，发动突然袭击，首先夺取联军在东岸的桥头堡，继而在争夺特拉克提尔桥的战斗中又击败了法国守军。俄军士气高昂，迅速渡过车纳亚河，越过水渠，爬上陡坡，冲上山顶。这时，胸墙后面的法军以逸待劳，迎头齐射，并分兵从俄军侧翼展开猛攻。俄军败下山去，退回河东。接着，俄军发动第二次攻击。他们一部分从桥上过去，一部分从桥的两侧蹚水过河，猛冲法军阵地。法军炮兵从正面轰击，撒丁王国军队炮兵从侧面轰击，炮火十分猛烈。俄军不顾一切，再次冲上高地。坚守阵地的法军立即全力齐射，并从正面和侧翼发起冲锋。俄军阻拦不住，混乱地退回车纳亚河对岸。

车纳亚河之战

戈尔恰科夫不甘心就此罢休，随即发动第三次进攻。他动用了预备队第5师，却跟缅希科夫在阿尔马河之战中一样，难下决心何时何地投入预备队。列阿德率领的俄军刚渡过车纳亚河，还没登上山顶，即遭到联军炮兵交叉火力的严重杀伤。佩里西埃也派法军步兵赶来增援。早上7点30分，列阿德将军被炮弹炸死，顽强的俄军士兵再也鼓不起勇气，退回了车纳亚河东岸。戈尔恰科夫做了最后一次尝试，从利普兰季的部队中抽调出8个营的预备队，最后一次朝西北方向的费多乌金丘陵攻击前进，结果遭到撒丁王国军队阻击，被迫撤回。上午10点，戈尔恰科夫终于下达了撤退命令。这场车纳亚河之战历时5个小时，俄军伤亡8000人，法军伤亡1800人，撒丁王国军队仅阵亡28人。俄军的最后一次解围行动失败。

在给沙皇亚历山大二世的信中，戈尔恰科夫将失败的责任归咎于战死的列阿德，称其未能将“我的命令落实到纸面上”。彼时的战场条件下，命令可以有多种解读，真追溯起来乃是一片模糊，根本理不清头绪。列阿德的参谋长韦曼少将则相信，就算拿下了费多乌金丘陵，联军预备队的兵力也足以守住萨波涅岭，这将迫使俄军放弃取得的战果，在夜幕降临后主动撤退。帕斯科维奇元帅总结道，车纳亚河之战“没有作战目标，没有深思熟虑，没有打的必要，从此之后再发动进攻的可能性基本上给损耗殆尽”。评价很尖刻，但是很公允。这就是戈尔恰科夫向莫斯科的压力屈服的后果。4个师的部队被拆开零碎使用，利普兰季的部队和预备队其实基本都没有派上用场。

列夫·托尔斯泰也在车纳亚河战场，没有参加战斗，因为炮兵无法炮击。当天，托尔斯泰根据战场上自己目睹的情景写了一首歌。在这首歌里，这位大文豪嘲笑了驱赶俄国士兵去送死的庸碌无能的将军们：

正是四号那一天，
魔鬼叫我们去
夺取高山。（叠句）

男爵弗列夫斯基将军
缠着戈尔恰科夫
酒过七巡。（叠句）

“公爵，去占领这些高山。
“别和我争辩，
不然，我要写奏简。”（叠句）

所有的带穗子的大肩章
共商大事，集聚一堂……

猜敌情煞费工夫，穷思苦想，
绘图官把道道画在白纸上。（叠句）

在纸上画道不费半点力量，
忘了画沟壑山谷，
人要从上面滚爬……（叠句）

公爵、伯爵早就准备好，
绘图官也脚跟脚，
前往坚固的六棱堡。（叠句）

公爵下令：“利普兰季，你去吧！”
利普兰季却说：“等一等！
“不，我说，不能去呀！（叠句）

“那儿用不上聪明伶俐，
“你叫列阿德领兵去打，
“我在这儿观察……”（叠句）

列阿德未假思考，

带领我们直奔桥头：
“喂，冲锋，战斗！”（叠句）

爱玛尔恩又恳求又哭泣，
等待上级改主意。
“不行，还是叫他们去。”（叠句）
……
我们高喊着乌拉去冲锋，
却无后备部队跟着进攻，
不知是谁把事情搞错。（叠句）

攻打弗德尤斯高地，
只派来我们三个连，
应该再来十个团！（叠句）
……

这首歌虽遭到俄国官方的查禁，却广泛流传，俄军士兵们唱得很起劲。

第十二章

不朽的要塞

Chapter 12

第十二章 不朽的要塞

车纳亚河之战的第二天，8月17日，联军向塞瓦斯托波尔发动第5轮大规模炮击。炮击持续四天，目标却并非俄军预想的那样指向马拉霍夫冈和大凸角堡。俄军的颓势无法扭转。在联军的炮击下，塞瓦斯托波尔的守卫者每天都要损失500人至700人。到9月份，塞瓦斯托波尔围攻战进入了决定性的阶段。从9月5日开始，联军动用807门大炮，火炮密度达到每公里正面150门，对要塞进行了最猛烈的炮击，即第6次炮击。昼夜不停的炮火，让整座城市为火海所包围。在三天持续不断的炮击中，联军倾泻15万发炮弹，摧毁了俄军全部工事。按照计划，6万联军将于9月8日对4万俄国守军发起总攻。这一次，联军吸取教训，为保证行动机密，不会发出专门的进攻信号，而是将根据协调好的时间发起进攻。带领进攻的军官们在战争史上第一次知道要对表统一时间，这也成为现代战争中的通例。

9月8日，法军的堑壕已经挖到距马拉霍夫冈仅40步的地方。上午11点30分，联军开始又一次猛烈地炮击。40分钟后，联军发动总攻。这是在克里米亚战争中，组织计划和实施得最好的一次作战行动。博斯奎特倾法军之全力，发起了经长时间准备的密集冲击。此次进攻组织严密，包括在最后一分钟参谋军官的督促检查，以确保三支攻击纵队均顺利地通过堑壕实施冲击，冲击点距俄军要塞只有27米。正午，每一支法军突击纵队由其指挥将官带领，冲出堑壕，奋勇直前，而博斯奎特将其指挥位置就设在法军堑壕的最外端。法军只用15分钟便突破了俄军防线，夺取了外墙，并突入要塞纵深。麦克马洪将军指挥自己的步兵师第一个冲上了马拉霍夫冈。这位麦克马洪日后成为法国元帅，更成为1870年普法战争的败军之将。

如前揭文，马拉霍夫冈是一个至关重要的制高点，高耸于城市之上，成为塞瓦斯托波尔军港区和市区的屏障。进攻开始时，这里的俄国守军只有500名老兵和4个营的新兵，大部分连步枪都从未用过。守卫者用手里拿到的一切东西与联军作战，用铁锹、石块打击敌人。法军则以十倍的优势兵力，如潮水般冲上高地，却在白刃战中两次被俄军击退。俄军依托每一个掩蔽部、每一道筑城隔墙进行了顽强抗击。这是一场天昏地暗的近战拼杀，没有炮声和枪声，敌我双方搅在一起，山冈斜坡上遗尸枕藉，血流成溪。俄国人自豪地声称：“欧洲任何国家的士兵在刺刀单拼战中都远不是俄罗斯士兵的敌手。刺刀一到俄军手中，就能创造奇迹！”

法军以祖阿夫兵为主力，向马拉霍夫冈发动进攻

长达四个半小时的恶战中，俄军3个师先后赶来增援，3个师的高级军官都亲自指挥士兵进行反击，在激战中全部阵亡。法军阵亡7550人，5名将军战死。一位俄国军官回忆：“我曾经参加多次战役，但从未听见像塞瓦斯托波尔最后攻击时那样

英军向大凸角堡发动进攻

的子弹飞行声。子弹像水一样流淌而下，如同子弹的潮流一般。由于硝烟弥漫，我们无法向已经部分占领堡垒的法国人瞄准射击。我们只能用与地面保持平行的方法向弥漫的硝烟开火。”最后，麦克马洪率领法军夺占了血流成河的马拉霍夫冈。据说他给上级的报告仅仅两句话：“我在此地，我留守此处（J’y suis, j’y reste）。”

这一天的战斗中，俄军在其余阵地都击退了联军的进攻。英军对大凸角堡的攻击再次失利。英军向大凸角堡发动进攻需要冲过200码的开阔地，一路之上伤亡惨重，士兵被火力压制在大凸角堡脚下的胸墙后面，拒绝前进。不久，英军转身撤退。英军伤亡2610人，其中550人阵亡，包括29名军官。法军对5号棱堡的进攻同样失败。但如同伯戈因从前预测的那样，仅仅马拉霍夫冈的陷落便足以决定塞瓦斯托波尔的命运。占领马拉霍夫冈的法军架起大炮，火力已能覆盖整个城市。残存的俄国军舰再也找不到一个安全的停泊地，通往北区的浮桥也随时都有被法军击毁的危险。

要塞危在旦夕，坚守已经无望，塞瓦斯托波尔的陷落只是时间问题。马拉霍夫冈陷落这天，列夫·托尔斯泰正在塞瓦斯托波尔，指挥着自己的炮兵连。他写信给关系亲近的远方表姑叶尔戈利斯卡娅：“（俄历）28日是我的生日……对我来说这

熊熊燃烧的塞瓦斯托波尔

是个值得纪念和悲痛的日子……当我看到浓烟笼罩的城市，看到我们的棱堡上插着法军的旗帜，我哭了。”

亲眼看见马拉霍夫冈四周堆积如山的尸体和山顶巨大的法国国旗，眼看败局已经无法挽回，戈尔恰科夫不得不痛苦地发出了撤退命令。9月8日入夜，月沉星暗，塞瓦斯托波尔港区和市区的俄军在一片寂静中沿着舰船搭成的浮桥撤退到北区。按照当年库图佐夫对付拿破仑的办法，俄军撤退之前烧毁建筑物，炸毁弹药库，俄国黑海舰队残余战舰相继自沉。望着被自己亲手沉没的军舰，黑海舰队官兵无不泪流满面。“整个地区变成了一座烈火熊熊的大火炉”，亲身经历这场战争的列夫·托尔斯泰用他文学家的语言描述到。3万俄军“穿过那伸手不见五指的黑暗，缓慢地离开了这个浸透他们鲜血的地方”。托尔斯泰是最后一批撤离的俄军官兵之一，他同自己的炮兵连留在克里米亚，在山间继续阻止联军前进，一直战斗到10月。塞瓦斯托波尔的陷落使全体俄国人民十分悲痛，对于英勇保卫塞瓦斯托波尔的俄国士兵，连卡尔·马克思也写下了公允的评价：“俄国军队是欧洲最勇敢的军队之一。”

托尔斯泰根据自己在战争末期的经历，写出了《塞瓦斯托波尔故事集》的最

守卫马拉霍夫冈的俄军

后一篇——《八月的塞瓦斯托波尔》。脱离军职和从事文学创作的念头，在托尔斯泰的头脑里越来越坚定成熟。老朋友屠格涅夫也坚持说服他放弃军职："倘若您能从克里米亚脱身，那就太好了。您已经充分证明了自己不是一个懦夫。但是，军旅仕途毕竟不是您的事，您的天职是做一个文学家，思想和语言的艺术家……我向您再说一遍：您的武器是笔，而不是军刀，诗神不仅不喜欢无谓的劳碌，而且还缠着您不放。"屠格涅夫读《塞瓦斯托波尔故事集》曾激动得热泪盈眶。巴纳耶夫给托尔斯泰写信时说全俄国都在读这些故事，据说亚历山德拉·费奥多罗夫娜皇后读《十二月的塞瓦斯托波尔》的时候曾感动得热泪盈眶，沙皇亚历山大二世还下旨把这篇小说译成法文。塞瓦斯托波尔的战斗环境和同士兵们的亲近，让托尔斯泰对自己未来的生活产生了许多遐想。塞瓦斯托波尔陷落之后，上司差遣托尔斯泰去送一份关于敌军最后总攻的报告。1855年11月初，托尔斯泰终于以军事信使的身份离开克里米亚前往圣彼得堡。大文豪的克里米亚战争经历至此告一段落，而他为这场战争留下的忠实记录将永远不朽。

联军在围攻11个月后，终于进入已成废墟的塞瓦斯托波尔。历经349天的攻城战终于结束了。整场战役中，联军战斗伤亡7.3万，俄军伤亡达10.2万人。

9月11日，联军攻陷塞瓦斯托波尔的消息通过电报传到巴黎和伦敦。随后的几天里，伦敦充满了欢庆胜利的景象。

不得不说，整场克里米亚战争，英国的维多利亚女王时时刻刻都在焦虑之中。前线发来的电报常有错误甚至误导，要是早上传来了好消息，维多利亚女王不敢高兴，只怕等不到晚上就会完全反过来。维多利亚女王总是自言自语：“但愿我们能攻下塞瓦斯托波尔。”就连她的一个孩子也对即将出发赴克里米亚的一位英国将军说：“您一定要尽快攻克塞瓦斯托波尔，不然一定会把我妈妈急死的。”9月10日，英国皇室一家与肯特公爵夫人一起去了乡间庄园巴尔默拉度假。他们在那里的第三天深夜，有人送来两封电报，一封是给维多利亚女王的，一封是给内阁大臣的。

维多利亚女王大声说：“好消息，这上面讲了击毁俄国军舰的详情。”

内阁大臣说：“我还有更好的消息，这封电报说——‘塞瓦斯托波尔已经在联军手中。’”

“快来点火吧！”维多利亚女王的丈夫阿尔伯特亲王高声说，说完便朝宅院对面一座小山上跑去。早在一年前那里就堆起了点火的燃料，期待着在维多利亚女王回伦敦前就能攻克塞瓦斯托波尔。宅院里的英国绅士们一个个还都穿着晚礼服，都急忙跟着阿尔伯特亲王跑去了。小王子们被叫醒，赶紧穿好衣服，随父亲之后跟去。仆人、看门人和工匠都去了，村里的农民都赶了过去。篝火熊熊燃烧起来，火光在周围的各个山顶上闪耀，山谷里的人们都明白这篝火的意义，全都急忙赶到山顶。人们欢呼雀跃，载歌载舞，吹奏起风笛，还鸣枪欢庆。“真像女巫跳神。”阿尔伯特亲王下山时说。人们都跟着他下了山，来到维多利亚女王窗下。人们伴着风笛吹奏的音乐欢歌，鸣枪致意，为维多利亚女王欢呼，为阿尔伯特亲王欢呼，为法国皇帝拿破仑三世欢呼。最后，人们齐声高呼：“祝贺胜利攻克塞瓦斯托波尔！”

马克思评论道：“只有英军在大凸角堡遭到失败而法军却占领了重要据点马拉霍夫冈这样一个对照，才使胜利的欢呼声低沉下来。”显然，最后的攻城战中法军居功至伟，英军只是配合法军取得了胜利。英国人在胜利的同时，也带有了些许苦涩。一如英军上尉亨利·克利福德写道，自己当时并不感到高兴：“我站在大凸角堡上，心中更多是谦逊卑微，更多是灰心沮丧，自我离开英国以来从未这样心情沉重过……我直视着马拉霍夫冈，法国国旗三色旗在那里的胸墙上空飘扬……我所站的地方上空，却没有国旗飘扬……”正如《马克思恩格斯全集》中进一步讽刺的那样：“在强攻大凸角堡时，完全证实了俄国军队中流传的一句俏皮话的正确，这句俏皮话就是：L’arm é e britannique est une arm é e de lions，command é e par des â nes（英国军队是一支受驴子指挥的狮子军队）。一家伦敦报纸要求成立新的塞瓦斯托波尔委员会，它忘记英国军队领导上的不中用是陈腐的寡头政治统治的必然后果。”

攻陷塞瓦斯托波尔，意味着英法在克里米亚的战略目标已经基本实现。下一步怎么办，成为新的棘手问题。英法政府和军队之间对于未来打算的分歧越来越大，这让英法之间更加紧张，严重破坏了英法之间的团结一致。

克里米亚战场的军事行动逐渐减少。塞瓦斯托波尔的陷落决定了战争的结局。占有巨大优势的联军继续封锁波罗的海和黑海的俄国海岸，炮击沿海地区。俄国海军折损殆尽，舰队全部瘫痪。俄国认为塞瓦斯托波尔的沦陷是一场耻辱，国内一度出现了狂热的战争情绪。全俄国最初想到的更多是复仇，而不是外交。沙皇亚历山大二世离开圣彼得堡前往莫斯科，亲自去尼古拉耶夫，视察那里的军事设施和奥切科夫要塞，还到军队中鼓舞士气，视察了巴哈奇撒拉的俄军军营。亚历山大二世用1812年的故事鼓励俄军将领们：“不要灰心失望，牢记1812年，相信你们的天命。塞瓦斯托波尔绝不是莫斯科，克里米亚也并非俄国。莫斯科大火两年后，我们的军队进入巴黎的街道。我们仍然是同样的俄国人，上帝依然与我们同在。”不过，明眼人都能看出，这些行动已经没有任何用处，沙皇亚历山大二世无力将战争继续进行下去。即使到万不得已，亚历山大二世和他的将军们仍希望能找到英法的弱点，用一场军事上的胜利为谈判赢得更多筹码。

俄军撤入塞瓦斯托波尔北面的高地，至此克里米亚半岛再没有大规模战役发生。联军工兵忙于拆除塞瓦斯托波尔的船坞和工事，法国皇帝拿破仑三世反复催促法军继续进攻，一直遭佩里西埃拒绝。10月中旬，法国的巴赞将军在拿破仑三世的催促下还是发动了进攻。他指挥9000联军（英军4000人，法军5000人）佯装进攻敖德萨，在金伯恩实施登陆。英法联军海陆配合，成功截断了俄国守军的补给线；然后用军舰炮轰金伯恩，迫使俄军投降，胜利占领该地。敖德萨的对外运输线被切断，巴赞因此战而名声大噪，成为与麦克马洪并称的法军名将。他们的命运也一样——多年后同样以元帅的身份，跟拿破仑三世皇帝一起被普鲁士军队俘虏于色当。这次战役中，原本就表现机会不多的英国皇家海军被喜欢采用新技术的法国海军抢去了风头。法国海军三艘包覆有铁甲的木制浅水炮舰在俄军的炮火前展现了巨大的价值：球形实心弹被防护的铁甲反弹回去；空心爆炸弹虽然爆炸，却几乎没对铁甲造成什么伤害。锡诺普海战中俄国海军的爆炸弹面对土耳其海军的木制帆船展示出巨大威力，却在法国海军的铁甲船面前折戟。这在海军发展史上有着重要意义，预示着铁甲舰时代的到来。

联军远未能将俄军完全赶出克里米亚半岛。英军估计，撤到塞瓦斯托波尔以北的俄军共有“13或14个步兵师，为数众多的炮兵和无穷无尽的哥萨克”。联军攻下塞瓦斯托波尔后身心俱疲，英军总司令辛普森由于进攻大凸角堡失利成为替罪羊。1855年10月，考灵顿爵士接替辛普森成为新的英军总司令。英军得到大量补充，考灵顿一面为挨过克里米亚漫长的冬季做准备，一面策划发动春季攻势。英国的胜利并不体面，首相帕麦斯顿在好战的英国公众舆论氛围下也希望前线能采取更大的军事行动。就连法国皇帝拿破仑三世最初都计划以塞瓦斯托波尔为基地，在加强塞瓦斯托波尔防御的基础上，在比萨拉比亚和亚洲展开对俄国的“致命一击”。

然而，英国人宁愿继续打下去，法国国内却已经对这场战争产生了厌倦之情。与英国不同，法国很早开始实行义务兵役制，英国仍然维持旧有募兵体制。法国在整场战争中投入的人力资源远超英国，人员伤亡比英国严重得多。同时，法国可以用于战争的财力远不如英国雄厚，法国民众比英国民众更能感受到战争对自己生活的影响。拿破仑三世虽怀有重绘欧洲版图的雄心壮志，却不能不考虑国内舆论的和平呼声。法国的大臣们也劝拿破仑三世，应该在攻陷塞瓦斯托波尔的有利条件下同俄国展开谈判。当得知联军攻陷塞瓦斯托波尔的消息时，法国和奥地利的外交官们都松了口气。法国外交界普遍认为，法国已经一扫1815年维也纳会议后被孤立的颓势，成功赢得了对俄战争。法国的光辉、荣耀与国际地位已经在战争中恢复。时任法国外交大臣瓦列夫斯基得出结论，此时由奥地利进行干预获得和平是最好的，继续战争对法国将是不明智的，那样做只是为英国的利益服务。

克里米亚的冬天不利于战争，却给各国的外交战提供了充足的谈判时间。前线的法军又为疾病所困扰，英军则后勤充足，兵强马壮。终于轮到英军对法军的后

战场上的阿尔马尔·帕夏

勤状况大加鄙视了。天气好时，英军甚至组织围猎、赛马等活动。英军各团设立了自己的小剧场，上演官兵自己排演的戏剧，举办各种带有教育目的的演讲会。文体活动之外，英军还加强射击训练与野战操演。但这一切似乎都缺乏目标，前线和后方都在等待着和谈的消息。到了11月，拿破仑三世清楚，应该见好就收，实现和平了。外交行动完全代替了军事计划，克里米亚战场基本实现了实际上的停火。

除了克里米亚战场外，最重要的战场是高加索战场。从黑海到波斯边境，俄国和土耳其拥有150英里的边境线。在这条国境线的中央，是古亚美尼亚王国留下的重要堡垒卡尔斯。历次俄土战争这里都曾发生重大战役，双方对这个战场都熟悉不过。1854年夏天，俄军进入土属亚美尼亚。7月29日，俄军进攻驻守卡尔斯北方的土耳其军队，土军战败撤退。8月，驻卡尔斯的土军集中3.3万步兵、8500骑兵和52门大炮向俄军进攻。俄军的实力是2万步兵、5000哥萨克骑兵、60门大炮和1800部族非正规军。双方随即展开长达近一年的拉锯战。

1855年春夏之交，新任高加索方面俄军总司令穆拉维约夫将军率部在亚美尼亚转入反攻。俄军越过俄土边境，占领阿尔达汉，包围卡尔斯，几乎进抵埃尔组鲁姆。固守卡尔斯的3万土军缺粮待援。土耳其组织部队运粮，试图穿过俄军占领区突入卡尔斯。运粮部队遭到俄军截击，损失了全部粮食。俄军在随后的战斗中失利，未能扩大战果。联军派出军事联络小组到达卡尔斯，协调卡尔斯和克里米亚战场的军事行动。军事联络小组发现卡尔斯的土军士气低落，非常需要增援。

卡尔斯城告急，俄军决定拿下这个亚美尼亚重镇。俄军在要塞周围挖掘战壕，并从亚历山大罗波尔运来了攻城炮，发起强攻。双方经常会在一片铺天盖地的炮火之后，激战上数小时。俄军在数量上远远超过饥饿的土军，却始终未能成功突入城内。从1855年6月到11月，俄军围攻卡尔斯接近半年。在俄军一次又一次的进攻下，卡尔斯城守军粮弹两缺，再也无力坚持下去。11月25日，处于半饥饿状态的卡尔斯最终向俄军投降。俄国人形容，进城的俄军看到的是一排排、一队队活着的和躺着的骷髅。这惨绝人寰的场景，连饱经战火、铁石心肠的俄国士兵也不禁潸然泪下。卡尔斯的陷落是克里米亚战争中最后一件重大战事，俄军多少弥补了一点在多瑙河与克里米亚半岛的失败，在外交上也有一定意义。后世评价，此战“有效地为俄国未来和平谈判的前景打下了基础”。马克思则这样评价卡尔斯之战：“卡尔斯的陷落是虚假的对俄战争史上的一个转折点。没有卡尔斯的陷落，就不会有五项条款，就不会召开会议，就不会有《巴黎条约》。一句话，就不会有虚假的和平。”

高加索军团的俄军步兵

卡尔斯陷落之前，土耳其派兵前来解围。1855年9月6日，克里米亚战争中土耳其军队最出色的将领阿尔马尔·帕夏率军撤离克里米亚，前往高加索。9月29日，他的部队登船从克里米亚出发。另一支土耳其军队在特拉部松登陆，也赶往卡尔斯。得知卡尔斯陷落后，12月8日，阿尔马尔的部队从高加索山脉的南方撤退，俄军完全取得高加索战场的胜利。可惜，俄军在南高加索的胜利对战争的全局并不具有决定性的影响。

波罗的海方面，拥有27艘战列舰的俄罗斯帝国海军波罗的海舰队对英国构成威胁。英国忌惮这支舰队会进入北海，干扰英国的海上运输线。于是，英国海军部派遣内皮尔爵士指挥一支分舰队去阻止俄国波罗的海舰队，保证北海的安全。维多利亚女王亲自到朴次茅斯检阅了舰队。1854年3月10日，舰队出发。此时距英法向俄国宣战还有18天，英国人的行动只能解释为密谋已久。内皮尔舰队的任务非常明确——随时准备接受命令，全部消灭俄国波罗的海舰队。

英国舰队首先到达德意志的基尔港，然后到达丹麦首都哥本哈根的南面。内皮尔认为这里是控制北海出入口的最佳地点。俄国舰队驻扎在200英里外芬兰湾的重要海军基地喀琅施塔得。喀琅施塔得是俄罗斯帝国最著名的军港之一，建有坚固的要塞，保卫着圣彼得堡海上的出入口。内皮尔爵士的舰队在哥本哈根停驻三星期，训练船员航海和炮击。战争正式爆发，内皮尔的任务是封锁芬兰湾和临近的俄国港口，拦截俄国运输船，评估占领博马松、莱沃克和其他要塞的可能性。4月17日，内皮尔舰队到达芬兰湾。然而，暴风雨和缺乏领航员使得舰队被迫退回到瑞典首都斯德哥尔摩。在那里，内皮尔爵士努力劝说瑞典国王加入战争，结果却徒劳无功。

5月，天气转好，内皮尔舰队出动炮击了翰戈要塞。6月，内皮尔舰队勘察了斯韦堡，发现要塞十分强大。8000俄军固守在花岗岩要塞里，英国舰队难以攻克。内皮尔爵士只能派出一支分舰队，袭击俄国运输船队。英国舰队在托尼亚尝试了登陆，登陆队遭遇强大的俄军，损失惨重。6月21日，三艘英国军舰在领航员的带领下炮击了俄军博马松要塞，除浪费弹药外一无所获。

6月22日，联军的18艘风帆战列舰和9艘蒸汽动力战舰向喀琅施塔得进发。其中包括英国战列舰12艘，法国6艘。9艘战列舰和6艘护卫舰被留下监视斯韦堡。6月26日，英法联合舰队到达喀琅施塔得外海，发现港内有30艘俄国军舰，分为三个纵队驻泊。联军仔细侦察了3天，发现自己的18艘战列舰无法对付港口要塞和22艘俄国战列舰，因此放弃了攻击。由于没有攻击喀琅施塔得，后来内皮尔爵士遭到英国国内的严厉责难。霍乱竟然也在这里的军舰上发生，联军舰队只得返回斯韦堡。

7月2日，英国海军部通知联军舰队，6000法军携带10门大炮将出发参加登陆作战，目标是博马松或是斯韦堡。鉴于斯韦堡的要塞过于坚固，博马松被列为英法联合舰队的攻击目标。博马松有三个炮台，深入大海的主炮台三面环水，拥有120门

卡尔斯的陷落

火炮。另两个炮台在内陆的两座山上，分别拥有24门火炮；炮台顶部有铁制屋顶，可以抵御炮弹打击。联军1.1万人（其中法军1万人，英军1000人）在博马松的南北两面登陆，包围博马松。到8月13日，联军炮兵就位，开始炮击。俄军炮台没有回击，山上两炮台在两天内被联军占领。联军舰队炮击主炮台，俄军在炮台被摧毁后投降，博马松落入联军之手。

联军舰队又转向芬兰的阿博。那里驻泊有17艘俄国炮艇，通向港口的峡湾两边树林里同样有大量俄军地面部队。由于法军士兵大量感染霍乱，法军拒绝参战。9月4日，法国舰队撤退过冬。10月，英国舰队也分批撤出波罗的海。1855年春天，一直负责克里米亚战场海军事务的英国舰队司令邓达斯从黑海赶来，接替了内皮尔。邓达斯的舰队拥有19艘螺旋桨推进的战列舰和1艘风帆战列舰、14艘护卫舰、12艘蒸汽船、21艘武装蒸汽舰和15艘炮艇。过冬后重新前来会合的法国舰队有3艘战列舰、3艘护卫舰和10艘炮艇。3月，联军舰队再次进入波罗的海执行封锁任务。联军侦察发现，俄军要塞的防御都大大加强，登陆作战变得更加不可能。联军只能从海上炮击，破坏俄国海岸目标。尽管破坏巨大，联军始终没有采取任何登陆行动。11月，联军舰队再次撤退过冬，波罗的海的战斗结束。

在北太平洋，英法舰队也参加了战争。联军舰队攻击了堪察加半岛的彼得罗巴甫洛夫斯克，登陆的英法陆战队遭受重大伤亡。1855年，两个英国皇家海军编队来到这里，后来英国从香港又派出一个编队，加入北太平洋战区。俄军防御强大，更主要这里远离主战场，对战争影响很小，所以，英国舰队没有采取大的行动。另外，1854年8月，在遥远的白海，3艘英国皇家海军军舰奉命执行封锁任务，一共检查了300艘商船，还炮击了科拉半岛。

英法联军在欧洲和亚洲各个海域的一连串进攻，既是军事示威，也是诱使俄军统率部分散兵力的手段。有人认为，以英法联军的兵力，是能够消灭俄国波罗的海舰队，兵临喀琅施塔得，直接威胁俄罗斯帝国首都莫斯科的。但是它没有这样去做，没有去进攻俄国的要害地区，而是把军事行动主要限于黑海沿岸，希望以有限战争来迫使俄国屈服。

第 十 三 章

巨 人 的 士 兵

Chapter 13

第十三章 巨人的士兵

与英法联军相比，克里米亚战争中的俄国军队似乎为外界了解较少。1853年1月，据统计俄罗斯帝国陆军总数达130万，其中正规军约68万，后备军约21万，内卫军约14万，非正规部队约24万（哥萨克即属于非正规部队）。这130多万军队分布在俄罗斯广阔的国土之上，支撑着这个巨人的站立。但联军从欧洲向克里米亚调兵的速度和规模都超过俄军。最终，克里米亚战场上俄军共约11.5万人，联军则达17万人。

俄国陆军的正规军包括近卫军、掷弹军、6个步兵军、第1第2两个后备骑兵军、后备轻骑兵师以及高加索军团。6个步兵军自然是陆军的主体，其中第2和第6步兵军参与了克里米亚战事。每军下辖3个师，每师下辖2个旅。一个师1.7万多人，一个旅8500多人，不过野战兵力一般比这少，比如巴拉克拉瓦之战中俄军第12师实际兵力为1.5万多人。每旅下辖2个团，步兵团和猎兵团是彼此独立的单位，每团都用城市或省份来命名。纸面上每个团4200多人，每营1000多人，克里米亚战场上实际每团均不足4000人。团长一般是上校或少将军衔，团里的主要军官都是长期任职，副团长、参谋长、军需官、财务官和各营营长都由中校担任。要有一名少校担任团军乐队队长，手下管着一名首席鼓手、一名首席号手和40名军乐队队员。团里还有一支辎重队，归军需官管，编制为280匹马和71辆大车，多出来的一辆大车是给随军神父坐的。俄军每营下辖4个连，步兵营是一个掷弹兵连和三个滑膛枪连，猎兵营是一个卡宾枪连和三个猎兵连。每连有一名连长、副连长以及跟团里职能相同的军官队伍，外加18名士官、7名鼓手、5名号手、1名理发师和230名士兵。每连下辖2个排，一般是1个步兵排、1个掷弹兵排或1个狙击兵排。

俄国骑兵的规模是彼时世界上最大的，轻骑兵、龙骑兵、重骑兵等等不一而足。俄军轻骑兵以机动见长，包括枪骑兵；龙骑兵装备卡宾枪、刺刀、军刀甚至长矛，跟近卫军掷弹兵一样下马步战；重骑兵则是用于冲锋的胸甲骑兵。俄国骑兵有20个骑兵师，60个骑兵团，每师一般是3个骑兵团和1个哥萨克团。60%的哥萨克都曾在俄军中服役。跟其他俄军不一样，哥萨克服役要自备马匹、军装和装备，只有步枪是部队统一配发。跟西欧作家笔下的粗鲁野蛮不一样，其实哥萨克的文化水平和受教育程度比一般的俄军骑兵和步兵要高。另一方面，哥萨克也要受严格的军纪约束。一般来说，哥萨克组织纪律性不强，爱穿什么穿什么，胯下矮小的战马蓬乱肮脏，肆意纵马奔驰。事实上，克里米亚战争中给哥萨克表现的舞台并不太大。由于奥地利的威胁，加之缺乏马匹和饲料，克里米亚战场上俄军骑兵力量一直薄弱。

俄军骑兵与步兵的问题一样，所受的训练大多是应付检阅，实战训练偏少。每个骑兵团下辖6—8个中队，每个中队约120名骑兵。俄国马体格小，骨头细。克里米亚战争中由于力量差、饲料不足、驮得东西又太多，俄军马匹死亡率颇高。除了骑兵，马匹还要驮着行军锅、口粮、毯子和饲料。大批俄国马死在克里米亚短暂的亚热带夏天中，比死在漫长严冬里的还多。

克里米亚战争中的英军骑兵师师长卢肯勋爵在1829年的俄土战争中曾于俄军服役，他形容道，俄军骑兵“要多糟有多糟，但哥萨克算是能让敌人倒血霉的灾星，特别是敌人撤退的时候”。那些哥萨克毫无军纪可言，放在正面冲锋和结阵对战上毫无用处。但是，哥萨克普遍战斗经验丰富，精于突袭，擅长从敌军阵线上找到缺口和薄弱点。当然，还有四处劫掠袭扰，对战利品的欲望强烈。

克里米亚战争爆发时，俄罗斯帝国海军有90万人之众，分为5个海军舰艇总队，舰艇达512艘。第1—3海军舰艇总队由波罗的海舰队编成，其中第1、2舰艇总队驻喀琅施塔得，第3舰艇总队驻斯韦堡。第4、5舰艇总队由黑海舰队编成，舰队

克里米亚前线的俄军骑兵

司令部即设在塞瓦斯托波尔。每个海军舰艇总队下辖3个海军步兵旅，每个海军步兵旅下辖3个海军步兵团。3个波罗的海舰队海军舰艇总队下辖28个海军步兵团，番号1—28。第29—45团属黑海舰队，黑海分舰队编有第46团，堪察加分舰队编为第47团。每个团约有1000名水兵。

波罗的海舰队一年里有大半年停在干船坞里不出海，水兵大部分时间都在操练队列。相反，黑海舰队在科尔尼洛夫、纳希莫夫等杰出海军将领的领导下，投入大量时间进行海上训练。纳希莫夫曾有名言："我们必须停止将我们自己看成高高在上的地主，而将普通水兵当成我们的奴隶。我们必须教会和激发普通水兵的勇敢精神和英雄气概。"于是，纳希莫夫在黑海舰队重视实际训练和团队协作，强化纪律，提高水兵的日常待遇。尽管军纪一样严酷，黑海舰队的水兵待遇还是更好一些。水兵们被训练得要作为团队个体发挥作用，而不是当没有思想的机器。由于军舰自沉，大部分海军步兵团都上岸参加了塞瓦斯托波尔保卫战。英雄的俄国黑海舰队在保卫战中付出了巨大代价：6名将军、113名校级军官、723名尉级军官、16870名水兵为国捐躯，其中包括纳希莫夫和科尔尼洛夫。

彼时俄国军队每年征召8万人入伍，服役期长达25年。新兵有农民、城镇贫民以及其他种种交人头税的人。征兵布告下发到村社里，由村社里的长者组织抽签挑选应征者。每个村都有必须完成的征兵名额，富农会想办法使钱让自己的儿子别抽中服役签。长子和独生子一般也能免除兵役，征兵通常是先征那些“不安分守己”的人。征兵年龄在18岁到35岁之间，而地主可以将不管多大年纪的农奴都送去服兵役。法庭会把判处服兵役当成一种轻罪刑事判决。服兵役很可怕，家里人会给自家服兵役的儿子办一场欢送会，然后就当儿子从此死了。男人离乡服兵役很少再回来，尤其对结了婚的男人的老婆孩子而言更是如此。一如大文豪列夫·托尔斯泰笔下那些服役25年的俄军老兵：

“家里有钱的，能回去自然是好，”安东诺夫说，“再不然自己有力气干活的，回去也好，自己脸上光彩，家里人也高兴。”

“可兄弟两人的，怎么能回去呢？”日丹诺夫继续说，“人家自己能糊口就不错，拿什么给我这当兵的吃？当了25年兵，我也帮不了什么忙了。再说，他们是死是活，也不知道了。”

“难道你就没有写过信？”我问。

“怎么没有写！去了两回信，都没有回音。不是死了，就是不愿写，意思挺明白，自己过着穷日子，还有什么办法呢！”

抽中服役签的倒霉蛋要在士兵的严密护送下被押往附近的城镇。经过身体检查，体格不达标的人被分配去辅助部队。士兵按照体格和文化程度进行分配，身高5英尺10英寸以上的人被分配去近卫军，能读会写、做过买卖和身强力壮的人被分配去当工兵，会骑马的当骑兵。大部分人最后只能当步兵，剩下的都去海军。被押送去新兵营报到前，神父会主持大家向沙皇、教会和祖国宣誓。

一入营新兵要先剪短头发，从此再没了象征农奴身份的长发。头一周新兵要在老兵的指导下“开窍”，适应军营生活。新兵的第一个挑战是要背熟《士兵问答》，该问答内容涵盖士兵职责的方方面面。举个例子，问：“士兵誓言是什么？”答：“……在上帝面前宣誓……为上帝和君主服役……无条件服从长官……”问：“哨兵的职责是什么？”答：“……神圣地完成命令……宁死不离开岗位……”

俄军士兵平时驻扎在永久性的军营里。冬天到来，往往改到城镇和村庄中驻扎。在城镇中驻扎时，俄军士兵一般住在兵营里；而在村庄中驻扎时，只有接受检阅或去城里的司令部当值，士兵们才会穿军装，平时生活劳作穿得就跟普通庄稼汉一样。饭在连里开，吃的是大锅饭。六人一组，从大木碗里分着吃。按照官方标准，俄军士兵的伙食如下：早餐是又粗又酸的黑面包、盐和茶；午饭是圆白菜汤和面包；晚餐是荞麦粥和茶。每人每天定额半磅肉，基本是肥膘和骨头，经常是发臭变质的，连狗都不吃。送到塞瓦斯托波尔外围棱堡里的汤一般又凉又腻，上面漂着一块块大肥油。每天的伏特加配给堪称救急，不过跟新鲜食品一样属于额外配给，要自己花钱买。另外，一些特殊的日子比如沙皇的命名日、本团上校的命名日等等，以及其他节庆，俄军士兵会吃得好一些，分量也多点。在克里米亚，补给畅通时，士兵们还能吃到新鲜水果。

每个俄国士兵每年军饷2卢布85戈比，每年分三次发放。另外还有90戈比的装备费用。士官每年军饷3卢布。理发、修鞋、缝补衣服由连里扣钱，找神父的钱由团里扣。所有士兵还都要扣一份钱交给连里的“合作社”。“合作社”的资金部分用作退伍老兵的救济，其他用来补充给养。军饷经常拖欠，上校们会一直拖到当兵的患病死去，将死者的军饷装进自己的腰包。士兵的其他收入包括军队之外干活出力赚的钱，沙皇陛下的赏赐，比如因克尔曼之战后所有参战士兵每人都领到了2卢布。

每个士兵每三年发一件大衣，每两年发一件粗劣的羊毛短上衣，每年发两条裤子，三件亚麻衬衣，两套大衣衬里的原料和两双靴子所用的皮革。只有驻扎在兵营里才会发毯子，毯子是属于兵营的，士兵不能带走。战场上就全靠大衣了。最寒冷的冬天里，哨兵常常在大衣外面再套一件皮大衣。俄军士兵不穿袜子，用的是亚麻裹脚布。裹脚布被汗水浸透，反过来缠也是一样。大衣上缺口袋，士兵们便将有价值的财物装进挂在左膝下的小皮口袋里。

跟英军一样，俄国士兵与军官的待遇有天壤之别。俄军步兵军官的军饷是上校每年502卢布，少校336卢布，上尉307卢布，中尉238卢布，工兵骑兵炮兵军官的军饷多10%。服役20—30年的军官，退休后可领取原军饷收入三分之一的养老金；服役满35年退休后，军官可领取全额养老金。军官可享受免费的住房和仆人。比如，一个上尉能分到两间住房，两匹马和三个仆人。如果驻在大城市，这可是享福。驻在偏远的农村就惨了，要跟农民挤在一起住又脏又破的农舍，房里小孩哭母猪叫。军官们日常喝酒赌博，还有舞会、宴会、看戏之类社交活动。当官是捞钱的机会，许多购置粮食、被服和装备的钱都进了上校的私囊。比如沃尔科夫将军把腐烂变质、海军不肯要的肉运回自己团里，省下的钱全归自己。他还给团里实际数目不到编制名额一半的军马领来全额的运费。战争可真是有利可图。没办法，俄国军官的收入只有普鲁士军官收入的三分之一，所以俄国军官几乎都不靠军饷过日子，军中贪污腐败盛行。

说到普鲁士，同样值得一提。众所周知，俄国陆军深受普鲁士军事思想的影响。由于彼时俄国与德意志天然的血缘关系，许多德意志人曾在俄军中服役，比如著名的军事思想家、《战争论》的作者冯·克劳塞维茨。这些德意志人跟来自其他国家的军官一样，在俄军中并不受信任。来自芬兰大公国的芬兰和瑞典军官在俄军中也不受信任，不过他们有文化、受教育程度高、工作勤勉高效且团结，所以往往在俄军中备受尊敬。拿破仑战争之前，俄军工兵部队基本由德意志和法国军官指挥。1818年，时为大公的尼古拉就任工兵总监，从此对俄军工兵的训练非常重视，投入了巨大的精力。继承皇位后，尼古拉一世继续重视工兵建设，不惜投入重金。同样由于历史传统，俄国海军则全盘学习英国和荷兰。

“子弹是笨蛋，刺刀是好汉。”当年著名俄军统帅苏沃洛夫的这句名言决定了俄国人对待训练和阵形的态度。训练目的就是贴上去跟敌人肉搏，射击训练遭轻视。尽管各部队射击训练的要求与水平有所差异，但基本停留在能装上火药打出去的水平。许多团每年只发10颗子弹，要是训练再多，就用黏土做成的子弹。据说有人当了25年兵从未开过枪，有些士兵甚至不会上膛装弹。有的训练中会有靶子，大多数时候士兵们就是凭空放枪。全体士兵能一齐扣动扳机就算达到目的，反正只图场面看上去漂亮。

到1853年时，大部分俄军步兵营都装备了击针滑膛枪，射程150—200码，每分钟可装填射击1次。相比之下，英国米涅步枪每分钟能装填射击2次，射程达1000码。克里米亚战争中，俄军使用的击针滑膛枪型号多达4种，M1844、M1845、M1852和M1854，外加后备军使用的燧发枪。俄军最新式的M1854滑膛枪使用以战场上缴获的联军子弹为模本制造的新子弹，射程和准确性都有提升。然而，这种步枪的枪管却容易堵塞和炸膛。除此之外，不同的子弹口径也是俄军后勤部门的噩梦：燧发枪用17.78毫米子弹，滑膛枪用18.03毫米子弹，有的团两种都用。俄军步枪的制造和维护水平都很差。1855年1500支华沙造的步枪运抵塞瓦斯托波尔，216支不能用。莫斯科团的1318支步枪，534支不能用。滑膛枪的枪管都擦得很薄了还在用，枪膛里锈迹斑斑，黏土做的子弹也很伤枪膛。

俄国陆军全盘学习普鲁士，没学会什么好东西，倒学会了残暴对待士兵。按照规定，训练中不得打骂、虐待和侮辱士兵。不过，士官和军官自己就是挨着打成长起来的，当学兵时挨打，当兵时接着挨打，动手打是他们唯一懂得的教育方法。鞭笞更是家常便饭，许多士兵被折磨致死。“棍棒和桦条是队列训练中必不可少的物件儿……”，教学和打人基本是同义词。拳头、刀鞘、鼓槌算文明的，士官和军官们爱拿来“剔剔牙”——直接往脸上招呼。彼时训练场上许多士兵都给打掉了牙。

为了学会队列行进，士兵们必须单腿直立，另一条腿将脚跟朝后绷直，脚尖直指前方。汗水浸透了紧绷的军服，直至整队踢腿成一条直线才算完。谁胸膛不够挺，背上就要挨打。最后队列要练得臻于完美，闭着眼睛也能走下来。沙皇亚历山大二世曾骄傲地回忆起自己在西蒙诺夫近卫团时的教官——平顶有檐军帽上顶着满满一玻璃杯水，前后左右转外加前进，正步踢得腿跟地面成一条线，“一滴水都没洒”。

每年的大阅兵是重头戏，沙皇要亲自检阅全军。各团的名声和荣誉完全取决于这番在沙皇面前的展示，一切都要确保有上佳表现，队形要整齐划一跟跳芭蕾似的，几乎所有训练都是为了这一目标。当其他国家的军队致力于野外机动和射击训练时，俄国军队却仍将漂亮的队列视为战斗胜利的关键。克里米亚战争期间，戈尔恰科夫亲王即自信地对沙皇说，自己的部下已经做好战斗准备，因为“士兵们队列行进走得很好，脚尖绷得很直，身体很挺拔，达到了训练的目标”。士官与士兵是一体的，接受检阅的士兵队伍走得不好，士官与士兵都要挨打。俄国将军也会亲自下场揍人，有位将军引以为豪的就是自己能一下子揍倒三个兵。普鲁士驻俄使馆的武官都特意将俄国军队对待士兵之粗野暴虐写成报告呈

身着夏季检阅礼服的俄军步兵

克里米亚前线的俄国将军们

送国内。

俄国士兵的生活也不全是苦差，士兵们还有各种各样的娱乐生活，比如全连一起讲故事、变戏法、组织唱诗班和乐队以及其他活动等等。按照规定，如果得到连长允许，士兵可以结婚。生了男孩，6岁就可以入幼年学兵营受训，长大后成为士官。1844年时，这样的军属儿童多达2.24万人。到了18岁，他们就能正式参军。

“士兵沙皇”尼古拉一世关心自己的军队，试图在不改变军队体制的前提下提高士兵的待遇。1834年，他下令士兵服役满15年可获探亲假，假期每年6周，遇战事须被召回部队。伤残士兵可以进“老年士兵之家”养老。如果伤残程度不高，可以进入伤兵连继续服役，伤残士兵享受全额军饷、粮食、住宿和军装。不过，大部分士兵服役满25年后，只能带着寥寥几个卢布黯然离营，有些甚至再度应征入伍。讽刺的是，沙皇尼古拉一世如此投入地热心于军队，也还是要为俄军的低效无能和随之而来的战败负责。

事实上，俄军许多部队根本不适合参加实战，因为士兵年纪普遍偏大，医疗卫生条件也跟不上。对后备军进行较高程度的训练，随时召集回营投入战争，这种动员方法仅适用于普鲁士的短期义务兵役制。而在沙皇尼古拉一世统治下的俄国，不可能让人一面在军中服役一面保留农奴身份。引入短期义务兵役制，就意味着农奴制的终结。沙皇尼古拉一世相信，只有士兵长期服役的军队，才能保持纪律和忠诚。结束农奴制，全面实行短期义务兵役制，这两项改革都要留待尼古拉一世的继承人亚历山大二世在1861年之后去进行了。

在西方著作里，克里米亚战争中的俄国英雄们往往留不下名字，面目模糊。俄国人戏言，部分原因恐怕在于，克里米亚这片英雄的土地上涌现出太多的英雄人物，以至于西方著作记不胜记，索性都忽略掉。囿于篇幅，只能对西方著作的目光短浅略加补救。在第一轮对大凸角堡的炮击中，由于俄军一座弹药库被命中，引发大爆炸。硝烟弥漫之中，到处是残缺不全的尸体，到处是哭喊救命的声音。有一名海军准尉身负重伤，腿被炸断，依然大声鼓励自己的部下："坚持住！弟兄们！"一名年老的大尉用被炸残的手掌按住与自己同在一起战斗的儿子，给儿子画十字："我将你献给上帝、沙皇和祖国。"勇敢的大尉吻别自己垂死的儿子，又担负起职责，召集起残存的守卫者，严阵以待英军的进攻。1854年10月17日的炮击中，俄国水兵也有英勇杰出的表现。第43海军步兵团的格里高利·帕夫柳克便是这样一位英雄。当时一发炮弹从棱堡的窗口飞了进来，棱堡中满满全是人，眼看就要死伤一大片。帕夫柳克摘下帽子灌满水，冷静地走过去，他打算用帽子裹起炮弹丢出棱堡。他刚碰到炮弹，炮弹就爆炸了。不可思议的是，他活了下来——战友们断言，他是有上帝佑护的英雄。

阿尔马河之战中，俄军的伤患护理条件极差，很多伤员得不到救治。那些运气够好、在战地急救所得到裹伤处理的人，必须徒步20英里，回塞瓦斯托波尔接受进一步救治。俄军医院包扎用的多是肮脏的破布，伤口因而往往会化脓溃烂。医院里恶臭弥漫，肮脏不堪，无半点舒适可言。医院里随处可见伤口化脓令人作呕、神经错乱满嘴胡话的伤员。达莎·亚历桑德罗芙娜，一个阵亡水兵的女儿，变卖了自己仅有的一点财产，买了匹小马、一辆两轮马车、绷带和其他医疗用品，立志为伤员们减轻痛苦。她冒着敌人的炮火，在战场上和棱堡中给那些被人遗忘的俄军伤员带去关怀和救护。这位"俄国的南丁格尔"给遭遗弃的俄军伤员清洗伤口，包扎治疗，挽救了不少人的生命。她的英勇行为和服役经历得到俄国

俄罗斯的英雄们

官方的承认，沙皇颁发给她金质十字勋章，向她发放终身养老金，直至她以高龄离世。

英勇的俄军女性护理人员不只达莎·亚历桑德罗芙娜。英军有“提灯女神”弗洛伦斯·南丁格尔，俄国女护士在克里米亚战争中的表现也相当出色。以圣十字慈善姊妹会和塞瓦斯托波尔驻军家属为代表，诸多俄国妇女勇敢地参加了战地救护。著名无政府主义者巴枯宁的堂姐叶卡捷琳娜·巴枯宁娜写道：“我读到法国女护士们前往法军医院，南丁格尔小姐和若干女士、修女随后也前往英军医院。至于我们呢，难道我们一定要坐下来，什么都不做？”叶连娜·帕夫洛娃女大公先后组织并挑选了140名女护士前往塞瓦斯托波尔前线，在俄国战地外科的划时代人物皮罗戈夫医生指导下工作。皮罗戈夫将她们分为三组，分别负责护理伤员和协助手术、分发药品、管理医院内务，甚至还有不少护士兼职代写家书。在漫长血腥的塞瓦斯托波尔围城战中，先后有17名护士殉职，几乎所有人都曾罹患伤寒或热病，但她们坚守职责，病愈后立刻投入轮岗工作。

皮罗戈夫医生在1855年12月6日写道：“她们在医院昼夜工作，协助包扎和手术，给病人分发茶与酒，监管仆从、看守乃至医生。这些妇女装束整洁、富有同情心，她们的出现让眼泪和痛苦消失。”

女护士亚历山德拉·斯塔霍维奇在家书中这样描述她亲历的截肢手术：“我参与了皮罗戈夫的两台手术。我们在其中一台截掉了一只胳膊，另一台截掉了一条腿。上帝垂怜，我才没有晕倒。因为在第一台里，当我们截断胳膊时，我得顶住这可怜人的脊背，然后替他包扎伤口。出于大胆，我现在可以这么写，向你们保证我什么都不怕了。就算你们知道帮助这些受苦的人们有多么令人愉悦，你们也无法想象医生们对我们的出现有多么赞赏。”

塞瓦斯托波尔是由当地全体人民共同保卫的，其中有许多儿童。他们大多是水兵的孩子，与自己的父亲并肩战斗。其中最著名的当属科里亚·佩奇申科，年仅10岁。在棱堡中奋战时，父亲就战死在他身边。科里亚坚持留在棱堡里，经历了塞瓦斯托波尔围城战最惨烈的阶段，他的勇气鼓舞了许多年纪远长于他的官兵。粮食和饮水都接济不上，他坚守在一处炮台上，传递情报和命令。科里亚最终从战争中活了下来，荣膺塞瓦斯托波尔保卫者勋章和圣乔治十字勋章。

俄国士兵和水兵对圣乔治十字勋章梦寐以求。因为一旦荣获，他们就能从士兵的苦役中解脱出来，马上获得晋升，拿到更高的军饷津贴。鲍罗廷斯基步兵团的马特维埃·谢尔库诺夫，在车纳亚河之战中作战勇猛，掩护伤员撤退，克里米亚前线俄军总司令戈尔恰科夫即亲自向他颁发了圣乔治十字勋章。他是克里米亚战争中24150位圣乔治十字勋章获得者之一。

如前揭文，塞瓦斯托波尔围城战一开始，俄军便化整为零，以小分队行动或单兵出击的形式进行战术，向英法联军阵地发动夜袭，收集情报，捕捉俘虏，夺取敌人的武器装备。这些俄国“猎人”中，最成功当属第30海军步兵团的水兵彼得·马克西莫耶维奇·科什卡。科什卡1828年出生于乌克兰的农村，因自己的主动精神、英勇无畏和足智多谋而在战友之中脱颖而出。他参加过18次夜袭，曾一次抓回三个俘虏。他最出名的一次，是从英军的眼皮子底下，抢回一具被英军浅浅掩埋的俄军遗体。暴露在敌我双方的猛烈火力之下，彼得挖出遗体，将遗体拖回基督徒墓地埋葬。这位不平凡的英雄负过两次伤，一直活到1882年。

除了英雄个人，还有“英雄团队”，比如塞夫斯基步兵团。1855年6月，法军攻下一座重要的炮台，这座炮台的陷落直接威胁到塞瓦斯托波尔的整个防御。科

堑壕中的英军狙击兵

祖莱夫将军眼见塞夫斯基团第5连半夜从堑壕撤回来，当即大吼："跟我上，我们的恩人们，咱们奔着刺刀去！"得到其他营的增援，塞夫斯基团一马当先，从兵力占优势的法军威胁之下挽救了塞瓦斯托波尔。第5连138名俄军士兵仅有33人生还，该连为塞夫斯基团赢得了荣誉证书与赫赫威名。

克里米亚战争中俄军将星璀璨，海军以纳希莫夫为代表，陆军则必须要提到赫鲁廖夫。据俄国人记载，斯捷潘·亚历山大洛维奇·赫鲁廖夫是图拉省人，1807年出生，还在儿童时期就决心当军官，理想则是当将军。他在图拉的亚历山大洛夫学校学习了6年，1825年在第二圣彼得堡武备中学通过了考试。19岁时，赫鲁廖夫成了轻骑炮连的准尉。他参加了1831年镇压波兰革命，这使他成为中尉和两枚勋章的获得者。到1849年镇压匈牙利革命时，赫鲁廖夫已经是上校、骑炮旅的旅长了。这场战争又使他成为少将，并获得了奥地利的铁王冠勋章和一把镌刻着"英勇可嘉"字样的金质佩剑。出征中亚又给他带来中将军衔。克里米亚战争爆发后赫鲁廖夫参加了多瑙河战事，于1854年12月被派往克里米亚半岛。

1855年3月4日，由于英法联军在塞瓦斯托波尔守军左翼的行动有所加强，赫鲁廖夫被任命为防线第3、第4、第5区的长官和科拉别尔地区的防军司令。并且谢连金和沃伦多面堡以及堪察加多面堡也归他指挥。这些碉堡都是按照它们的建设者和保卫者所在的团的名字命名的。

塞瓦斯托波尔城里的人们知道，哪里最困难，就把这位赫鲁廖夫将军派到哪里去。3月5日夜，联军对正在建设中的堪察加多面堡发起攻击。赫鲁廖夫派出几个营的部队，打退了联军的进攻。赫鲁廖夫明白，从防线向前突出很远的堪察加多面堡使法国人感到不安，法军正在用挖堑壕的办法接近多面堡。必须出击，摧毁法军挖掘的壕沟工事。赫鲁廖夫将出击时间定为3月10日晚。

不料，那天晚上整夜都是明月当空。为使俄军士兵的行动避开法军的眼睛，赫鲁廖夫命令深夜11点钟之后月亮西沉再开始行动。为了完成这项任务，赫鲁廖夫将军从堪察加、沃伦、第聂伯罗夫斯克、乌格利茨克团以及海军那里共抽调来9个营的兵力，总数达5000人。

夜色渐浓，各营纷纷出动。法国人已在夜幕掩护下占领了俄军散兵战壕的前沿。戈列夫上校指挥两个勘察加营，拉多姆斯基中校指挥的两个第聂伯罗夫斯克营，向法军冲过去。赫鲁廖夫以霰弹掩护各营的行动，两个营各以连为单位成纵队；另两个营成一个攻击纵队，这有助于进攻的突然性。

果然，法军被赶出了坑道，退回到自己的堑壕里。堪察加团的士兵追上去，暂时只用了一个营的兵力。法国人隐蔽在堑壕中，以一个营的火力迎击追兵，打倒了不少人。这并未阻止俄军的冲锋。俄军士兵们卧倒匍匐前进，到达法军堑壕边时突然跃起，展开一场白刃战。夜色已是一片漆黑，双方就在黑暗中用刺刀和枪托进行战斗。

整场战斗中，赫鲁廖夫一直站在堪察加工事左翼前沿。3月10日，一位参加战斗的俄国军官后来写道："我认识这位将军已经15年多了，从开始服役时就和他同在一个炮兵连里。不过那时我只知道他是一个机敏、快乐的对话者。后来我被分配在他指挥下服役，这时我认识到他是最优秀的炮兵专家之一。在匈牙利作战期间，我是他的参谋部里一名军官，在游击军里没有谁比他更勇敢的了。现在他是将军。依我看，可以给他评满分。我感到惊讶的是，我在这个剽悍的游击队员身上——我到现在还认为他是游击队员——发现了真正的将军才能：头脑冷静，在危急时刻指挥若定而迅如疾风。善于推动分散在战场上的营团投入战斗最激烈的热点，善于在部队里保持秩序，鼓舞士兵，几乎能使他们达到非常兴奋的状态。这一切不是从经验中可以学到的。这需要一种与生俱来的军事天才，需要内

克里米亚前线的俄军步兵

在天赋的发挥。”

在这次战斗中，除了赫鲁廖夫的名字之外，俄军随军神父约安尼基·萨维诺夫的名字也闪现出光辉。一位俄国诗人甚至写下了献给萨维诺夫的诗：

圣罗斯在为你呻吟！
你孤身战斗为众人……
圣物的血未沸腾，它是我们的眼泪，
当你把殉教的光轮加于自身！
圣罗斯每个庙属于苦难人，
为了你，人民献上祈祷文！

约安尼基是第45海军步兵团的神职人员，这并不妨碍他在陆上的战斗中有突出表现。1853年以前，约安尼基神父曾经是隐僧修道院的修士祭司，战争使他成了海军步兵团的随军神父。在塞瓦斯托波尔，俄军的随军神父随时都跟在士兵们身边，有时还在士兵们前面。1855年3月10日夜里，当不断得到增援的法军开始向俄军进攻时，俄军士兵们忽然听到一个洪亮的声音说道：“主啊，救救你的人和你的财物吧，赐给我们的好皇帝以抵抗的力量，让他得到胜利。”正在战斗中的部队看见，约安尼基·萨维诺夫神父在为沙皇祈祷。

萨维诺夫神父好像突然出现在了战场上，穿着肩袈裟，手举十字架。堪察加士兵受到了鼓舞，他们从神父身上看到了上帝的使者，能给他们新的力量和神奇的帮助。他们的刺刀开始使战斗的优势转向俄军一边。这时法军的一名祖阿夫兵端着上刺刀的步枪向神父冲来，但他只来得及把神父身上的肩袈裟和左面的袖子刺破，立刻被赫鲁廖夫的传令兵亲手打死。

赫鲁廖夫将军从多面堡派来的另一个堪察加营也赶到了。同时根据赫鲁廖夫的命令，相邻的地段也向法军发起攻击。法军支持不住，终于放弃阵地撤退。俄军把法国人针对多面堡修的一些零散工事破坏后，正准备撤回原地，得到了增援的法军再次发动反击。这迫使赫鲁廖夫动用预备队再一次发起冲锋，结果竟然把法军的第一道防线夺了过来。

现在，俄军的任务已经超额完成。赫鲁廖夫命令他们撤回。但是士兵们不理会撤退的信号，认为是法军搞的欺诈骗术。俄国士兵们对带来口头命令的传令兵故意大声回答：“我们的将军才不会让部队撤退呢！”赫鲁廖夫吩咐把约安尼基神父请来，请他去传达自己的命令。士兵们看见刚刚立了战功的随军神父来传达将军的命令，就不由他们不信了，部队立即撤退。法国人收复了防线，但未再去追赶俄军。

1855年5月15日，约安尼基·萨维诺夫成为第三名获得圣格奥尔基四级勋章的俄军随军神父。可惜，他未能对自己这次获奖高兴许久。这一年的7月9日，他辞别了人世。俄国人说，约安尼基神父把自己的全部力量献给了总的胜利。

这次战斗也给赫鲁廖夫带来一枚三级圣格奥尔基勋章。塞瓦斯托波尔保卫战还在继续，赫鲁廖夫还是哪里有困难就到哪里去，他的名字在塞瓦斯托波尔家喻户晓。跟纳希莫夫一样，他在塞瓦斯托波尔是受人爱戴的人物，在俄罗斯全国也是如此。战后赫鲁廖夫前往圣彼得堡，著名诗人马伊科夫告诉他，自己写了一首反映塞瓦斯托波尔保卫战一个场面的诗，其中有赫鲁廖夫不止一次地出色表现。赫鲁廖夫在塞瓦斯托波尔差不多战斗到最后，因负伤被迫离开保卫者的队伍。伤愈后他被调往高加索战场，指挥一个军，在高加索见证了克里米亚战争的结束。

1870年5月22日，赫鲁廖夫于圣彼得堡逝世。他在遗嘱中表示，希望把自己安葬在塞瓦斯托波尔。人们说，在那个城市他有那么多并肩战斗的兄弟捐躯，也是那个城市使他的名字得以不朽。俄国人对赫鲁廖夫的纪念和回忆延续至今。比如有一首俄国士兵歌曲，就再现了1855年3月10日的战斗场景：

嘿！堪察加兵，勇敢的兵！
嘿！第聂伯罗兵，好样的兵！
准备吧，伏特加来一夸脱，
为3月10日我们畅饮，
为赫鲁廖夫——我们的心爱者，
祝他健康，我们大家都喝！
法国人能把我们奈何！
他们不是胆小鬼，话要实说。
谁的主意往堑壕这边爬过来，
砍断他的脖子死得其所。
赫鲁廖夫有话对咱们说——
让我们都进堑壕去吧，
有神父领路不怕黑夜。
他手举十字架引我们向前，
赫鲁廖夫点燃勇敢之火。
看，法国人有的倒下有的逃，
刺刀不够，石头有很多。
你听，有人把水向我们引来，
漂在水上就像躺进棺材里；
打仗使我们怒火中烧，
停止的号声谁都不理。
有人来到英国造的炮兵连，
向巴拉克拉瓦乱轰一通。

自那以后再不作声，
知道，那是表示服气。
知道，赫鲁廖夫惩罚了他们，
我们的心里真是得意；
再来一次该有多好，
让他们望风而逃无踪迹。
嘿！堪察加兵——勇敢的兵！
嘿！第聂伯罗兵——好样的兵！
准备吧，伏特加来一夸脱，
为3月10日我们畅饮，
为赫鲁廖夫——我们的心爱者，
祝他健康，我们大家都喝！

第十四章

平凡的故事

Chapter 14

第十四章 平凡的故事

如前揭文，英国军队在这场战争中糟糕的后勤工作一度沦为全世界的笑柄，而“提灯女神”弗洛伦斯·南丁格尔的出现，又让克里米亚成为现代医疗护理事业的起点。尤为重要的是，南丁格尔在克里米亚战争中的表现，使她成为工业革命时代和“日不落帝国”鼎盛期英国女性的杰出代表与形象代言人。不过，克里米亚战争前线的英国女性远不止南丁格尔一人，绝大部分虽远不如这位出身上流社会、志愿率数十名护士来野战医院服务的高贵女士那样光鲜。但是，她们的经历似乎比南丁格尔更加平实而接地气，更能反映出克里米亚战争的真实样貌。

19世纪上半叶，英国军队尚由贵族出身的军官和平民征募的士兵组成，二者过着天壤之别的生活。英军士兵和随军家属的待遇极差。照军官们的说法是：“别把这些畜生惯坏了。”长长的军队营房大通间里，横着拉一根绳子，上面挂几条毯子，就算是勉强给单身士兵和已婚士兵分隔出不同的生活空间。兵营外没有任何供士兵及家属居住的地方，一旦军队开拔上战场，也没有任何提供给后方留守家属的特别照顾。按照彼时英军的规定，每个团可携带6名妇女随军，从事做饭、洗衣之类工作。其实，克里米亚战争中英军在土耳其和保加利亚驻扎时，有的团能带上30名妇女。等英军又从土耳其领土向克里米亚半岛前线开拔，这些英国妇女却被丢下自谋生路。不过，还是有一些英国女性出于种种原因，用尽各种办法，随部队上了克里米亚前线。

英军第4近卫龙骑兵团的官兵与随军妇女

随英国远征军开赴前线的女性里，有一个来自朴次茅斯的24岁少妇。她叫埃兰，又名“妮尔”，第95团士兵米切尔·巴特勒的妻子。1854年4月7日，她随丈夫的部队从自己的家乡出海起航。驶向土耳其的航程风暴颠簸，她和其他妇女蜗居底舱，不见天日。临近到达目的地，她们总算被允许自由登上甲板，妮尔激动到放声大哭。没有时间休息，妮尔用一只篮子收拾起自己寒酸简陋的行李，跟随部队开往内陆扎营。运气好时，她偶尔能搭上牛车，捎自己一段。

上岸的第一夜，妮尔和丈夫在浑然不觉中将帐篷扎在了一座蚁丘上。结果一觉醒来，他们发现配给的口粮基本给蚂蚁吃个精光。英军开赴克里米亚，妮尔也随自己的丈夫上了运兵船，但她没能跟丈夫登陆。她向别人借了一只望远镜，想从克里米亚的海滩上找到丈夫的身影，未能如愿。由于人口密度太大，卫生状况恶劣，英法联军中爆发了瘟疫，一路蔓延到船上，妇女们又被赶回甲板下面去。一天晚上，妮尔听到甲板上有人对舷边的交通艇吼道：“只把活人运上来，你们这些笨蛋！上一批人里有三个死的！”

后来，她打听到米切尔在英军前哨港口巴拉克拉瓦，高烧不退。妮尔想办法搭船到了巴拉克拉瓦，徒劳地在码头上塞满人的医院船里寻找丈夫，越找越绝望：“眼前所见尽为泪水所模糊。”突然，她听到有人喊：“护士！来帮我压住这个人的手！我要卸掉他的腿！”只有一瓶白兰地当麻醉剂，这名伤兵在痛苦的截肢手术中一直神志清醒。妮尔惊恐地回忆道：“医生拿出一柄寒光闪闪的长刀和一把锯子。我失去了知觉，死死抓住那个人的手，既是为了他也是为了我自己。我只能听到锯子刺耳的声音。”理所当然，她晕了过去，醒来即遭到医生的痛斥：“我缝不准主动脉血管！”医生一边发火一边快速修正手里的错误，妮尔只能继续帮忙。

就这样，她误打误撞当上了护士，最终也找到了米切尔。米切尔恢复了健康，重返部队，但身体再也没能回复如初。而随着伤亡的不断攀升，英军的医疗用品捉襟见肘。妮尔将自己的衬裙撕成布条当绷带用，拿旧饼干口袋当敷料使。她用沥青和油脂的混合物给伤口缝合处滴浇消毒，避免腐烂，而彼时外科医生尚很少使用这种方法。在对塞瓦斯托波尔要塞的数轮炮击和俄军外围工事的数轮总攻中，手术台下的大地颤抖不已，妮尔与医生坚持救死扶伤。曾有一发炮弹就落在离妮尔不到10码（9米）的地方，妮尔险险捡回一条命。不过，1854—1855年的严冬她没能躲过去，右臂冻伤。另外，她还饱受坏血病的折磨。后来，米切尔因负重伤得以退伍回国，妮尔便随丈夫离开了克里米亚。

回国之后，夫妇二人既没有得到英雄般的欢迎，也没有得到经济上的保障。找了好几个月，米切尔总算在朴次茅斯码头上找到一份工作。然而，他的健康早已在克里米亚透支殆尽，不久即早早离世。妮尔冻伤的胳膊已经萎缩，可她还是要每天出去做缝补活计，赚点小钱维持自己贫困的生活。英国的“爱国基金”本是为帮助战死者遗孀和家人而建立，该基金会的委员会面对妮尔的资助申请却表示：“没有足够证据能够表明士兵巴特勒是死于对俄战争之影响。”妮尔性格倔强，不肯放弃，积极加入抗争，与其他人一起为自己争取公正。多年之后，英国国会终于通过决议，按周向战死者遗孀发放微薄的补助金。当时妮尔已经年近80，连这点补助也没能拿到。去世前一个月，她在日记中写道：“我时常做梦，夜半惊醒。上个月我两次梦到米切尔，他在召唤我，说：‘妮尔，妮尔，快走，他们要让你心碎。’”1909年，妮尔以79岁高龄去世，遗体按照军队礼节在家乡下葬。她的棺材上有一枚铜牌，上面铭刻着：“埃兰·巴特勒，克里米亚战争老兵。”

妮尔将自己的回忆录草草写在画线打格的作业本上，随便放在碗柜的抽屉里。有一位弗朗西丝·杜伯利夫人则留下一本记述详尽的精美日记，后来在英国出版，成为后人研究克里米亚战争的一手资料。

弗朗西丝·杜伯利夫人，昵称“范妮”，20岁时嫁给亨利·杜伯利上尉。丈夫比她年长10岁，是英军爱尔兰第8轻骑兵团的军需官。范妮热情开朗，骑术精湛，很快在团里的军官们中间大受欢迎，人称“骑士的妻子”。她自掏腰包，随夫上了克里米亚战场。1854年4月25日，范妮跟其他军官的妻子们一起，乘坐“流星”号轮船从德文港出发。范妮的灰马也跟其他马匹一起被装进底舱，每匹马都用上层甲板垂下来的帆索环绕马腹捆扎；每两排马匹迎头相对，中间设置一排马槽。波涛汹涌之下，马匹发生躁动的危险显而易见。船过比斯开湾时风浪大作，果然出了麻烦。船的主桅和后桅均遭损坏，受惊的马匹扬蹄乱踢，跟人一样晕船，可怜地不停嘶叫。连同范妮的灰马在内，五匹马死在了这趟苦难的旅途中。

范妮与自己马夫的战地留影

一个月后，在明媚的阳光中，她们来到达达尼尔海峡，情绪再度高涨起来。范妮记录下了5月23日第8爱尔兰轻骑兵团登陆斯库台并占领周围据点的情况。英军兴致盎然地动手扎营，却发现海量的跳蚤和老鼠已先他们一步在此地安营扎寨。英国军官们吓得急忙搬回"流星"号上。接到向瓦尔纳进发的命令，师长卢肯勋爵下令全部女眷都留在斯库台，不许随军离开。结果，范妮想办法说服了两名船员，使出一套障眼法——她先是白天大摇大摆地下了船，然后夜里又偷偷溜回船上。范妮在船舱里躲了好几天，开船日期一再延误，直到5月31日"流星"号才再度起航。等到卢肯勋爵率师指挥部下船登陆，范妮才登上甲板，冲着军官太太们群集的斯库台狠狠鄙视了一番。

范妮就这样投身了战争。英军6月1日在瓦尔纳的登陆组织得混乱无序，夜色中杜伯利夫妇将帐篷扎在城外1英里（1.6公里）的地方。6月5日，他俩离开这里，顶着炎炎烈日，长途跋涉8个小时，到达了英军在内陆构筑的永久性营地，结果发现这里被漫天的沙尘和如云似雾的苍蝇所包围。更糟糕的是，整个英军骑兵师很快接踵而至，粮食补给顿时接济不上。范妮在日记中写道，"陈的鸡蛋……酸的牛奶"成了家常便饭。7月2日，一场剧烈的沙尘暴卷起铺天盖地的白色粉末和马粪，将整座英军营地覆盖了一遍。更有甚者，轻骑兵旅旅长卡迪根伯爵自诩积极有为，不断安排日常管理，训练操演无休无止，招尽了部下的反感。范妮很不厚道地希望卡迪根伯爵"把脑袋伸进小手袋里再也拔不出来……（卡迪根）既不同情人也不同情马"。许多英军被严重的腹泻和痢疾放倒，接下来霍乱又开始夺去更多人的生命。

无奈之下，英军骑兵师只得放弃营地，移驻别处。范妮苦闷无聊，没有什么娱乐能将她的注意力从这些事情上转移出来，只是留下了不少身边题材的素描。8月10日，她骑马15英里（24公里）去了土耳其军队控制下的舒姆拉，一座“生动如画般肮脏”的城市。在她下榻的旅馆房间里，“臭虫刚刚放过我，数不清的跳蚤又在我身上占山为王。一只两眼放光的小耗子一本正经地蹲在墙角注视着我。”范妮这趟放松身心的远足之旅就这样草草结束。

作为多路大军中的一路，英军轻骑旅奉命参加克里米亚登陆。8月29日，范妮亲眼看见英法联军舰队“桅杆、飘扬的旗帜和信号旗有如森林”。范妮被禁止随舰队出海。她假装成一名患病士兵的妻子，悄悄登上了“喜马拉雅”号。但直到9月5日下午，这艘船才出海。霍乱再度肆虐，“一张张本该被日晒风吹成古铜色的脸现在成了泥土捏的”，船上人人自危。9月13日，船靠岸了。不用借助望远镜，范妮就能看到克里米亚半岛上平静的田园风光——房舍、牛羊和玉米地处处可见。帕夫托里亚港向联军投降后，范妮在马背上随新任英国总督一起视察了该地，“视察结束，我们走进一处无人的房子，找到一架古雅的钢琴——这是我第一次弹钢琴弹了这么久！”

第二天，英军主力开始登陆，范妮远远观察了全过程。第8轻骑兵团9月16日才上岸，彼时范妮预测塞瓦斯托波尔“不过数日”即可攻陷。这段时间里，她去探望了自己的丈夫。因为9月19日联军部队又一次向南开拔，她就只能从船上眺望丈夫了。这天下午，范妮听到远处传来整排齐射的枪声，顿时警觉起来。她不知道英军与俄军在巴尔干涅克河爆发小规模战斗，她只为亨利的命运而担忧。第二天，阿尔马河之战的枪炮声断断续续传到停泊在帕夫托里亚的联军舰队这边，范妮愈发担心。前方传来不实消息：“我们可怜的骑兵弟兄全部阵亡。”她一时方寸大乱。所幸进一步的可靠消息传来，亨利还活着。经过这一番波折，差点以为自己当了寡妇，范妮决定再也不跟自己的丈夫分开。

于是，她来到了巴拉克拉瓦。在这里她不是上岸住帐篷，而是住船上。不过，她时常去探望英军骑兵的军营和围城的工事。一天晚上，她站在“一处山顶……这座在劫难逃的城市（指塞瓦斯托波尔）就在我们脚下，惨淡的月亮高悬天际，这实在是一个值得天天重现上一百年的时刻”。

寒冷夜间的英军炮台

10月25日，著名的巴拉克拉瓦之战这天早晨，亨利留下一张便条，告诉她战斗已经开始：“没有时间了，不过你还是尽快过来，不用等我吃早餐。”土耳其军队守卫的棱堡已经陷落，范妮急忙纵马穿过平原，登上山顶，正好目睹“细细的红线”以及后面的骑兵冲锋。亨利身为军需官，没有参加那次灾难性的“轻骑兵冲锋”。范妮则整整一个“骇人的夜晚”都无法忘却眼前可怕的情景。范妮身边女仆的丈夫正是在这次冲锋中以身赴死的。

英军炮台夜间向塞瓦斯托波尔开炮

塞瓦斯托波尔城前，英军的补给和运输几近崩溃。范妮艰难记录下了自己亲眼所见的管理混乱，这导致英军从人到马苦不堪言，更让巴拉克拉瓦变成“一座超越一切想象肮脏至极、由农舍茅屋废墟组成的小村庄”。在“绝伦”号上，范妮见证了1854年11月14日的毁灭性大风暴：“港口沸腾，全被白沫覆盖……我把自己紧靠在船边，在甲板上脚下还是几乎站不住。”

不过，随着春天到来，天气转暖，情况有所改善。范妮骑马探访了轻骑兵冲锋的“死亡之谷”，在那里“我们采撷鲜花，思绪油然——唉，何其伤感，英格兰骑士们于斯地摧折，膏腴土地，方盛开出这些鲜花”。平原上其他地方，英军连日组织赛马大会。连范妮也沉思起来，是不是该将自己的克里米亚之旅重新命名为“踏春之行”。9月，塞瓦斯托波尔南部陷落，范妮和亨利去探访了大凸角堡的废墟。大凸角堡是进入塞瓦斯托波尔港区的必经之地，大批英法联军官兵战死在这里。范妮深感震撼："我们好奇这座城堡毫发无损时的样子——远远望去，它定然是如此沉静、雪白、美丽而优雅；然而，眼前只见残垣断壁，千疮百孔的屋顶，教堂绿色的穹顶被劈碎撕裂成一条条木桁，一切都在讲述着一个截然不同的传奇故事。"

范妮·杜伯利是仅有的一位在前线亲历了克里米亚战争全过程的英国军官夫人。不过，英国维多利亚女王认定她的行为不得体，拒绝给她口授公开表彰；甚至在检阅军队时，皇室成员特意向维多利亚女王指出范妮，女王也有意视而不见。从克里米亚回国后不久，范妮和亨利又被派往印度。范妮被称作"克里米亚的女英雄"，评价跟妮尔的棺木铭文相仿佛。其实，这两位英国女性在克里米亚度过的人生大相径庭，在彼时英国社会的阶级壁垒之下堪称天差地别。

克里米亚战争中，约有250名英国女性随丈夫一同出征。当英军向前线开拔时，她们都留在了土耳其或保加利亚。这些英国女性与孩子为伴，有些孩子还是随军刚刚出生的。她们被抛弃在斯库台的兵营医院中。那里阴暗肮脏，臭虫泛滥，声名狼藉，许多英国女性整日就躺在"一堆又脏又黑的破布之间"，悄然死去。有的女性下葬时连名字也没留下，只是写着"一个女人"。

同样是女性，玛丽·西科尔的经历又与她们大不相同。西科尔是大英帝国的臣民，严格说来其实是中美洲的牙买加人，而且是黑人。西科尔生于1822年，母亲是牙买加殖民地的旅馆老板，父亲是英军中的苏格兰军官。她的童年在牙买加的英军军营中度过，因此跟英国士兵有天然的亲近。她结婚不久丈夫就去世了，但是丈夫留给她一大笔遗产。西科尔闯荡过伦敦和中美洲，在伦敦开过旅馆，在中美洲勘探过金矿。她学过西医和中美洲用草药治病的方法，医术高超，有护理霍乱病人和黄热病病人的丰富经验。当从报纸上得知克里米亚半岛上的英军中流行霍乱和斑疹伤寒时，远在牙买加的西科尔决心想方设法前去尽自己的一分力量。

虽然有丰富的护理经验，西科尔想参加战地护理工作的愿望却遭到英军和南丁格尔的拒绝，"提灯女神"主导下新成立的战地医护机构不肯接收她。他们拒绝时没有说明理由，但西科尔猜想，只因为自己是个黑人。

西科尔一心要实现自己的愿望。她跟伦敦的一位亲戚托马斯·戴取得联系，他们共同开设了一家商贸公司，希望通过在战地附近经营食品杂货店来为自己的护理工作提供资金。19世纪50年代英军的后勤给养十分有限，作战部队后面总是跟着些商人，随军开店，将食品和衣物卖给买得起的官兵。“西科尔-戴食品杂货公司”成立了，他们俩以公司名义购置了食品，乘船赶往克里米亚，于1855年初抵达巴拉克拉瓦。

玛丽·西科尔在克里米亚起初并不受欢迎。尽管运来一船药品和食品，她却被当地英军司令博克塞将军训斥了一通。博克塞最近遇上南丁格尔率领的那队英国护士，当即大声嚷道：“为什么一帮女人跑到她们不该来的地方了？”博克塞将军还只是西科尔要克服的障碍之一。巴拉克拉瓦是克里米亚战争中英军主要的物资供应港口，各种货物堆满了码头，抢劫和偷盗频频发生。这座港口城镇里既有英国、法国和土耳其的士兵，又有马耳他的水手以及希腊、意大利的商人，堪称五方杂处。西科尔把他们叫作“巴拉克拉瓦的劫掠部落”，这些人互存戒心，时常大打出手，互相残杀。这里维持秩序的宪兵却很少，这是个随时会遇上危险的地方。前六个星期，西科尔出售从码头上批发来的生活用品。为了防身，她在腰间插了一支双筒手枪。不过她承认：“我不会在枪里真装子弹救自己的命。”

一有空她就去照顾伤员，晚上就睡在运输船“梅德拉”号上。这艘船运的是火药，一旦失火或被流弹击中，船上的人都会霎时间灰飞烟灭。几个月之后，西科尔和戴在巴拉克拉瓦近郊用碎砖石盖了些小房子，他们给这些小房子起名“英国旅馆”，其中有百货店、厨房、餐厅、军官俱乐部、栈房、畜栏，还有西科尔、戴以及雇员们的住房。商店打出的招牌上说，店里“从缝衣针到船上的锚”应有尽有。商店经营得很红火，很快许多士兵都知道了西科尔的名字。西科尔除了待人热情，能处理伤病，还烧得一手好菜。

在巴拉克拉瓦的日子里，西科尔总是紧张而忙碌，战争结束时她的身体受到很大影响。除了战斗打得十分激烈时，她的每一天都很相似，只不过战斗越激烈她越忙，只有星期天是她的休息日。她每天黎明即起，夏天要早到清晨4点钟，宰鸡拔毛，准备三餐。她还要自己配药，这些药对军营中流行的霍乱、黄热病以及其他一些疾病很有效。打扫店铺，擦洗厨房，更是必经程序。7点到9点，她要为官兵们提供咖啡和早餐。九点半到12点，西科尔在野战医院护理伤员。下午她赶回来照料店铺和餐厅。这里跟其他地方不同，不许赌博，只有军官可以喝烈性酒。每天晚上

8点钟，“英国旅馆”关门，西科尔才有时间吃晚餐和睡觉。

像许多事业有成的人一样，西科尔善于结交有用的朋友。克里米亚前线的土耳其军队司令官阿尔马尔·帕夏即是她店中的常客。阿尔马尔·帕夏的经历复杂，他本是克罗地亚人，名叫迈克尔·拉泰，后来离开奥地利帝国加入土耳其军队，皈依了伊斯兰教，取了新名字，又在镇压巴尔干反土耳其起义的战争中立下赫赫战功。阿尔马尔·帕夏能说法语、德语和意大利语，尽管口音都很重。现在，帕夏坚持让西科尔教自己英语。其实他只学会了“西科尔太太”“早上好”“再来点香槟”，可他命令自己的士兵保护西科尔的商店。

生活仍然异常艰难，克里米亚的冬天十分寒冷，骤发的洪水冲走了宝贵的物资。一夜之间，40只羊被冻死。失窃也成了经常让人头疼的问题。除此之外，老鼠常常吃掉储存的食品，啃咬睡觉的旅店员工。尽管困难重重，西科尔并没有动摇。

西科尔的名气不断变大，伦敦的报纸杂志让西科尔的名字在克里米亚战争期间家喻户晓，新闻界还公开谴责英国当局阻止她去克里米亚的偏见。1855年冬天的巴拉克拉瓦堪称不折不扣的地狱，联军围攻塞瓦斯托波尔，攻城部队的伤兵都集中在巴拉克拉瓦，等待由船运送到后方医院。新闻界描述，伤兵们有的一声不吭坐在山坡上或马背上，茫然的目光中带着悲惨的神情；有的躺在担架上痛苦地扭动着，缠着绷带的伤口渗出殷红的血迹。混乱的场面中，濒死的伤员绝望地呼叫着，希望引起关注。在这些悲惨的伤兵排成的长队旁，有个穿黄外衣、戴蓝帽子的人在分发食品和药品，同时说着安慰的话。许多士兵都认得这个身材丰满的牙买加中年妇女，玛丽·西科尔，她经营的食品杂货店离前线不远。那些神志不清的重伤病员把她当成了自己的妻子或妈妈，以为她是特意赶来安慰将死的亲人。西科尔不但分发自制的药品，还给伤员换绷带，给那些有气无力的病号送蛋糕、肉汤和柠檬汁。“他们最喜欢蛋糕，”西科尔说，“也许是因为蛋糕让他们又体验到了家的感觉。”她明白，受伤的士兵对军队粗糙的饮食没有一点食欲。克里米亚战争期间，英国和法国士兵相处并不融洽。但他们都得到过西科尔的护理和关爱，都满怀感激地称她为“大婶”。

西科尔不仅在自己的旅馆和当地的野战医院里护理伤员，而且还上战场做战地救护。她在军营中长大，喜欢军队生活，同时清楚战争的恐怖。离战场如此之近

联军伤员集中在巴拉克拉瓦等待后送

做救护工作，需要沉着冷静有胆量。俄军的枪弹和炮弹随时有可能飞到她身边，四周的抢劫者常从死者身上扒下靴子和军装。一场激战过后，地上往往躺满伤兵，许多人肢体不全。有的急迫地呼叫着希望她照看；有的由于疼痛难忍，当她走到跟前时，便拼命拽住她的衣服。只要有人需要帮助，不管是自己人还是敌人，西科尔都会热心地伸出手去。俄国士兵中有的人从未见过黑人，因此常会目瞪口呆地盯着她。这从未使她心生反感而不管他们的伤痛。有位俄国军官得到她的护理后，甚至摘下手上的戒指送给她，以示感激。伦敦《泰晤士报》著名战地记者威廉·拉塞尔在自己的战地报道中提到西科尔好几次。他写道："我曾看到她冒着炮火俯身奔走，手里提着伤员需要的食品和药品。我们那些最好的军医在处理伤口或断肢时，也未必能像她那样体贴，那样有经验。"

西科尔跟许多英法联军士兵成了亲近的朋友，同时她也必须时常遭受士兵阵亡消息的打击。她写道："那时我常想，士兵们就像我自己的一群孩子，在生病发烧。我害怕听到夜里哪个孩子不幸夭折的噩耗。"因病而死的士兵数量远高于阵亡，所有人都深受死亡的威胁。当1855年夏暴发霍乱时，甚至连英国远征军总司令拉格伦勋爵都未能幸免。

经过11个月的血战，被围的俄军开始丧失信心。又经过几个星期的猛攻，塞瓦斯托波尔终于在1855年9月宣告陷落。西科尔曾跟士兵们打赌，她要成为第一个进入塞瓦斯托波尔城的女人。她决心要把赌打赢。西科尔借来两头骡子，驮上食品和药品，随着第一批入城的英军士兵，进入了已成废墟的塞瓦斯托波尔。

人们说，西科尔有许多英勇的事迹，抢先进城这件事却做得有些冒失。诚然，城里有许多受伤的士兵需要照顾，可是刚被俄军放弃的塞瓦斯托波尔城里，留下更多的是恐怖景象。建筑物淹没在肆虐蔓延的熊熊大火之中，城外的俄军阵地掉转炮口，将炮弹射向城中。英军士兵不再受军纪约束，狂饮起俄军留下的烈酒，很快全成了大街上蹒跚而行的醉鬼。一伙英军士兵穿戴上俄国人的衣服和帽子，在尸体和伤兵堆中又唱又跳。西科尔也捡到两样纪念品：一个破了的铃铛，一把碎裂的茶壶。

城里一片混乱，浓烟滚滚，西科尔很快就跟英军士兵失散了。她被一群喝醉酒的法军士兵拦住，法国人把她当成了俄国间谍。西科尔火冒三丈，抄起手中的破铃铛敲掉了一个法军士兵的帽子。法国人不想跟她争辩，粗暴地揪住她，要拉她去枪毙。总算西科尔运气不错，她从前护理过的一位法国军官认出了她，命令士兵马上将她放了。

攻陷塞瓦斯托波尔之后，战争基本结束，联军开始撤离。尽管西科尔实现了照顾伤兵的愿望，可是她的"英国旅馆"却损失惨重。虽然旅馆起初经营得很成功，但屡屡的失窃以及战争进入尾声时大量物资的积压，让这位牙买加护士债台高筑。在离开巴拉克拉瓦之前的最后几天里，西科尔从生前跟自己最熟悉的阵亡士兵坟墓旁采了些鲜花，捡了些小卵石。这都是纪念品，她要自己保存，还要转送给那些士兵的亲属。

西科尔乘船离开克里米亚返回英国。回到伦敦，她已经是个破产的人。不过，几个月后她成了人们心目中的英雄。其他在克里米亚开店的人都发了财，她开店却根本没赚到钱。但她受到英国新闻界和公众的高度赞扬。走在伦敦的大街上，常会有参加过克里米亚战争的英军士兵认出她，对她表示感谢。西科尔写道："无论我到哪里，总能遇到友好的微笑。"对这位非凡的女性来说，这即是最好的奖赏了。

第 十 五 章

无 解 的 和 平

Chapter 15

第十五章 无解的和平

早在1855年12月16日，埃斯特哈兹伯爵即带着奥地利的最后通牒到达圣彼得堡，要求俄国接受停战。如前揭文，一年多以前的1854年8月8日，英法同盟与奥地利共同发表声明，提出“维也纳四点”方案作为和谈的先决条件，俄国政府拒绝接受。如今，奥地利以最后通牒的形式，提出了作为和谈条件的五项条款，这是对“维也纳四点”方案的进一步具体化和补充。五项条款的内容是：

1.取消俄国对多瑙河两公国的保护权，改由缔约国共同保护。俄国同意让出比萨拉比亚靠近多瑙河的一片领土。

2.多瑙河及其河口自由通航。

3.黑海中立化，禁止军舰通过海峡，禁止俄土在黑海拥有舰队。

4.各大国共同保护土耳其的基督教臣民。

5.除上述四项之外，各参战国保留在和谈中向俄国提出新条件的权利。

五项条款比“维也纳四点”苛刻许多，特别是其中第三点强调黑海中立化，第一点还要求俄国把比萨拉比亚多瑙河口的一部分割让给摩尔达维亚，这曾经是沙皇尼古拉一世在战争期间无论如何都不能接受的。定义模糊的第五点是按照英国的要求加上去的。英国还试图进一步提出其他附加条件。英国曾向奥地利提出，只有俄国同意英国的特别条款，英国才能同意和解。特别条款包括：阿兰群岛非军事化；俄国同意其他国家向俄国黑海港口派驻领事；在未来的和会上讨论高加索地位问题。特别条款得不到法奥的认同。有人认为，英国抛出更多的附加条件实际上是想继续同俄国作战，以胜利来向俄国提出更苛刻的条件；而法国和奥地利迫不及待想尽快结束这场战争。

普鲁士国王弗里德里希·威廉四世致函俄国沙皇亚历山大二世，信中语气温和而暗含威胁：如果拒绝奥地利的建议，则俄国要衡量可能招致的后果。1856年元旦，亚历山大二世召集宫廷重臣，开会讨论对策。连许多老臣也被召集到冬宫与会，亚历山大二世向他们提出一个问题："是否继续进行战争？"大家的回答是否定的。主和派涅谢尔罗德主张不惜一切代价实现和平，再拖延下去只会增加俄国敌人的数量。奥尔洛夫提醒与会者，俄国民众负担沉重，已经厌倦了战争；在俄罗斯帝国统治下还不到50年的波兰和芬兰，也许会在未来的和平会议中被其他国家视为战利品。尽管一些主战派的俄国大臣声称宁愿战死也不愿接受这屈辱的和平，但俄罗斯帝国会议仍以无记名投票的方式通过决议，接受维也纳发出的五项条款。俄国在军事上的失败和外交上的孤立一起决定了俄国无法再继续挥动武器，只能被迫选择接受和平。

1856年1月16日，最后期限过去两天之后，沙皇亚历山大二世正式接受奥地利的要求。8天之后，消息传到塞瓦斯托波尔。彼时这里仍是战场，双方进行了最后一番较量。1月29日，俄军从塞瓦斯托波尔北郊的高地上向南猛烈炮击，炮弹划过塞瓦斯托波尔湾上空，场面壮观。2月4日，法军摧毁了俄军的尼古拉堡垒。荣誉已经够了，战事终于完全平息下来。

现在俄国人所要做的，就是设法利用列强之间的矛盾，减少自己的损失。尽管英国首相帕麦斯顿仍不情愿接受这样的和平，但英国已经无力阻止和平的进程。正如当初战争不是英国单独发动的，现在法国和奥地利两大国都寻求和平，英国便显得势单力薄，不得不选择结束战争。首相帕麦斯顿和外交大臣克拉伦登只得寄希望于巴黎和会上英国能向俄国提出更多要求，这一定程度上还要得到拿破仑三世的合作。

俄国沙皇的企图没有落空。取得胜利的联军各国心怀鬼胎，英、法、奥各有打算。英国要让高加索脱离俄国；奥地利要得到摩尔达维亚、瓦拉几亚和南比萨拉比亚；法国则反对英奥的做法，不想过分削弱俄国从而增强英奥的力量。法国要依靠俄国的支持加强自己在欧洲的地位，重温拿破仑时代的旧梦。沙皇亚历山大二世得悉法国的打算，喜不自禁，给法国皇帝拿破仑三世写了一封信，亲切称他为“我的兄弟”，建议和会在巴黎举行，以示好并求助于法国。与他料想的一样，法俄之间并不存在真正的仇恨。与尼古拉一世不同，新沙皇亚历山大二世与拿破仑三世之间没有个人恩怨，也没有太多历史的包袱，双方仅仅是由于各自的义务继续维持着两国战争的状态。两人都清楚，战争到该结束的时候了。

1856年2月25日，为结束克里米亚战争而举行的国际和平会议在法国巴黎开幕。法国、英国、俄国、土耳其、撒丁王国和奥地利的代表参加，会议由法国外交大臣瓦列夫斯基伯爵主持，英国外交大臣克拉伦登勋爵、俄国的奥尔洛夫伯爵、奥地利首相兼外交大臣布奥尔伯爵等人与会。奥地利因为提出“维也纳四点”方案得以参加和会。俄国沙皇希望普鲁士出席，以得到它的支持。英国反对，理由是普鲁士没有参战。3月16日，讨论黑海问题时，普鲁士才以1841年伦敦《海峡公约》签字国的身份参加。

奥尔洛夫主持俄罗斯帝国外交多年，对列强之间明争暗斗的内幕洞悉在心。会议开幕之前，奥尔洛夫就与拿破仑三世进行过密谈。法国方面示意他：法国皇帝愿意与俄国和解，并将对英奥两国的要求加以节制。果然，和会上俄国全依赖拿破仑三世的支持。后者既不希望俄国遭到过分削弱而让英国在近东一家独大，同样计划让俄国更加记恨奥地利而在将来亲近法国。奥地利要求得到已经占领的瓦拉几亚和摩尔达维亚，遭法俄的强烈反对。

2月29日，各国宣布敌对状态终止。3月14日，正式停火协议达成。克拉伦登在和会期间无奈表示：“法国决定接受和平，不论帕麦斯顿自负地说些什么，我们不可能独自战斗，因为我们将招致全欧洲的一致反对，美国也很快会加入他们的行列。”最终，帕麦斯顿的政策远未能实现。当然，无论如何俄国也是战败国，其声望从1848年的独霸欧洲大陆跌到谷底，很长时间没能恢复过来。经过激烈的讨价还价，3月30日巴黎和会闭幕。同一天，以联军各国（英、法、土、撒丁）和奥地利代表为一方，以俄国代表为另一方，在《巴黎和约》上签字。和约全称《法国、奥地利、英国、普鲁士、俄国、撒丁王国和土耳其和平友好总条约》，其具体规定：

1.交战双方将所占领土归还给对方。俄国得以收复塞瓦斯托波尔等克里米亚半岛被占土地，并将高加索的卡尔斯归还给土耳其。

2.多瑙河航行自由；俄国将多瑙河三角洲归还土耳其，把多瑙河口和比萨拉比亚南部的三个县（伊兹梅尔、卡胡尔和博格萨）归还摩尔达维亚，放弃对多瑙河两公国的保护权，塞尔维亚、瓦拉几亚和摩尔达维亚的宗主权仍归土耳其，由列强共同保证。

3.俄罗斯帝国放弃对奥斯曼土耳其帝国境内东正教臣民加以保护的要求，由列强共同保护土耳其境内的基督教臣民，土耳其保证不分种族与信仰改善境内人民的状况，列强共同保证土耳其的"独立与完整"。

4.黑海中立化，对各国商船开放；平时除土耳其之外，禁止各国军舰通过达达尼尔海峡和博斯普鲁斯海峡；俄国和土耳其在黑海不得拥有海军舰队，禁止俄国在黑海沿岸建立或保有兵工厂。

根据条约的第三项内容，英国终于成功废除了俄国战前在奥斯曼帝国境内所取得的全部优势，土耳其被置于欧洲各大国集体的协调保护之下。土耳其从此被正式接纳为欧洲国家，土耳其问题最终国际化。俄国完全让出在奥斯曼帝国享有的特殊地位，单个国家不再可能单独支配土耳其。为显示土耳其从此成为欧洲国家，英国向奥斯曼苏丹阿卜杜勒·迈吉德一世颁发嘉德勋章，这位穆斯林君主成为第717位骑士。此外，阿卜杜勒·迈吉德一世又被授以"塔与剑"勋章，成为第52位大十字。早在1854年8月，奥斯曼帝国即获得首笔外国贷款。此番成为欧洲国家，紧接着贷款而来的就是西方商品潮水般的涌入，这让土耳其经济进一步破产，奥斯曼帝国从此步履蹒跚地一直存在到20世纪20年代。

根据条约第四项内容，战争中被英法联军摧毁的塞瓦斯托波尔要塞无法重建。黑海中立化是限制俄国和对俄国利益伤害最大的条款。俄国在黑海的军事影响急剧萎缩，短时间内无法再用军事威胁手段干涉土耳其事务。同时，由于海上强国英国和法国在地中海的力量存在，俄国在不设防的黑海甚至高加索地区的未来冲突中都处于不利地位，俄国自身安全都可能得不到保障。另外，作为战胜国的土耳其也受到这一条款的约束，其舰队被禁止自由进出黑海，不过舰队可以停靠在两海峡内。

克里米亚战争导火索“圣地问题”的解决其实微不足道。和会上虽然提到了意大利问题，却没有通过任何相关决议。撒丁王国表面上一无所获，其实获得了英法的支持。撒丁王国在克里米亚战争中对英法的鼎力相助，这在日后的意大利统一进程中无疑起到了积极作用。

克里米亚战争虽然没有给俄国带来致命的打击，《巴黎和约》也没有让俄国兼并的领土受到多大损失，但它使俄国失去了欧洲大陆的霸主和“欧洲宪兵”的地位，结束了俄国沙皇自1815年维也纳会议以来对欧洲君主发号施令的局面。不过，对于一个战败国来说，和约已经相当温和。和会结束一位法国政治家就抱怨，任何读了条约的人都很难看出谁是胜利者，谁是失败者。

巴黎和会对国际法的一大贡献，是4月16日与会各国通过了《海洋国际法原则宣言》，附于《巴黎和约》。这个宣言直到今天依然是国际法的重要组成部分。宣言实现了英国提出的“从此以后永远取缔私掠船制度”，不得没收中立国船只运载的敌方物资（除战时禁运品外），也不得没收敌方船只载运的中立国货物（除战时禁运品外），同时规定了海上封锁的条件，即“必须是有效的封锁，即有一支足以真正阻止进入敌国海岸的武力所维持的封锁”。

巴黎和会是2月25日召开的，克里米亚战场上的敌对状态又持续了三天，于2月29日正式终止。当天早晨，联军和俄军双方代表在特拉克提尔桥附近举行会晤，讨论双方如何在克里米亚和平相处。各自看着对方军队有组织地庆祝停战与和平，双方代表都不禁感慨万千。3月24日，英国远征军总司令考灵顿还邀请俄国军官再来特拉克提尔桥附近，参加英军组织的赛马大会。英国的阿尔伯特亲王评价道：“这并非我们原先想要的，可这依然比让战争持续下去强到不知哪里去了。”维多利亚女王安慰自己，英国是从“俄国这个傲慢自负的野蛮强权国度”手中拯救了整个欧洲。

克里米亚战争中的法军祖阿夫兵

法国更是毫无良心上的愧疚。这场战争法国有31万人参战，三分之一没能活着回来。对拿破仑三世而言，克里米亚战争无疑是一场辉煌的胜利。拿破仑三世自命“带给了法国一场辉煌的军事胜利，带给了欧洲和平”。他高兴地下令，将巴黎市中心区南北走向的一条大街改名为“塞瓦斯托波尔大街”。塞纳河上一座开工新建的桥也被命名为“阿尔马桥”，四处桥墩上立有四座右肩甩披肩、腰间挎佩剑的祖阿夫兵雕像，以纪念这些英勇的非洲士兵。可惜20世纪70年代阿尔马桥重建时，祖阿夫兵雕像只保留了一座。对巴黎人来说，祖阿夫兵雕像还有另一个意义：它被用来测量标注塞纳河水位。当水位上涨到祖阿夫兵的膝盖时，塞纳河就不适宜航行了。1910年塞纳河发生洪水期间，水位曾达到祖阿夫兵的肩膀处。当然，现在阿尔马桥最出名的地方已经不再是这座祖阿夫兵雕像。1997年8月31日，英国王妃戴安娜乘坐的汽车正是在阿尔马桥的公路隧道里发生车祸，戴安娜王妃香消玉殒。

克里米亚战争之后，拿破仑三世和他的帝国在野心之路上越走越远。他似乎忘了佩里西埃对法军在这场战争中表现的评价:“退却进行得颇为体面。”《马克思恩格斯全集》对此则讽刺道：“整个这次行动以其应有的结局而告终，这完全符合拿破仑对那些优柔寡断、庸碌无能的将军们一生的活动所说的一句名言：

Ordre，Contreordre，Désordre（朝令夕改，一片混乱）。”直至在普法战争中遭遇致命一击，法兰西帝国的梦幻才彻底破灭。这依然符合了《马克思恩格斯全集》所论：“复辟的帝国不管怎样努力模仿自己的原型，还是不得不到处做和拿破仑所做的相反的事情，这种情况，真可以说是历史的讽刺。拿破仑打击的是同他作战的那些国家的心脏；今天的法国攻击的却是俄国的cul de sac（死胡同，偏僻地方）。希望不寄托在大规模的军事行动，而寄托在成功的coup de main（突击）、奇袭和冒险上面。第一和第二法兰西帝国及其代表人物之间的整个差别就在于这种策略的不同。拿破仑惯于以胜利者的身份进入现代欧洲各国的首都。而他的继承者则以各种借口——保护教皇、保护苏丹、保护希腊国王——把法国的守备部队分驻在古代欧洲各国的首都：罗马、君士坦丁堡和雅典；结果丝毫没有加强威力，而只是分散了力量。”

对于英国，克里米亚战争的成果更是足够丰硕。通过维多利亚女王的努力，英国王室不但在战争中重获国民的新任，而且女王本人的声望被推向顶峰。按照英国人的记述，她有更多的机会在各种场合露脸，一展作为帝王之尊严。去教堂祈祷战争的胜利，接见各国因战争问题而频繁派来的特使，在各种有关战争的公文中签名，自我体味一番作为大英帝国代表之自豪，这让维多利亚女王的声望不断上升。许多受重伤的英军士兵被送回国内治疗，维多利亚女王经常去医院看望。有一天，她对内阁大臣说：“应该给那些勇士们授予勋章，让他们能够传给自己的孩子。我已经颁旨安排制作一批勋章。”

预定颁发勋章的日子临近了，内阁大臣询问维多利亚女王，是否派人单独给士兵们颁发勋章。维多利亚女王果断答道：“我要亲手把那些勋章送到他们手中。我觉得他们就像我自己的孩子一样。”维多利亚女王所见的这些士兵都十分可怜，他们都忍受着巨大的痛苦。有的身上带着一道道深深的红色疤痕，有的衣袖空空，还有的瘸着腿拄着拐杖走上前来触摸女王的手。许多人不愿把上面铸有自己名字的勋章交托给别人，他们唯恐会失去这枚女王亲手授予自己的勋章。正如维多利亚女王在写给比利时国王利奥波德一世的信中所说：“多么高尚的人啊！说真的，我觉得他们就像是自己的孩子一样；我的心为他们而跳动，犹如是我的至爱亲朋。他们是那样感动，那样兴奋，我听到很多人哭了——他们竟不愿听从交出勋章以便将他们的名字镌刻到上面的指示，为的是害怕将得不到由我放进他们手中的那同一枚勋章，这情景真令人感动。还有几个人来时带着重伤。”

维多利亚女王还特意记下了这样的故事：有一名摇着轮椅过来的勇士，他在战斗中失去了一条腿和一只脚，可是他拒不放弃指挥作战，一直坚持到战斗结束。他一直镇定自若地发出一道道命令，就好像自己毫发无损一样。维多利亚女王哭了，眼里噙着泪水说：“像这样的勇士，一枚勋章真是微不足道。你应该成为我的一名侍卫官。”这名勇士答道：“这已经足够回报我所做的一切。”维多利亚女王写道：“人们都必须尊重和热爱这样的战士。”

克里米亚战争期间，维多利亚女王一直致力于帮助前方的英军将士和军人的家属。她不但经常到医院和军营去看望士兵，还发起了“爱国基金”募集活动。这项基金很快就达到500万美元。维多利亚女王自称“士兵的女儿”，带领自己的两个大女儿为军队缝缝补补，针织毛衣。当时13岁的威尔士亲王画了一幅画，售出后捐作了基金——这可不是一笔小数目，这幅画出售所得近300美元。两位大女儿在织毛衣时谈到了南丁格尔，她们说，真希望到克里米亚去，在南丁格尔身边工作。议会的开幕式上，维多利亚女王的开幕演讲充满感情。英国人形容，说到克里米亚战争时，她几乎不能自持，眼里满含泪水，极力强忍坚持到演讲结束。

英法联军撤离克里米亚耗时甚久。1856年7月12日，考灵顿爵士率最后一批英军撤出克里米亚。作为英国远征军第三任和最后一任总司令，他在撤走前亲自接受了当地鞑靼人的致谢。他下令在克里米亚留下巴拉克拉瓦之战、因克尔曼之战和凸角堡之战三座纪念碑，另有三座献给拉格伦勋爵的纪念碑，就围绕在拉格伦勋爵用作司令部的那座农舍外。7月10日晚11点，两名英军士兵借着从俄国人那里搞来的牛油蜡烛和灯笼照明，给最后一座拉格伦勋爵纪念碑的文字完成了涂黑上色。英军上尉弗里德里克·布莱恩在写给拉格伦勋爵遗孀的信中解释道：“这是在那片被鲜血浸透的土地上，英国士兵执行的最后一道命令。”

最后一支英军部队乘船离开巴拉克拉瓦，经黑海回国。途中，苏格兰近卫团的副官长写下一段措辞严厉的批评：“没人禁止晚上10点以后在军官舱室中高歌，原本过了那个时间就该禁止唱歌或熄灯就寝的。昨天晚上彻夜高歌，简直是噪音，让人心烦意乱。”没办法，能回家了，英军实在太高兴。

一批批英军从克里米亚撤回国，阅兵式随之一场又一场接连不断。维多利亚女王亲临几乎每一场阅兵式，这更激起了英国人的热情和忠诚。有一次维多利亚女王检阅了1.8万人的部队。维多利亚女王身着英国陆军元帅制服和深蓝色裙子，乘马车从队伍前面走过，又从队伍后面折回。1.8万名英军士兵全体举枪致敬，20个团的军乐队行进演奏，向女王致意。然后，维多利亚女王登上一座小山丘，一支支部队列队从山丘前走过，接受女王的检阅。还有一次检阅是在瓢泼大雨中进行。原本下起大雨，检阅计划被打乱，英军士兵们自然感到沮丧失望。英国人形容，维多利亚女王的出现挽救了这一天。她从马车里站出来，向英军士兵致以简短而温馨的欢迎词，这胜似一道温暖的阳光。维多利亚女王的欢迎词最后说：“上帝，你们的危难已经过去，而你们的辉煌功绩将永载史册。”英军士兵爆发出雷鸣般的欢呼声，士兵们挥舞着帽子、手中的军刀和一切可以挥舞的东西，不停欢呼，直震得山谷中也回响着阵阵欢呼声。

如英国人所言，维多利亚女王最后还打算为她的士兵们做一件事，即为那些最英勇无畏的杰出英雄颁发一枚标志殊荣的勋章，这就是“维多利亚十字勋章”。该勋章在克里米亚战争之后首次颁发，随勋章同时授予的还有每年50美元的抚恤金。有1万多人赶到海德公园集会，观看授勋仪式。维多利亚女王亲自为挑选出来的62名英雄授勋。这次女王身着英国陆军的红色军装，阿尔伯特亲王和王子佛里德里克·威廉分别骑马站在她的两侧。授勋仪式全程中，维多利亚女王自始至终在马背上。勇士们一位接一位被引领到她面前，她都俯身向前，亲手把勋章别在他们胸前。

总之，克里米亚战争将维多利亚女王、英国王室和大英帝国的声望推向了19世纪的顶峰，这场战争因而被英国人所铭记。彼时英国的许多街道、联排住宅、官方建筑甚至新出生的婴儿，都用克里米亚战争中的英军指挥官和英雄来命名。直至今日，英国的许多公共建筑依然骄傲地以“因克尔曼之战”“塞瓦斯托波尔大炮”“拉格伦勋爵”“巴拉克拉瓦的卡迪根”等命名。“轻骑兵冲锋”更是成为英军自我牺牲精神和严明军纪的象征，有三部电影，无数的文章、书籍和电视节目都反复阐释这一素材。克里米亚战争一直被英国人视作维多利亚时代中期英国国民精神的体现。

当然，并非所有英国人都认同这样的看法。对不少英国人来说，克里米亚战争没给英国带来什么荣光，只是“一场令人失望和没有结果的冲突”，而打败俄国的同时远未带来欧洲的和平。对于英国的参战，帕麦斯顿的话冠冕堂皇：“这是一场为维护自由和国家独立的战争，为维护欧洲均势的战争。”“我们是为了欧洲的自由而战，并非为我们能出口哪怕是百分之一的货物。”诚然，英国是为了维护对自己有利的均势。正如1855年帕麦斯顿曾对克拉伦登所表达的那样：“战争最重要和真正的目标是遏制俄国扩张的野心，我们作战并非为了保护苏丹和他的臣民，而是为把俄国赶出土耳其。”约翰·罗素则更强调这场战争对于捍卫英国殖民体系的意义：“如果不在多瑙河挡住俄国人，我们将不得不在印度河阻挡他们。”然而，令英国人诟病的却并非这场战争的动机，而是战场表现。“我们不是那种将克里米亚远征视为错误的人，”英国《经济学人》的一篇社论写道，“但是，事实就是这样，我们必须承认，它不幸地变成了错误……我们损失了2万人，却没有得到足够的土地来为他们建造2万座坟墓。”英国人说，最后这场战争60%的牺牲者死于疾病，寒冷和霍乱成为战争的胜利者，这场战争堪为“世界上最古怪且最不必要的战争”。“回顾克里米亚战争，或许学到的最基本的教训就是，”有英国学者曾写道，“国家往往容易很盲目地投入毫无目的且不可能胜利的战争。”

至于失败一方，克里米亚战争给俄国的教训无疑极其深刻。克里米亚战争使俄罗斯的人力、物力和财力遭受巨大损失。整场战争期间，俄军损失52万人，国家耗资8亿卢布，农业和工业遭到破坏，对外贸易几乎减缩四分之三。沙皇政府为支付惊人的军费而滥发钞票，1853年至1856年，流通的纸币从3亿多卢布猛增到7亿多卢布。俄国通货膨胀，国库枯竭，民怨沸腾。俄国政府一度画饼充饥，靠圣彼得堡银行的地下室藏有“秘密珍宝”之类谣言稳定人心。这时俄国一部分贵族也表示极其不满，他们惧怕农民运动的发展，埋怨政府抽走了他们最强壮的农奴，却又不能赢得战争。按照马克思和恩格斯的看法，克里米亚战争是一个生产方式落后的民族对一些具有最新社会经济关系的民族所进行的毫无希望的战争。战争显示了资本主义对封建农奴制的优越性，战败是俄国在经济、军事和政治方面全面落后的结果。

俄国的钢铁产量在18世纪末还是世界第一，然而到了19世纪初就被英国赶上，随后又被法国赶上。同期，俄国的铁路有1500公里，而英国有1.5万公里，德意志有1万公里。克里米亚战争爆发的时候，俄国和联军双方都没有作战准备。但从1855年春天起，联军改编就绪，而俄军的涣散无组织状态却有增无减。沙皇俄国没有足够的军事工业，19世纪40年代在刻赤建立的兵工厂一直停顿在那里，计划在莫斯科建立的军用铸造厂一直没有开工，乌拉尔卡缅斯克兵工厂铸造的大炮在试放时就爆裂了。克里米亚战争时期，沙皇俄国几乎没有使用铁路，全部运输都是从农民那里征调来的大车进行。从彼列科普运粮到塞瓦斯托波尔要用好几个月的时间。联军却在巴拉克拉瓦到塞瓦斯托波尔之间铺设了铁路，可以快速运送军队和给养。

苏联学者曾分析，沙皇尼古拉一世时代俄国军队内部的组织同样证明了它的落后性。如前揭文，被征的士兵要把头发剃光，像囚犯一样押送到部队里去。服役期限定为25年，服役15年才给假回家探望一次。团队编制笨拙，不适于战斗行动。那时联军部队已经采取散兵队形，而沙皇军队进攻时，仍然采用密集纵队的形式，易被敌人炮火所击中。克里米亚战争是在俄军的管理和领导都极为紊乱的情况下进行的。官僚主义的军事机构发出的命令前后矛盾，克里米亚前线的俄军甚至没有地图和地形图。军需人员和军官贪污、侵吞公款、公然抢夺军粮和军服，缺乏医疗和药品，所有这一切充分证明沙皇政府完全不能同先进的资本主义军队作战。

苏联学者还认为，招致失败的另一个原因是，俄国国内和军队内部存在着极度的不满。据统计从1802年到1852年50年里，俄国有40年农业歉收，全国到处是饥饿、疾病和死亡。

从1825年到1855年30年里，根据俄国官方不完全统计，农民骚动共674起，而且这个数字逐年上升：1826—1834年有145起，1845—1854年有348起。从1842年以来，根据俄国内务部的统计，每年大约有60名贵族死于农奴之手。整场克里米亚战争期间，俄罗斯国内农民骚动日益增加。1854年，农民运动遍及十个省份。1855年春天招募义勇军，谣传志愿当兵者可以解除其农奴身份，于是有成千上万的俄国农民报名参加义勇军。这个谣言没有得到证实，农民大批地举行起义。马克思和恩格斯强调指出：“……俄国不在国内一切社会的和政治的组织上，特别是在它的生产上实行全部的改革，就不能把它的军事力量提高。”列宁更指出：“克里米亚战争显示出农奴制俄国的腐败和无能。”于是，克里米亚战争的失败成为俄国1861年全面改革的契机和导火索。

总之，克里米亚战争结束了，关于这场战争的争论则一直持续到今天。这场战争是1815年拿破仑战争结束之后，到1914年第一次世界大战爆发之前，近百年间英国唯一直接参与的欧洲大战，是近百年间唯一一场几乎所有欧洲大国都有所参与的大战，也是英国和俄国历史上第一次在正面战场上大规模交锋。无论从何种角度而言，克里米亚战争都是一场奇特的战争。它是由一场宗教纷争（基督教圣地管辖权之争）引发的非宗教战争。从宗教的角度来看，这场战争的确是一场不同寻常的“圣战”。两个基督教国家（新教国家英国和以天主教为主的法国）为保护一个伊斯兰教国家（奥斯曼土耳其帝国）而对抗另一个基督教国家（东正教的沙皇俄国）。特别是考虑到曾有俄国带头组织的“神圣同盟”此时却烟消云散，这场战争真是不无讽刺意味。

克里米亚战争所反映出的战争与外交的关系也耐人寻味。这是一场外交控制下的战争，战场上的胜败决定了外交的走势，军事为外交服务的意图明显。伴随克里米亚战争的是“经常被战斗打断的一系列谈判”。外交与军事是同时进行的两场战争，相辅相成。穿梭忙碌的外交官在谈判桌上进行的战争甚至比战场本身更引人注目，外交战更胜于军事战。克里米亚战争的战场范围很大，波罗的海、克里米亚半岛、高加索地区甚至白海、东太平洋都有涉及。战争曾有进一步扩大的可能，最终却并未升级为全面战争，也从未真正脱离外交可控制的范围。总体说来，克里米亚战争只是一场大国间的有限战争。

克里米亚战争的奇特之处还在于人们对它的评价。它是“荒谬的冲突”却又是“欧洲历史的一个意义重大的转折点”。从时间点上看，1853年爆发的这场克里米亚战争，几乎位于1814年到1914年的中间点，也恰恰是19世纪中期国际关系的分水岭。它破坏了以往的大国之间互相合作以避免彼此冲突的“欧洲协调”，使得战后的国际关系更趋向于无序，甚至改变了欧洲外交的方式。同时却被许多历史学家视为“没有必要的和无用的”“难以理解的”。俄国的声望和国际地位急剧下降，法国则由于在战争中的“特殊贡献”，坐上了欧洲外交的第一把交椅。讽刺的是，俄国从此对奥地利充满仇恨，对打败自己的法国反而并无多少敌意。法国同样如此。1856年8月26日，沙皇亚历山大二世在莫斯科克里姆林宫的乌斯宾斯基大教堂正式举行登基大典，法国驻俄国大使斯·德·莫尔尼公爵是第一个来到乌斯宾斯基大教堂的外国使节。光着头的法国大使从前来祝贺的外国使节团中第一个跳下自己的轿式马车，他郑重向俄国的新沙皇表示了特别的敬意，并转达了法国政府对亚历山大二世的祝贺。俄国的战败远未带来欧洲的和平，相反这场战争却引领了一系列战争的爆发：法国和奥地利在意大利的战争、普奥战争、普法战争直至第一次世界大战等等。

对于英国而言，这只是一场规模宏大而目标有限的大国战争。英国通过战争手段，基本实现了战前所设定的战略目标。英国最初就不打算从土耳其那里得到什么，而是担心俄国的扩张会导致其独占奥斯曼帝国。诚如帕麦斯顿所言：“就俄国而言，俄国有预谋地要推翻土耳其帝国以控制它……为了欧洲的利益，真正的问题不在于土耳其帝国可能会如何，而是土耳其帝国不能被如何……我相信欧洲不希望看到从土耳其帝国分离出的国家转移到俄国的控制下。”所以，马克思深入地分析了参战国的主观动机和客观作用，以及战争各阶段性质的变化。从欧洲革命的视角出发，他指出英法由于害怕东方冲突（即克里米亚战争）演变为欧洲大陆上普遍的革命烈火，因此为了局部目的采取了“有限战争”的计划，反映了英法两国统治阶级对于与俄国作战招致革命的后果而产生的恐惧。针对英国在克里米亚战争中的目标，马克思也有独到见解。他认为，英国作战不是为了废除1815年《维也纳条约》，而是通过把土耳其补充到1815年的议定书来巩固这个条约，进行战争是为了保存《维也纳条约》，但是用的借口却是削弱俄国的实力。

俄国人自己承认，“俄国正在喘息，俄国要从国际事务上撤退”——但这只是针对欧洲而言。克里米亚战争砍下了“双头鹰”（沙俄国徽）朝西的那颗头颅，向东的却完好无损。俄国暂时退出了欧洲事务，取而代之的是向东方的扩张，从帕米尔高原到海参崴，大清帝国的“边疆危机”不期而至。而且俄国幅员辽阔，这次战争的失败仅仅是在克里米亚半岛上的失败，俄国远远没有被击倒。

俄国沙皇亚历山大二世在结束战争的宣言中根本没有承认俄国的失败，只是说："扰乱欧洲将近三年的持续流血斗争现在停止了。"他强调早在克里米亚战争爆发之前，老沙皇尼古拉一世的唯一目的和愿望是"消除对我们东方教友的迫害和保卫他们的权利"，如今"东方所有基督徒未来的命运和前途已得到了保证"。许多俄国人并不认为克里米亚战争中俄国是战败者，俄国只是结束了战争。最重要的是，俄国人从不将光荣而惨烈的塞瓦斯托波尔保卫战视为失败。

近百年之后，这样光荣而惨烈的历史再度重演。伟大的卫国战争中，从1941年10月30日到1942年7月4日，面对纳粹德国的强大攻势，同样是为了保卫作为黑海舰队基地的塞瓦斯托波尔，苏联红军顽强防守塞瓦斯托波尔长达250天。一切仿佛都是百年前的重现，连德军进攻的路线、苏军防守的堡垒乃至黑海舰队水兵的上岸参战，简直都与克里米亚战争如出一辙。身穿黑色水兵服的苏联海军步兵与纳希莫夫年代的先辈们一样英勇作战，视死如归，在德国那里获得了"黑色死亡"的称号。同样是堡垒工事与攻城重炮的较量，德军先后动用420毫米固定式臼炮"刚玛"、610毫米自行臼炮"卡尔"和800毫米列车加农炮"古斯塔夫"这3门超级巨炮，向塞瓦斯托波尔倾泻一轮轮巨大的炮弹。炮弹雨点般粉碎要塞周围所有的道路和铁路网，要塞被灼热的冲击波覆盖，所有外围防御阵地几乎化为灰烬。德军火炮无法攻击地下目标，德军工兵用塑性炸药一块块炸开工事入口；苏联红军在里面用手枪、刺刀和工兵铲与之进行了一轮轮惨烈的白刃战。战死者的血在射击口和下水道里流淌，德军是以惨重的伤亡占领了这些"血的房间"。最后是对塞瓦斯托波尔市区的地毯式轰击，德军一天之内发射6.4万吨炮弹，整个城市变成血红，天空消失在浓烟和烈火中。德国空军的出击达到每天1500架次，12万枚燃烧弹席卷塞瓦斯托波尔，排炮达到暴风雨般猛烈的程度。市区建筑全部被炸毁，道路、图书馆、公园和学校荡然无存。德军还使用重型燃烧弹和火箭弹进行大焚烧，无数火球流星般向城市飞来。塞瓦斯托波尔笼罩在地狱之火中，时人形容这种情形恐怕只有在《圣经》的《启示录》里才看得到。尽管如此，塞瓦斯托波尔的军民仍在坚持。塞瓦斯托波尔成了一座"镜子城市"，人们在城区的地下设施里跟地上一样生活，加紧制造火炮弹药，甚至开展娱乐活动。黑海舰队坚持在夜间输送援兵和补给品登陆，后来水面舰只已无法进入塞瓦斯托波尔，只能用潜艇运送补给和撤运人员。最终，塞瓦斯托波尔还是陷落了。但这场与百年前一样光辉的要塞保卫战作为处于敌人深远后方被合围的情况下，长期坚持、顽强防御的范例，已经被载入军事史册。

如今，当世界格局又处于变化的边缘，塞瓦斯托波尔乃至整个克里米亚半岛再度成为世人目光聚焦的中心。1954年，苏联领导人赫鲁晓夫曾主导最高苏维埃主席团通过决议，将克里米亚州作为“恒久友谊的象征”从俄罗斯划归乌克兰，决议却未提及与克里米亚并列的联邦单位塞瓦斯托波尔实际归属何方。于是，当2014年乌克兰政局陷入动荡、国家彻底分裂时，克里米亚的抉择与俄罗斯的介入几乎同时展开。乌克兰克里米亚自治共和国举行公投，决定加入俄罗斯联邦。俄罗斯总统普京果断动用军事力量介入克里米亚，恍如再一次塞瓦斯托波尔命运的重演。本书即以2014年3月18日，普京签署有关克里米亚共和国与塞瓦斯托波尔市加入俄罗斯联邦条约的前一刻，在克里姆林宫向俄罗斯议会上下两院发表的电视演讲中，一段富有感染力和爱国激情的演讲词作结：

要想知道为什么要进行公决，只需要了解一下克里米亚的历史。要知道从过去到现在，克里米亚对俄罗斯意味着什么，俄罗斯对克里米亚又意味着什么。克里米亚渗透着我们共同的历史与骄傲。这里坐落着古老的古希腊城市克森尼索，正是在这里弗拉基米尔大公接受了洗礼，使得俄罗斯成为一个东正教国家。它的这一精神遗产奠定了俄罗斯、乌克兰和白俄罗斯的共同文化、价值观与文明基础，注定使得我们三国的人民结合在一起。在克里米亚有俄罗斯士兵的墓地，凭借这些士兵的英勇作战，俄罗斯在1783年将克里米亚收入自己的领土。这里有塞瓦斯托波尔——传说之城、伟大的命运之城、堡垒之城，是俄罗斯黑海舰队的故乡。在克里米亚有巴拉克拉瓦和刻赤，马拉霍夫古墓和萨布恩山。这里的每一个地方对我们来说都是神圣的，是俄罗斯军队荣耀与勇气的象征。

克里米亚战争大事记

1853年

2月28日 缅希科夫使团抵达君士坦丁堡

5月10日 阿卜杜勒·迈吉德一世苏丹拒绝缅希科夫提出的最后通牒

5月22日 缅希科夫离开君士坦丁堡

6月4日 奥斯曼帝国苏丹阿卜杜勒·迈吉德一世签署敕令承认东正教对基督教圣地的保护权

6月8日 英国舰队从马耳他出发，开赴地中海东部

7月2日 俄国军队越过普鲁特河，进入瓦拉几亚和摩尔达维亚

7月31日 英、法、奥、普四国向俄土发出《维也纳照会》

8月19日 土耳其声明拒绝《维也纳照会》

10月14日 英法联合舰队驻泊达达尼尔海峡

10月23日 土耳其对俄国宣战

10月27日 英法联合舰队进入博斯普鲁斯海峡

11月30日 锡诺普海战，土耳其海军遭遇惨败

12月15日 英国阿伯丁联合内阁内政大臣帕麦斯顿以反对议会改革为由提交辞呈

12月24日 英国海军部第一海务大臣詹姆斯·格雷厄姆爵士提出应摧毁塞瓦斯托波尔要塞

1854年

1月3日 英法联合舰队进入黑海

2月6日 俄国宣布与英法两国断绝外交关系

2月13日 英国内阁任命拉格伦勋爵为英国远征军总司令

2月22日 第一批英军启程离开英国本土

2月27日 俄国接到最后通牒，必须在6天之内撤出瓦拉几亚和摩尔达维亚，全部撤军须在4月底前完成

3月11日 英国皇家海军波罗的海舰队从朴次茅斯启航

3月26日 第一批法军开赴土耳其

3月27日 法国对俄宣战

3月28日 英国对俄宣战

3月30日 英国远征军先遣部队从马耳他奉命出发，前往加里波利

4月8日 英军抵达加利波利，法军比英军早到

4月10日 英法签署同盟协定；拉格伦离开伦敦

4月15日 土耳其正式加入英法同盟

4月20日 普鲁士与奥地利于柏林签署条约，普鲁士支持奥地利对俄作战

4月22日 英法联合舰队炮击敖德萨

4月29日 拉格伦抵达君士坦丁堡

5月7日 法军司令官圣·阿诺德抵达加利波利

5月11日 俄军开始围攻锡利斯特拉要塞

5月23日 英国、法国、奥地利和普鲁士共同宣布，保证土耳其的国家独立

5月25日 法军经海路开赴瓦尔纳

5月29日 英军经海路开赴瓦尔纳

6月3日 奥地利正式要求俄国从多瑙河两公国撤军

6月22日 英国皇家海军分舰队封锁白海

6月23日 锡利斯特拉要塞解围

7月16日 拉格伦勋爵接到英国内阁急件，命令他进攻克里米亚

7月18日 战时联合委员会对进攻克里米亚进行了讨论

7月21日 卡恰河入海口被初步选定为登陆地域

8月2日 俄军渡过普鲁特河，撤出瓦拉几亚和摩尔达维亚

8月10日 瓦尔纳发生大火，登陆作战被推迟；霍乱同时蔓延

8月24日 英法联军开始登船；恶劣的天气进一步打乱了联军的登陆时间表

8月31日 英法联合舰队进攻堪察加半岛的彼得罗巴甫洛夫斯克

9月5日 拉格伦登船，法军司令官圣·阿诺德先他一步出发

9月9日 拉格伦亲自对克里米亚海岸进行侦察，最终选定喀拉米塔湾为登陆地域

9月13日 耶夫帕托利亚向联军投降

9月14日 联军开始在喀拉米塔湾登陆；登陆一直持续到9月18日

9月19日 联军向塞瓦斯托波尔进发，与俄军在巴尔干涅克河发生小规模战斗

9月21日 阿尔马河之战

9月23日 联军继续向南进发；俄国黑海舰队凿沉军舰，堵塞塞瓦斯托波尔港的航道入口

9月25日 联军继续向塞瓦斯托波尔侧翼进军；卡洛波特接替圣·阿诺德担任法军总司令

9月27日 塞瓦斯托波尔围城战开始

9月29日 圣·阿诺德元帅死于霍乱

10月2日 英国皇家海军陆战旅登陆

10月13日 英国“爱国基金”建立，旨在向战死于克里米亚的英军士兵的遗孀和子女提供赡养

10月17日 联军向塞瓦斯托波尔发动第一轮大规模炮击

10月22日 奥地利宣布进行军事动员

10月25日 巴拉克拉瓦之战

10月26日 小因克尔曼之战

11月4日 弗洛伦斯·南丁格尔来到斯库台

11月5日 因克尔曼之战

11月6日 战时联合委员会做出决定，继续围攻塞瓦斯托波尔

11月14日 巨大的风暴袭击克里米亚沿海，联军受创严重

1855年

1月2日 撒丁王国加入军事同盟

1月5日 阿尔马尔·帕夏率土耳其援军在克里米亚登陆

1月25日 英国阿伯丁内阁辞职

2月5日 帕麦斯顿勋爵就任英国首相

2月17日 俄军进攻耶夫帕托利亚

3月2日 俄国沙皇尼古拉一世去世，亚历山大二世继位为新沙皇

3月5日 塞瓦斯托波尔调查委员会开始工作

3月15日 英、法、俄、奥召开维也纳和会

4月4日 英国向波罗的海派出第二支分舰队

4月9日 联军向塞瓦斯托波尔发动第二轮大规模炮击

5月3日 英法联合派出舰队第一次远征刻赤

5月22日 联军再次派出刻赤远征舰队

6月6日 联军向塞瓦斯托波尔发动第三轮大规模炮击

6月7日 联军占领马米隆高地

6月11日 英军舰队再次封锁白海

6月13日 英军撤离刻赤

6月14日 法军撤离刻赤，留下土耳其军队在当地驻守

6月17日 联军向塞瓦斯托波尔发动第四轮大规模炮击

6月18日 联军进攻马拉霍夫冈和大凸角堡失利；塞瓦斯托波尔调查委员会向英国议会提交报告

6月28日 拉格伦勋爵去世，詹姆斯·辛普森爵士接任英国远征军总司令

8月16日 车纳亚河之战

8月17日 联军向塞瓦斯托波尔发动第五轮大规模炮击

9月5日 联军向塞瓦斯托波尔发动第六轮大规模炮击

9月6日 阿尔马尔·帕夏率土耳其军队离开克里米亚

9月8日 法军占领马拉霍夫冈；英军进攻大凸角堡再度失利

9月9日 联军占领塞瓦斯托波尔南部

10月7日 联军舰队向第聂伯河出发

10月17日 联军舰队占领金伯恩

11月11日 威廉·考灵顿爵士接替辛普森担任英国远征军总司令

12月16日 奥地利向圣彼得堡方面提出和谈方案

1856年

1月16日 俄国沙皇亚历山大二世接受和谈条件

1月29日 克里米亚的俄军进行最后一次由北向南跨越塞瓦斯托波尔湾上空的炮击

2月25日 巴黎和会开幕

2月29日 敌对双方的军官在克里米亚举行友好会晤

3月14日 敌对双方在巴黎达成停火协议

3月30日 《巴黎和约》正式签署

4月16日 巴黎和会与会国签署《海洋国际法原则宣言》

4月27日 《巴黎和约》获批准生效

7月12日 最后一批英军撤离克里米亚

TopBook
一个人，遇见一本书 饕书客